DIAKONISCHE PARTNERSCHAFTEN
IM GETEILTEN DEUTSCHLAND

DIAKONISCHE PARTNERSCHAFTEN IM GETEILTEN DEUTSCHLAND

ZEITZEUGENBERICHTE UND REFLEXIONEN

Herausgegeben vom Diakonischen Werk der EKD

Bearbeitet von Michael Häusler
und Christian Oelschlägel

EVANGELISCHE VERLAGSANSTALT
Leipzig

Bibliographische Information der Deutschen Nationalbibliothek
Die Deutsche Nationalbibliothek verzeichnet diese Publikation in
der Deutschen Nationalbibliographie; detaillierte bibliographische
Daten sind im Internet über http://dnb.dnb.de abrufbar.

© 2012 by Evangelische Verlagsanstalt GmbH · Leipzig
Printed in Germany · H 7553

Das Buch wurde auf alterungsbeständigem Papier gedruckt.

Cover: Zacharias Bähring, Leipzig
Satz: Evangelische Verlagsanstalt GmbH
Druck und Binden: Druckhaus Köthen GmbH

ISBN 978-3-374-03109-2
www.eva-leipzig.de

INHALT

VORWORT

Einrichtungen und Verbände der Diakonie standen in der Zeit der Teilung Deutschlands vor einer Vielzahl an Herausforderungen. Zahlreiche Weichenstellungen, die auch heutige Formen diakonischen Handelns beeinflussen, sind in diesen Jahren erfolgt. Auch wenn sich in dieser Zeit Kirche und Diakonie in Ost und West unterschiedlich entwickelt haben, blieben Partnerschaftsbeziehungen als Klammer zwischen Ost und West über Grenzen hinweg bestehen. Die Diakonie hat damit einen wichtigen Beitrag zur deutschen Einheit in der Zeit der Trennung Deutschlands geleistet.

Der vorliegende Band erinnert an diese verbindende Funktion der Diakonie im geteilten Deutschland und dokumentiert die Beiträge einer Zeitzeugentagung, die vom 5.–7. Mai 2009 in der Stephanus-Stiftung in Berlin-Weißensee zu den Partnerschaftsbeziehungen zwischen ost- und westdeutschen Einrichtungen und Verbänden der Diakonie anlässlich des zwanzigsten Jahres des Mauerfalls stattfand.

Im Mittelpunkt dieser Veranstaltung standen die Berichte der Zeitzeugen. Dabei korrespondierte jeweils ein Referat aus westdeutscher mit einem aus ostdeutscher Perspektive.

Ich freue mich, dass die Sammlung dieser wichtigen Zeitdokumente nun publiziert werden konnte und noch einmal Zeitzeugen zu Wort kommen, die die Identität der Diakonie in Deutschland wesentlich mitgeprägt haben. Die Tagungsbeiträge werden ergänzt durch den Wiederabdruck eines grundlegenden Artikels meines Vorgängers als Präsident des Diakonischen Werkes der EKD, Dr. h.c. Karl Heinz Neukamm, der als Beauftragter der EKD im Bereich der humanitären Hilfen in besonderer Weise über die innerdeutsche Grenze hinweg wirkte.

Mein Dank gilt all denen, die mit ihren Beiträgen helfen, Entwicklungen in der Diakonie im geteilten Deutschland, insbesondere diakonische Partnerschaften, nachzuvollziehen und für die weitere Erforschung zu erschließen.

Berlin, im Mai 2012   *OKR Johannes Stockmeier*
                    Präsident des Diakonischen Werks der EKD

Zeitzeugenschaft im Zeichen der deutschen Teilung

Rede des damaligen Präsidenten des Diakonischen Werks
der EKD, Klaus-Dieter K. Kottnik, zur Einführung
in das Tagungsthema am 5. Mai 2009

Die Initiative zu dieser Zeitzeugentagung ging von einem meiner Vorgänger im Amt, Präsident Karl Heinz Neukamm, und dem um ihn versammelten Kreis ehemaliger Landespfarrer aus, zudem insbesondere die Brüder Neukamm, Turre, Braune, Pfannkuche, Petzold, Pörksen und Strohm gehören.

Dem Vorbereitungskreis und auch dem Bundesverband der Diakonie war und ist es ein großes Bedürfnis, den Beitrag der Diakonie zur Einheit und zum Zusammenhalt der Gesellschaft in beiden deutschen Staaten in dem Jubiläumsjahr zu 20 Jahre Mauerfall zu würdigen. Wir haben dies mit unserem Jahresempfang in Gegenwart von Minister Schäuble Anfang Februar 2009 – ebenfalls hier in der Stephanus-Stiftung – getan, und wir werden am 9. November diesen Jahres in unseren Räumen im Reichensteiner Weg eine Foto-Ausstellung zu Diakonie in Ost und West zeigen.

So haben wir uns sehr darüber gefreut, dass Bundesinnenminister Schäuble bei unserem Jahresempfang das Engagement der diakonischen Mitarbeiterinnen und Mitarbeiter im ehemaligen Osten wie Westen ausdrücklich mit einem besonderen Dank würdigte. Minister Schäuble sagte nach der Darlegung der Möglichkeiten und Grenzen diakonischen Handelns während der Zeit des geteilten Deutschland: »Selbst wenn die Diakonie den Druck auf das SED-Regime verringert hat, dann hat sie doch zugleich auch das Bewusstsein für die Einheit des deutschen Volkes mit am Leben erhalten. Sie hat das Fortbestehen der Gemeinschaft aller Deutschen in Ost und West vorgelebt. Ich bin überzeugt, dass diese besondere Gemeinschaft eine wichtige Klammer war, die die Deutschen emotional zusammenhielt. Damit haben die Kirchen und hat auch die Diakonie, über ihre unmittelbare Absicht und Arbeit für die Schwachen hinaus Verantwortung übernommen für die Zukunft unseres einen Volkes.«[1]

Es gab im Vorfeld Überlegungen, ob außer den Zeitzeugen, also den handelnden Gestaltern in Ost und West, auch ausgewiesene Fachwissenschaftler, wie wir sie 1997 zu der Tagung »Diakonie im geteilten Deutschland« eingeladen hatten, zu Wort und mit den Zeitzeugen ins Gespräch kommen sollten. Wir haben uns dieses Mal bewusst dafür entschieden, den Zeitzeugen den Vorrang einzuräumen. Warum?

Manche von Ihnen kennen vielleicht das afrikanische Sprichwort: »Wenn ein Griot stirbt, ist das so, als wenn eine Bibliothek niederbrennt.« Dieses Sprichwort beschreibt die singenden Historiker, die sogenannten Griots, der afrikanischen Kulturen, die über Jahrhunderte hinweg keine schriftlichen Zeugnisse ihrer Kultur-, Familien oder Stammesgesellschaften besitzen und ausschließlich die mündliche Überlieferung pflegten. Das meist singende Erzählen in der Art von Balladen, spielte daher eine zentrale Rolle in der Vermittlung von Wissen, von kollektiver Erfahrung aufgrund bestimmter sozialer und politischer Ereignisse, letztlich von Identität. Damit kam den von Dorf zu Dorf reisenden Griots, die ihr Können ausschließlich innerhalb ihrer Familien weitergaben, eine bedeutende Rolle in diesen Gesellschaften zu: sie hüteten das kollektive Gedächtnis, hatten den Zugang zu Bildung und nahmen zugleich eine wichtige Mittlerfunktion zwischen oben und unten, reich und arm, Herrschenden und Beherrschten ein. Gleichwohl ist das mündliche Erzählen von Geschichte und Geschichten – aus heutiger, durchaus wissenschaftlicher Perspektive betrachtet – auch ein schwieriges Terrain. Denn das Erzählen von Geschichten der Herkunft, von früheren Regenten, Machtkonstellationen oder Auseinandersetzungen mit Nachbarvölkern war immer auch eine zeitgenössische Interpretation. Meist wurde sie im Sinne der aktuell Machthabenden vorgetragen. Denn die Griots hatten nebenbei auch die Aufgabe, Verkünder der Politik des Hofes zu sein und abweichendes Verhalten zu markieren. Sie konnten aber auch in subtiler Weise die Interessen der Kritiker dem Publikum zu Gehör bringen.

Fest steht, dass diese Kultur der Griots im Schwinden begriffen ist und die Fachwissenschaftler seit einiger Zeit versuchen, die Erzählungen der Griots aufzuschreiben, um so das kollektive Gedächtnis dieser Völker als Quellentext für spätere Generationen zu erhalten. Im Jahr 2003

---

[1]   Rede von Bundesminister Schäuble beim Jahresempfang des Diakonie Bundesverbandes, 14.2.2009.

hat die UNESCO daher ein ›Übereinkommen zum Schutz des Immateri-
ellen Kulturerbes‹ verabschiedet, das bisher 40 Staaten ratifiziert haben,
Deutschland allerdings noch nicht.

Wir nutzen daher gerne die Gelegenheit des Jubiläums des Mauerfalls, um die authentischen Erinnerungen der noch immer engagierten
ehemaligen Gestalter der Diakonie in Ost und West zu hören und zu sammeln, und um ihnen Raum für ihre Darstellung der Zusammenhänge zu
geben. Die Vorträge und Diskussionen werden dokumentiert und sollen
veröffentlicht werden. Ich danke hier ausdrücklich noch einmal Ihnen
allen für Ihre Bereitschaft, uns durch diese Tagung Ihre Erfahrungen zur
Verfügung zu stellen. Ich will Sie zugleich dazu ermuntern, nicht nur –
wie vorhin bereits erwähnt – im Sinne der Herrschenden zu berichten,
sondern – nach dem Motto:»Aus Erfahrung wird man klug« – uns auch
in Ihren Beiträgen und Diskussionen das für die Zukunft mitzugeben,
was im Alltag, was im Einzelnen und im Besonderen, unbequem war.
Viele der Tagungsteilnehmer sind ebenfalls Zeitzeugen und haben die
Partnerschaften der Diakonie über die deutsche Grenze hinweg aktiv begleitet oder mit gestaltet. Die Grenzen zwischen den Referenten und den
übrigen Teilnehmern sind also fließend. Sie alle sind daher aufgerufen,
sich aktiv an den Aussprachen zu den Vorträgen zu beteiligen und eigene
Akzente zu setzen.

Unsere Tagung trägt den Titel:»Diakonische Partnerschaft im geteilten Deutschland«. Wir haben bewusst diesen Titel gewählt, denn er greift
einen Grundgedanken der Zusammenarbeit, oder besser: des Zusam-
menhalts der Diakonie im geteilten Deutschland auf: Die Partnerschaften
– anfangs»Patenschaften« genannt – waren nach einem spontanen Beginn in der Nachkriegszeit durch das Evangelische Hilfswerk organisiert
worden, wobei einzelne Landeskirchen im Westen und Osten einander
zugeordnet wurden. Zuordnungskriterien waren vor allem die Größe und
der Konfessionsstand eines Gebietes, so dass jeweils lutherische beziehungsweise unierte Landeskirchen einander zugeordnet wurden. Unter-
halb der Ebene von Landeskirchen und Landesverbänden fanden sich
Einrichtungen zusammen, die meist gleich gelagerte Aufgabenbereiche
hatten. Das führte wiederum zu Partnerschaften von diakonischen Fachverbänden über die innerdeutsche Grenze hinweg.

Diese verschiedenen Ebenen von Partnerbeziehungen bilden sich
auch im Programm dieser Tagung ab: Von besonderem Einfluss auf sämtliche innerdeutschen Verhältnisse der Diakonie waren die Beziehungen
zwischen dem westdeutschen Bundesverband der Diakonie und dem Di-

akonischen Werk der Evangelischen Kirchen in der DDR – oder, wie es üblicherweise einfach hieß: zwischen der Hauptgeschäftsstelle in Stuttgart und der Schönhauser Allee 59. Diese werden auf der Tagung repräsentiert durch die Brüder Petzold und Neukamm.

Das Prinzip, jeweils einen Referenten aus dem Osten und einen aus dem Westen Deutschlands zueinander zu gesellen, wird auch bei den übrigen Themenblöcken durchgehalten. So berichten mit Bruder Minke und Bruder Schneider die früheren Landespfarrer in Oldenburg und in Brandenburg über die Beziehungen zwischen den diakonischen Landesverbänden. Dabei haben wir es bewusst vermieden, unmittelbare damalige Partner einander gegenüber zu stellen. Denn die Vorträge sollen pars pro toto für die Gesamtheit der Partnerschaften auf der jeweiligen Ebene stehen.

Kaum voneinander zu trennen sind die Beziehungen, die sich auf der Ebene der Einrichtungen und der Fachverbände vollzogen, denn die Leiter großer Anstalten waren und sind stets auch maßgebliche Gestalter in den Fachverbänden. Von den Brüdern Helbig und Pape erwarten wir daher vertiefte Einblicke in die wichtigen Arbeitsbereiche der stationären Kranken- und Behindertenarbeit. Besonders eng gestalteten sich die Partnerschaften im Bereich der Brüder- und Schwesternschaften, denen ein eigener Block am morgigen Vormittag gewidmet ist. Mit einem weiteren wichtigen organisationsübergreifenden Thema, und zwar dem der Fortbildung, werden wir uns am Beispiel der Diakonischen Akademien in Ost und West beschäftigen.

Neben diesen jeweils doppelt abgedeckten Themenfeldern, in denen die Partnerbeziehungen auf allen Ebenen betrachtet werden, werden wir noch zwei Grundsatzreferate hören: zum einen von Professor Strohm über den von der Grundordnung des Bundes der evangelischen Kirchen aufgenommenen Begriff der »besonderen Gemeinschaft der evangelischen Christenheit in Deutschland« und zum anderen von Bischof Noack zum Gesamtthema unserer Tagung. Ihnen, lieber Herr Bischof, und allen anderen Referenten gilt unser besonderer Dank.

Uns ist bewusst, dass der Aufwand und die Mühen, denen sich vor allem die Älteren unter Ihnen unterzogen haben, um an unserer Tagung teilzunehmen, nicht gering waren. Ihr Kommen ist alles andere als selbstverständlich. Umso mehr freuen wir uns, dass mit einer Ausnahme sämtliche ausgewiesenen Referentinnen und Referenten ihre Teilnahme möglich machen konnten.

Der Beitrag der evangelischen Kirchen und ihrer Diakonie zur deutschen Einheit in der Zeit der Trennung

Axel Noack

Wenn ich es mir sehr einfach machen wollte, mit dem vorgegebenen Thema, dann würde ich schlicht auf verschieden Dinge verweisen, die Kirche und Diakonie zur Einheit Deutschlands in den Jahren der Teilung beigetragen haben.

Da wäre vor allem zu nennen: Die Kirchen waren die einzigen Institutionen im geteilten Deutschland, die massenhaft Basiskontakte zwischen den Menschen vermittelt haben. Bei anderen Institutionen gab es Begegnungen zumeist nur auf der Ebene von Funktionären. Die Kirchen haben durch die Gemeindepartnerschaften vor allem Basiskontakte vermittelt.

Genauso ließe sich auch auf die vielen Hilfen der Diakonie zur Ausstattung von Gesundheitseinrichtungen in den Diakonischen Werken der DDR verweisen. Auch hier ist einen enorme und nahezu flächendeckende Hilfe geleistet worden. (Das ist allerdings auch etwas gefährlich: Manche unserer diakonischen Einrichtungen scheinen noch nicht gemerkt zu haben, dass nun auch die anderen, z. B. die staatlichen Kliniken einen gleichen hohen Standard in der Ausstattung haben. Darin können wir uns nicht wie in den Zeiten der Teilung voneinander unterscheiden. Heute muss unser eigenes Profil neu herausgestellt werden.)

Einen wichtigen Beitrag zur deutschen Einheit in der Zeit der Trennung hat dann vor allem auch das Evangelische Hilfswerk geleistet. Es hat sich als glücklicher Umstand erwiesen, dass das Hilfswerk nach 1945 so schnell seine Arbeit aufgenommen hat. Das lag sicherlich an der Energie eines Eugen Gerstenmaier.

Weitere wichtige Beiträge leisteten all die Partnerschaften zwischen Landesverbänden und Landeskirchen und einzelnen Kirchengemeinden, auch zwischen den Studentengemeinden, die bereits zugeteilt und etabliert waren, bevor es die DDR gab. Die Anbahnung der Partnerschaften erfolgte bereits 1947. Das ist ein ganz wichtiger Umstand, den man

nicht hoch genug loben kann. Vieles was unter der Herrschaft der sowjetischen Militäradministration noch möglich wurde, wäre später, in der
DDR nicht zu gründen gewesen. Danach wurde es ziemlich schwierig,
aber die Partnerschaften waren eben schon fest gegründet und wurden
daher auch nicht in Frage gestellt. Sie waren ohnehin alle zu einer Zeit
entstanden, in der niemand mit einer dauerhaften Teilung Deutschlands
gerechnet hatte. Alle dachten: Das geht vorüber. Es waren damals auch
Partnerschaften für die Kirchengemeinden und die Kirche in West-Berlin
aus Westdeutschland organisiert worden, ja, von Herrn Gerstenmaier
war sogar daran gedacht worden, auch für die polnischen Gebiete, die
sog. Ostgebiete, Partnerschaften zu organisieren, weil alle dachten: Das
kommt wieder anders. Die Partnerschaften waren sehr stabil, als die
DDR kam und Abgrenzung betrieb. Und sie haben gehalten, erstaunli-
cherweise, über die 40 Jahre DDR hinaus.

Man könnte auch darauf hinweisen, dass Kirche und Diakonie in den
schlimmen Jahren der Verfolgung, ich nenne mal das Jahr 1953 oder das
Jahr 1956/57, eng zusammengearbeitet haben. Also man könnte ohne
Zweifel ganz tolle Sachen nennen, Beiträge, die die Kirchen und die Diakonie zum Erhalt der Einheit Deutschlands geleistet haben.

Dann müsste man auch noch einige Namen von herausragenden
Personen nennen, neben Eugen Gerstenmaier vor allem auch Ludwig
Geißel[1]. Was hat der in seiner quirligen, verrückten Art alles bewegt, bis
dahin, dass er in der Zeit, in der es noch keine vertraglichen Regelun-
gen zwischen der Bundesrepublik und der DDR gab, also noch keinen
Grundlagenvertrag, ganz wesentlich der Motor des Erfurt-Besuchs Willy
Brandts war. Das hat hauptsächlich er eingestielt und eingetaktet.

Man könnte wirklich viele Beiträge von Kirchen und Diakonie zur
Einheit nennen. Aber wir machen es uns nicht so einfach – seien wir
also mutig und sehen wir genauer hin. Dann stellt man auch fest, dass
Kirchengeschichte nie Ruhmesgeschichte ist. Es sind Menschen, die da
wirken, am Ende stellt man fest, dass man vor allem Gott danken kann.
Wir werden also auch auf ein paar Dinge verweisen müssen, die sich
nicht einfach unter ›Jubelerinnerung‹ verbuchen lassen.

Da ist zum einen festzustellen, dass die Menschen im Lande nicht
zu allen Zeiten gleich gedacht haben. In einem Zeitraum von 40 Jahren

---

[1]   Ludwig Geißel (1916–2000) war u. a. Vizepräsident des Diakonischen Werkes
der EKD sowie Mitbegründer der Aktion »Brot für die Welt« und der »Diakonie Katas-
trophenhilfe«.

verändern sich Einstellungen und Haltungen. Das ist auch in Kirche und Diakonie geschehen. Ich muss gestehen, als junger Pfarrer, und davor schon als Jugendsynodaler, habe ich mich über die Diakonie maßlos geärgert. Was da im ›Standpunkt‹[2] zu lesen war von unseren hochmögenden Diakonikern, hat einen schon gegrämt. Ich könnte dazu eine ganze Menge Beispiele anführen, versuche aber jetzt, es zu reflektieren. Martin Kramer[3] hat die Entwicklung auf den Begriff gebracht: Es gab in der DDR eine Zäsur, zwischen einem prä- und einem postmuralen Bewusstsein, abgeleitet von lat. murus, die Mauer. Wir müssen uns klar machen, dass die Leute, die vor dem Mauerbau schon politisch mündig waren, die Dinge im Lande ganz anders sahen. Vor dem Mauerbau wurde gewissermaßen an jedem Küchentisch die Frage diskutiert: Bleiben wir in der DDR oder gehen wir weg? Man kann davon ausgehen, dass es am 13. August 1961, dem Tag des Mauerbaus, die größtmögliche Zahl an Bürgern gab, die freiwillig hier waren und dass diese Zahl danach stetig abgenommen hat. 1989 war die Mehrheit der Bevölkerung nicht mehr freiwillig im Lande. Nun kommt hinzu, dass die, die vor dem Bau der Mauer mündig waren, auch den Aufstand des 17. Juni 1953 und den Ungarischen Volksaufstand 1956 im Bewusstsein hatten. Sie wussten, wie russische Panzer reagieren und sie hatten auch den Prager Frühling in der Tschechoslowakei anders verarbeitet als die Jüngeren. In der Kirche, besonders in der Studentenarbeit, kam eine »prosozialistische Phase« erst nach 1968 ins Bewusstsein, trotz der Niederschlagung des Prager Frühlings, bei mir selbst auch. Aber mein Vater zum Beispiel, alter Funktionär, ist 1968 ausgestiegen: »Das wird nichts mehr mit dem Sozialismus.« Und dieser Generationenunterschied hat es auch ermöglicht, dass 1989 eine »Wende« veranstaltet werden konnte, weil inzwischen eine Generation herangereift war, die keine Angst mehr vor einer gewaltsamen Niederschlagung von Aufständen wie 1953 und 1956 hatte und die offen in Frage stellte, was in der DDR geschah. Die Unterscheidung im Bewusstsein ist meines Erachtens ein ganz wesentlicher Punkt.

Zweitens muss man sagen: Die DDR als Staat wurde in unseren Kirche und später auch in der Diakonie ganz unterschiedlich gesehen. Es

---

[2]   »Standpunkt« war eine 1973–1990 im Berliner Union-Verlag erscheinende evangelische Monatsschrift, die sich mit Christen und Kirche in der DDR auseinandersetzte. Die Auflage lag zwischen 2.500 und 3.000 Exemplaren.

[3]   Martin Kramer war 1980–1990 Konsistorialpräsident der Kirchenprovinz Sachsen.

waren ganz verschiedene Positionen, die es in einer Kirche und einem Diakonischen Werk zur DDR gab. Als im Juli 1955 der große Viermächtegipfel in Genf tagte, hofften alle, dass etwas passieren könnte. Es gab sogar Fürbittgebete in unseren Kirchen. Und für Österreich hat der Gipfel auch viel gebracht: Wien wurde wiedervereinigt, Österreich konnte sich frei entfalten, und die Siegermächte zogen ab. Für Deutschland aber hat er nichts gebracht. Da war der Gipfel schlecht ausgegangen, und im Oktober 1955 beschloss die SED sogar in einer Tagung des Zentralkomitees, dass die Wiedervereinigung nicht mehr erstes Ziel der Politik sein sollte. Es dauerte dann noch ein paar Jahre, bis sich das in der Bevölkerung herumsprach. Alle dachten bis dahin: Das geht vorüber. Und dann kamen auch in den Kirchen Diskussionen auf: Wie stellen wir uns als Kirche zu diesem Staat DDR? Als Ältere kennen sie diese Diskussion noch unter dem Stichwort der sog. »Obrigkeitsdebatte«. Diese kulminierte, als im Jahr 1959 zwei bedeutende Personen 60 Jahre alt wurden, Bischof Hanns Lilje in Hannover und Gustav Heinemann in Bonn, und beiden eine Geburtstagsschrift zugeeignet wurde. Die Festschrift für Lilje veröffentlichte Bischof Otto Dibelius unter dem Titel »Obrigkeit?«[4], als harsche Reaktion auf die andere Schrift, die Prof. Martin Fischer Gustav Heinemann unter dem Titel »Obrigkeit«[5] gewidmet hatte. Die Schriften gingen in ihrer Tendenz völlig auseinander. Hier nur ganz kurz: Dibelius fragt zwar Lilje, wie das mit der Auslegung von Röm 13, im Blick auf die DDR nun eigentlich sei. Dibelius gibt selbst die Antwort: Die DDR ist ein Unrechtsstaat durch und durch und kann nicht Obrigkeit sein im Sinne des Apostel Paulus. Er geht dann soweit – was auch für Gespött gesorgt hat – zu sagen: Ein Christ braucht sich nicht an die Verkehrszeichen in der DDR gebunden fühlen, weil sie von einem Unrechtsstaat aufgestellt worden sind. Auch wenn das manche Christen heute auch noch so sehen, die Folge wäre die Forderung an Christen gewesen: Geht in den Untergrund oder wandert aus. Martin Fischer hingegen vertrat die Ansicht: Es ist zwar schlimm, wie es hier in der DDR zugeht, aber es gibt keine Obrigkeit, die nicht von Gott ist, und wenn sie sich nicht ordentlich verhält, wird sie nicht lange an der Regierung bleiben. Und wenn sie anfängt, die Christen zu verfolgen, »dann erhebt eure Häupter, weil sich eure Erlösung naht« (Lk 21,28). Fischer zeigte also ein ganz anderes Herangehen.

---

[4]   Otto Dibelius, Obrigkeit?, Berlin 1959.
[5]   Martin Fischer, Obrigkeit. Gustav W. Heinemann zum 60. Geburtstag, Berlin 1959.

Eine andere, dritte Position vertrat Bischof Mitzenheim[6] in Thüringen, die sich folgendermaßen charakterisieren lässt: Obrigkeit ist Obrigkeit in jedem Falle. Von ihm wurden große Anpassungsleistungen erbracht. Als erste Gehaltsverhandlungen für Mitarbeiter des Diakonischen Werkes stattfinden sollten, war klar: Das bekommen wir nur mit Mitzenheim hin, der von der DDR-Regierung sehr hofiert wurde. Bei etlichen positiven Maßnahmen, etwa dass Rentner reisen dürfen und dass es Bausoldaten gibt, war in der Zeitung zu lesen: Mitzenheim hat's erreicht. Die Kirchen haben dann einen Weg gefunden, der sich mit dem schönen Satz von Heinrich Vogel[7] beschreiben lässt: Wir brauchen als Kirchen einen Weg zwischen »Dibelianismus« und »Mitzenheimerei« mitten hindurch. Wir können nicht aufhören zu glauben, dass es keine Orte gibt, an denen nicht Jesus Christus der Herr der Welt ist. Auch die DDR ist kein gottverlassenes Land, auch hier kann man seinem Nächsten zum Nutz und Gott zur Ehre leben. Oft wurde daraus gefolgert: Man darf hier auch nicht weggehen.

Man müsste auch den Punkt betrachten, dass Kirche und Diakonie auch zur »Befestigung« der Teilung des Landes beigetragen haben. Und das nicht ganz ehrenvoll. Die Gründung des Kirchenbundes und die Aufspaltung der EKD werden von manchen heute als der Sündenfall in der Geschichte der Kirche in der DDR gesehen. Bei den Kirchen kommt dann die so verfängliche Redeweise von der »Kirche im Sozialismus« hinzu. (Da kann die Diakonie ganz fröhlich sein: »Diakonie im Sozialismus« hat nie jemand gesagt.) Aber die Kirche teilte sich in Ost und West. Auf der parallelen Synode in Spandau und Fürstenwalde 1967 gab es noch große Treueversprechen. Noch fromm argumentierend: Gott hat uns nicht die Freiheit gegeben, uns loszulassen. Kundige haben damals schon gemerkt: Das wird nicht mehr lange gehen. Dass die Gründung des Kirchenbundes so schnell ging, zeigt, dass nicht alles mit rechten Dingen zuging, und dass die neue Verfassung der DDR dabei eine Rolle spielte.

---

[6] Moritz Mitzenheim (1891–1977) war 1945–1970 Landesbischof der Evangelisch-Lutherischen Landeskirche von Thüringen und 1955–1961 Mitglied im Rat der EKD.

[7] Heinrich Vogel (1902–1989) war Professor für Systematische Theologie an der Kirchlichen Hochschule in Berlin (West) und ab 1948 gleichzeitig Professor an der Humboldt-Universität in Berlin (Ost). – Zum Zitat siehe: Hartmut Fritz, Otto Dibelius. Ein Kirchenmann in der Zeit zwischen Monarchie und Diktatur (AKZG B 27), Göttingen 1998, 479.

Was meist nicht so deutlich gesehen wird, ist, dass es auch im Westen eine ganze Menge Kräfte gab, die das so sahen. Nicht die alten Kämpfer der Diakonie, aber gerade die, die aus der Studentenbewegung kamen, links engagierte Leute, für die sich auch theologisch das Gewicht von der Dogmatik zur Ethik verschoben hatte. Für sie stand das Tun im Vordergrund und nicht das Glauben, vereinfacht gesagt. Wenn Sie sich mit dem Thema intensiver beschäftigen möchten, rate ich Ihnen, sich mit der Rolle von Bischof Krummacher in Greifswald[8] zu beschäftigen. Krummacher hat damals auf der Synode in Fürstenwalde die große Rede gehalten zum Festhalten an der Einheit der EKD und hat gleichzeitig als Vorsitzender des Vertrauensrates der Studentengemeinde die Teilung bereits ein Jahr früher mit betrieben. Bei den Studentengemeinden ging der Druck zur Teilung von Westgemeinden aus. Zum Glück geschah diese Teilung der EKD erst zu einem Zeitpunkt, als die Vereinigung von Innerer Mission und Hilfswerk bereits geschehen, also das Diakonische Werk schon gegründet war.

Ein Punkt, der für das Diakonische Werk von Bedeutung ist: Wie loyal muss man zur DDR sein, um hier wirklich helfen und diakonisch tätig sein zu können? Das ist eine Kernfrage gewesen. Man kann die Frage festmachen an dem, was 1956 geschah. Noch 1953 war die DDR-Politik: Wir wollen die Organisationen des Gesundheitswesens voll in staatliche Hand nehmen. Das war aber eher organisatorisch und nicht wie 1956/57 ideologisch begründet. Nach dem ungarischen Volksaufstand, nach Chruschtschows großer Rede auf dem XX. Parteitag der KPdSU und der einsetzenden Entstalinisierung entstand noch einmal richtig ideologischer Druck. Das hat an den Universitäten viel Ärger ausgelöst mit Wolfgang Harich[9] und in Halle Erich Hoffmann[10]. Da merkte man zunehmend eine ideologische Ausrichtung. Die Jugendweihe wurde massiv durchgedrückt und es lief eine heftige Atheismus-Propaganda. Es fanden

---

[8]   Friedrich-Wilhelm Krummacher (1901–1974) war 1955–1972 Bischof der Pommerschen Evangelischen Kirche (ab 1968: Evangelische Kirche in Greifswald).

[9]   Wolfgang Harich (1923–1995) war Philosoph und Journalist und 1956 Mitglied einer informellen Gruppe marxistischer Intellektueller, die parteiintern Reformen einforderte. Er wurde 1956 verhaftet und 1964 durch eine Amnestie aus der Haft entlassen.

[10]   Erich Hoffmann (1904–1989), Prof. Dr. sc. nat., Agrarwissenschaftler, Vizepräses der Synode der KPS. 1958 wurde Hoffmann aus politischen Gründen aus der Universität Halle-Wittenberg entfernt (»Spirituskreis«).

dann Gespräche zwischen Kirche und Staat statt. Innenminister Maron[11] hatte die DDR-Kirchen zwar rüde angeredet, aber die Kirchen hatten die Notwendigkeit, dennoch das Gespräch zu suchen, da viele Bahnhofsmissionen in ihrer Arbeit behindert, sogar Mitarbeitende eingesperrt waren. Am Ende dieses Gesprächsprozesses stand das Kommuniqué von 1958. Viele haben es als den Sündenfall der Kirchen in der DDR gesehen, dass sie sich darauf eingelassen haben, denn die DDR-Regierung hatte nur mit Menschen verhandeln wollen, die aus der DDR stammen, es durfte niemand aus dem Rat der EKD dazukommen, der aus einer westlichen Kirche kam. Bischof Mitzenheim war der Gesprächsführer auf Seiten der Kirche. Bei der Verhandlung um die Endfassung des Kommuniqués hatten beide Seiten Entwürfe vorgelegt, die völlig gegensätzlich waren. Durch die Verhandlungstaktik des Staates saßen die Vertreter in einem Raum und Ministerpräsident Grotewohl sagte:»Ich habe in den nächsten sieben Wochen keine Zeit, wir müssen heute zum Ergebnis kommen. Wenn die Kirchen jetzt nicht zustimmen können, dann gehen wir mal raus und sie können sich in einer Ecke miteinander besprechen.« Und am Ende kam im Wesentlichen der Text des Staates heraus. In der Kirche haben hinterher viele auf die Kirchenvertreter geschimpft, und das war der Anfang vom Ende der Karriere Mitzenheims in der EKD. Die meisten, die das unterschrieben haben, haben gesagt: Wir konnten gar nicht anders. Mitarbeitende saßen im Gefängnis, die Arbeit der Bahnhofsmission ging den Bach runter, und auch um der Arbeit der Diakonie willen wurde der schwierige Text unterschrieben, in dem z. B. das Respektieren des Aufbaus des Sozialismus enthalten war. Nach 1958 wurde für die Kirchen manches und insbesondere für die Diakonie vieles auch leichter. Die DDR fing an zu akzeptieren, dass es Kirche und Diakonie gab. Das kann man z. B. an der Anerkennung von Ausbildungsgängen festmachen, der Anerkennung der Berufsabschlüsse der Krankenschwestern, von Hilfspersonal. Nach 1958 gab es eine Reihe von Abschlüssen, allerdings mit der klaren Maßgabe, das Vereinsrecht in der DDR neu zu organisieren. Sehr schön ist dies z. B. an der Einrichtung in Lobetal, der alten Betheler Gründung, zu sehen. Die DDR hat das Vereinsregister nur noch bei den Polizeikreisämtern geführt, nicht mehr beim Amtsgericht. Aus den Akten lässt sich ersehen: Das Ziel der Maßnahmen war es, vereinfacht gesagt, Kirche und Diakonie auseinander zu bringen. Gut geführte und ausgestattete diakonische Einrichtungen sollten kein Aushängeschild

---

[11]   Karl Maron (1903–1975) war 1955–1963 Minister des Innern der DDR.

für die Kirche sein. Unter diesem Druck standen diakonische Einrichtungen. Ich war damals selber diakonischer Helfer in Lobetal, habe mich mit dem damaligen Anstaltsleiter, Pastor Karl Pagel »gefetzt« als »junger Revolutionär«. Heute bin ich milder in meinem Urteil. Der Druck, der auf den Diakonikern lastete: Passt euch an, dann habt ihr auch alle Möglichkeiten des Bauens und der Genehmigungen, dann lässt sich auch beim Vereinsrecht etwas machen. Das wurde denen bei Gesprächen so vorgeführt, ebenso gegenüber Einrichtungsleitern. Auch darüber gibt es schöne Akten: »Sie haben sich da oder dort nicht gut verhalten, haben sich auf der Synode geäußert und dort beteiligt, und deshalb sind wir jetzt auch nicht kooperativ.« Das war eine klare Ansage: Konformes Verhalten sichert auskömmliches Gedeihen diakonischer Arbeit. Das war schon eine harte Herausforderung und eine ethische Grundfrage. Wer sich wirklich für andere Menschen einsetzt, setzt sich auch aus und wird verletzbar.

Die Diakonie hat wesentlich dazu beigetragen, die DDR zu stabilisieren. Es ist kaum bekannt, dass das Diakonische Werk der Bundesrepublik zeitweise der größte Steinkohleimporteur der DDR war: Sie kauften, bezahlt von der Bundesregierung, Kohle und lieferten sie in die DDR. Das hat die DDR auch stabilisiert. Das ist eine Gratwanderung gewesen: Wer in den Kanal steigt, macht sich schmutzig. Die Frage der Loyalität ist ein wichtiges Thema gewesen. Bei Synoden war auch zu beobachten, dass manche Diakoniker vor kritischen Abstimmungen den Raum verließen, um zu vermeiden, dass Ihnen Ihr Abstimmverhalten bei Verhandlungen mit staatlichen Stellen vorgeworfen wird.

Diskussionsbedarf gibt es noch in der Frage, ob nicht letztlich vor allem die vielen Flüchtlinge aus der DDR, die sog. Übersiedlungsersuchenden, dazu beigetragen haben, dass die DDR zusammengebrochen ist. Und aus welchem Grund haben sich die Kirchen eigentlich so demonstrativ dagegen gestellt? Denn Kirche und Diakonie in der DDR waren sich in diesem Punkt einig: Wir waren gegen die Ausreise. Wir hatten so schöne Sprüche wie z. B. auf dem Kirchentag 1988: Bleibe im Lande und wehre dich täglich. Bei den Pfarrern wurde dies ganz massiv umgesetzt: Pfarrer, die ohne Genehmigung der Kirchenleitung das Land verlassen haben, konnten nicht Pfarrer in der Bundesrepublik sein. Die Westkirchen haben sich daran im Wesentlichen gehalten, man konnte Religionslehrer oder Militärpfarrer werden, aber verstanden wurde die Begründung im Westen nicht wirklich, die lautete: Gott will an dieser Stelle, wo er dich hingestellt hat, deinen Dienst segnen. Die Argumentation verlief ähnlich zu der bei Ärzten, wo gesagt wurde: Die Patienten brauchen dich! Es wird bis heute debattiert, ob man wirklich wollen konnte, dass Menschen in einem Unrechtssystem bleiben. Die Ausreiseproblematik wird unterschiedlich bewertet. Nach der Wende ist zu diesem Thema ein kleines Buch entstanden: Gehen oder bleiben.[12] Bei diesem Thema wird noch ein größerer Ost-West-Unterschied in der Beurteilung deutlich. Da waren sich Diakonie und Kirche in der DDR aber wesentlich einig.

Der nächste Punkt ist nicht ganz einfach. Es gab viele Leute in der DDR, die die Teilung hingenommen haben. Nicht deshalb, weil sie die Teilung befürworteten, sondern um des lieben Friedens willen. Ludwig Große, damals Superintendent in Saalfeld und später Oberkirchenrat für Ausbildung und Erziehung, ein ganz aufrechter Mann, sagte auf der Synode 1987: »Ich hatte bisher geglaubt, dass wir diese Abgrenzung [zwischen Ost und West] zu erleiden haben, sei auch ein Stück Schuld, das abgetragen werden müsse, für das, was die Väter getan haben. Ich habe geglaubt, dass die Tatsache, dass ich mit meinen Kindern nicht in den Städten unterwegs sein kann, in denen meine Verwandten leben, auch ein Stück Bereitschaft bedeutet zu tragen, was wir Deutsche anderen Völkern in Europa zugefügt haben. Und ich habe begriffen, dass mit dieser Abgrenzung Dänen, Tschechen, Polen und Franzosen ganz gut leben können und darin ein Stück Stabilisierung erfahren. Ich hätte mir gewünscht, dass wir beim Umgang mit diesem Thema, von dem wir alle wünschten, dass es einmal vom Tisch sein möge und die Mauer Museum wird, so vorgegangen wären, wie wir es bei Stücken des Friedensmarsches[13] erlebt haben: Die Grenze des Zumutbaren beim Partner achten, damit wir miteinander weiter gehen können.«[14] Diese Einstellung fand sich ziemlich häufig, zu sagen, die Teilung ist eine Haftungsfolge des »Dritten Reiches«, die es auszuhalten gilt, um die Situation nicht zu destabilisieren. Das wird uns heute als theologischer Unsinn um die Ohren gehauen, aber es war eine wichtige Haltung. Man darf es sich auch nicht zu einfach machen. Auch im Westen war die Haltung keineswegs einstim-

---

[12]   Rudolf Schulze / Eberhard Schmidt / Gerhard Zachhuber (Hrsg.), Gehen oder bleiben. Flucht und Übersiedlung von Pfarrern im geteilten Deutschland und die Gesamtverantwortung der Kirchenleitungen. Bericht und Dokumentation, Leipzig 2002.

[13]   Der Olof-Palme-Friedensmarsch fand vom 2.–5. September 1987 zwischen den ehemaligen Konzentrationslagern Ravensbrück und Sachsenhausen statt, organisiert von der ›Aktion Sühnezeichen‹.

[14]   Synode des Bundes der Evangelischen Kirchen in der DDR in Görlitz vom 18. bis 22. September 1987, Tonbandabschrift.

mig, wie sich am Beispiel von Hermann Kunst[15] zeigen lässt. Kunst kam im Rahmen eines Ost-West-Treffens der Bischöfe am 3. April 1975 in der Auguststraße in Berlin mit Bischof Krusche aus Magdeburg zusammen, nachdem dieser am 9. März eine Kanzelabkündigung zum »Wächteramt der Kirche« erlassen hatte. In der Stasi-Mitschrift dieses Gesprächs heißt es:»Auf Krusches Frage an Kunst, wie dieser das Kanzelwort der Magdeburger Kirchenleitung vom 9. März beurteile, tat Kunst so, als habe er diese Frage nicht gehört.« Kurz darauf wiederholte Krusche seine Frage, worauf Kunst ihm in aufgebrachter Weise folgendes geantwortet hat:»Wenn Krusche so hartnäckig nach dem Echo bzw. nach einer Beurteilung seines Hirtenwortes frage, so zeige das, daß Krusche sich wahrscheinlich immer noch etwas darauf einbilde. Er, Kunst, müsse ihm aber erklären, daß dieses Hirtenwort absolut verfehlt sei. Er habe genügend Kontakte mit staatlichen Vertretern der DDR und wisse bestens, daß die staatliche Kirchenpolitik auf eine Normalisierung des Verhältnisses zwischen Staat und Kirche und auf eine [...] Tolerierung loyaler kirchlicher Tätigkeit gerichtet sei. Krusche habe die Tuchfühlung mit der Praxis verloren und schüre künstlich Spannungen. Die Kirchen der DDR müßten endlich folgende Alternative begreifen: Entweder sie konstituieren sich als Oppositionspartei und müssen dann entsprechend staatliche Maßnahmen in Kauf nehmen oder sie begreifen endlich, daß ihre Perspektive nur in Respektierung der gesellschaftlichen Verhältnisse und stärkeren innerkirchlichen Lebens gesichert sei. Das [kirchliche] ›Wächteramt‹ müsse jeder Staat als Herausforderung verstehen. Er habe diese Haltung schon vor 15 Jahren den DDR-Bischöfen klarzumachen versucht. Aber nur einer habe ihn verstanden und die notwendigen Schlußfolgerungen gezogen: Bischof Mitzenheim.«[16]

Ein anderer Vermerk aus einer weiteren Stasi-Quelle:»Bischof Braecklein[17] stellt in einem sehr internen Gespräch fest, dass die Ausführungen von Bischof Kunst bei Krusche große Betroffenheit und Verwirrung hervorriefen. Krusche habe offensichtlich von Kunst ein Lob erwartet. Auch

---

[15]   Hermann Kunst (1907–1999) war 1950–1977 der erste Bevollmächtigte des Rates der Evangelischen Kirche in Deutschland (EKD) am Sitz der Bundesregierung.

[16]   Zitiert nach Gerhard Besier, Der SED-Staat und die Kirche. 1969–1990, die Vision vom »Dritten Weg«, Berlin 1995, 75 f.

[17]   Ingo Braecklein (1906–2001) war 1971–1977 Leitender Bischof der Vereinigten Evangelisch-Lutherischen Kirche in der DDR.

Bischof Fränkel[18] habe offensichtlich die richtigen Schlussfolgerungen im Zusammenhang mit der unmittelbar danach stattfindenden Synode des Görlitzer Kirchengebietes gezogen.« Das war eine Synode 1975, bei der alle dachten: Was ist denn nun los? Haben sie den Fränkel umgedreht? Fränkel war sonst einer, der kein Blatt vor den Mund nahm. Ich habe das zitiert, um zu zeigen, dass die Pragmatiker nicht einfach einem Lager zuzurechnen waren. Nach dem Motto: Die Linken waren gegen die Wiedervereinigung und die Konservativen hatten immer die Wiedervereinigung im Herzen gehabt. Das ist zu schlicht gedacht.

Schließlich möchte ich noch einige problematische Fragen in Stichworten andeuten.

1.) Zum einen die Involvierung in den Häftlingsfreikauf und die finanzielle Unterstützung der Kirchen und Diakonie, verbunden mit der Frage: Ist Kirche nur noch Kirche des Handelns und nicht mehr des Wortes?

2.) Zum anderen die zunehmende Separierung von Kirche und Diakonie. In der Verfassung der DDR hieß es: »Die Kirchen regeln ihre Angelegenheiten im Rahmen der für alle geltenden Gesetze. Näheres kann durch Vereinbarungen geregelt werden.« Die Kirchen haben dies falsch verstanden. Alle erwarteten, dass nun Verhandlungen geführt werden. Es wurde sogar eine »Verhandlungskommission« gegründet, es kam aber nie zu Verhandlungen.

3.) Schließlich die Stasi-Verstrickungen, auch innerhalb der Diakonie. Ich teile allerdings die Thesen von Herrn Besier nicht, dass Kirche und Diakonie von der Stasi gesteuert wurden, auch wenn es natürlich brisante Fälle gab.

Zusammenfassend lässt sich sagen: Es gibt keinen Grund, Kirchengeschichte als Ruhmesgeschichte zu schreiben. Wer das Kreuz Christi vor Augen hat, der scheut sich nicht, hinzusehen, wenn es schwierig wird. Wir können dem lieben Gott danken, dass er uns gebraucht hat und dass er uns durch die Fährnisse geleitet hat und uns hoffentlich auch etwas hat lernen lassen in dieser Geschichte.

---

[18]   Hans-Joachim Fränkel (1909–1997) war 1964–1979 Bischof der Evangelischen Kirche von Schlesien, die ab 1968 Evangelische Kirche des Görlitzer Kirchengebietes hieß.

»Die besondere Gemeinschaft der evangelischen Christenheit in Deutschland« in den Jahren der Teilung

Theodor Strohm

Vorbemerkung: zum Stand der Aufarbeitung

Von kompetenter Seite wurde über dieses Thema bereits Gewichtiges veröffentlicht. Ich denke an die Forschungsergebnisse des von der EKD geförderten Projekts der Arbeitsgemeinschaft für kirchliche Zeitgeschichte »Die Rolle der evangelischen Kirche im geteilten Deutschland«, die Untersuchungen von Claudia Lepp[1] und vor allem die Arbeit von Anke Silomon, die zwischen 1997 und 2006 Theorie und Praxis der »besonderen Gemeinschaft« untersuchte.[2] Und dann haben Walter Hammer und Uwe Peter Heidingsfeld die Protokolle der »Konsultationen« herausgegeben.[3] Die Bedeutung und Rolle der Diakonie im geteilten Deutschland wurde eingehend behandelt auf der von Ingolf Hübner und Jochen Christoph Kaiser dokumentierten Berliner Tagung »Diakoniegeschichte im geteilten Deutschland«.[4] Darüber hinaus gibt es eine Fülle von Darstellungen und Dokumentationen zum Thema Kirche und Diakonie im geteilten Deutschland und inzwischen auch wichtige Beiträge von Zeitzeugen.[5] Hervorhe-

---

[1]   Claudia Lepp, Tabu der Einheit? Die Ost-West-Gemeinschaft der evangelischen Christen und die deutsche Teilung, (1945–1969), Göttingen 2005.

[2]   Anke Silomon, Anspruch und Wirklichkeit der »besonderen Gemeinschaft«. Der Ost-West-Dialog der deutschen evangelischen Kirchen 1969–1991, Göttingen 2006 (764 Seiten!).

[3]   Walter Hammer/Uwe-Peter Heidingsfeld, Die Konsultationen. Ein Ausdruck der »besonderen Gemeinschaft« zwischen der Evangelischen Kirche in Deutschland und dem Bund der Evangelischen Kirchen in der Deutschen Demokratischen Republik, GEP-Buch, Hannover 1995.

[4]   Ingolf Hübner/Jochen-Christoph Kaiser, (Hrsg.), Diakonie im geteilten Deutschland, Stuttgart 1999.

[5]   Hierzu gehören: Trutz Rendtorff (Hrsg.), Protestantische Revolution? Kirche und

ben möchte ich auch die gründliche Studie von Karoline Rittberger-Klas, »Kirchengemeinschaften im geteilten Deutschland«.[6] In zehn kurzen Überlegungen soll die Frage nach der »besonderen Gemeinschaft der ganzen evangelischen Christenheit in Deutschland« aufgeworfen werden. Aus der Fülle der dokumentierten Berichte von kirchlichen Zeitzeugen möchte ich stellvertretend auf Albrecht Schönherrs »Erinnerungen«[7] und auf die überaus anschauliche Neuerscheinung von Werner Braunes Bericht: »Abseits der Protokollstrecke«[8] hinweisen, die das Leben in der Stephanus-Stiftung zur Zeit der DDR wieder ganz lebendig werden lässt.

Theologie in der DDR: Ekklesiologische Voraussetzungen, politischer Kontext, theologische und historische Kriterien, Göttingen 1993. Horst Dähn (Hrsg.), Die Rolle der Kirchen in der DDR. Eine erste Bilanz. München 1993. Robert F. Goeckel, Die evangelische Kirche und die DDR, Leipzig 1995. Martin Georg Goerner, Die Kirche als Problem der SED. Strukturen kommunistischer Herrschaftsausübung gegenüber der evangelischen Kirche 1945 bis 1958, Berlin 1997. Frédéric Hartweg, (Hrsg.), SED und Kirche. Eine Dokumentation ihrer Beziehungen, Band 1: SED 1946–1967; bearbeitet von Joachim Heise, Neukirchen-Vluyn 1995. Günther Heydemann/Lothar Kettenacker (Hrsg.), Kirchen in der Diktatur, Göttingen 1993. Peter Maser, Glauben im Sozialismus. Kirchen und Religionsgemeinschaften in der DDR, Berlin 1989. Ebenso: Joachim Mehlhausen/Leonore Siegele-Wenschkewitz (Hrsg.), Zwei Staaten – zwei Kirchen? Evangelische Kirche im geteilten Deutschland. Ergebnisse und Tendenzen der Forschung, Leipzig 2000. Hinweisen möchte ich auch auf meinen Beitrag zum Kirchlichen Jahrbuch 1995: Theodor Strohm, Diakonie in den Umbrüchen der Gegenwart – Eine Dokumentation der Jahre 1985–1995, Gütersloh 1999 und auf die Heidelberger Diss. von Stephanie V. Gerlach, Staat und Kirche in der DDR. War die DDR ein totalitäres System?, Frankfurt 1999. Noch immer ist das von Reinhard Henkys 1982 herausgegebene Buch »Die Evangelischen Kirchen in der DDR. Beiträge zu einer Bestandsaufnahme«, München 1962, von unschätzbarem Wert.

[6]   Karoline Rittberger-Klas, Kirchenpartnerschaften im geteilten Deutschland. Am Beispiel der Landeskirchen Württemberg und Thüringen, Göttingen 2006.

[7]   Albrecht Schönherr, ... aber die Zeit war nicht verloren. Erinnerungen eines Altbischofs, Berlin 1993.

[8]   Werner Braune, Abseits der Protokollstrecke. Erinnerungen eines Pfarrers an die DDR, Berlin 2009.

DIE EVANGELISCHE KIRCHE
IN DER ZERREISSPROBE DES KALTEN KRIEGES

Nach dem Ende des 2. Weltkrieges schlossen sich die evangelischen Landeskirchen der vier Besatzungszonen zur Evangelischen Kirche in Deutschland (EKD) zusammen. »Zonengrenzen sind keine Kirchengrenzen« hieß ihr Motto. Damit war die EKD die einzige gesamtdeutsche Großorganisation. Sie wurde – auch im Ausland – zur Stimme des besiegten Volkes. Auch die sowjetischen Sieger hatten im Potsdamer Abkommen Religionsfreiheit zugesagt und begegneten der Kirche in ihrer Besatzungszone zunächst mit Respekt, dies galt auch noch, als 1948 der Alliierte Kontrollrat zerbrach und sich die beiden deutschen Staaten gründeten. Damals hielt die Sowjetische Regierung noch an dem Ziel der Wiedervereinigung fest; die Kirche konnte als Symbol und Modell hierfür gelten. Allerdings stand langfristig das Ziel ebenfalls fest: Walter Ulbricht sagte am 2. Mai 1945, dem Tag seiner Ankunft in Berlin, in Gegenwart von Wolfgang Leonhard:»Es muß demokratisch aussehen, aber wir müssen alles in der Hand haben«. Wilhelm Piek stellte am 21.12.1946 fest:»Die geniale Weitsicht des großen Führers der Sowjetunion zeigt auch dem deutschen Volk den Weg.«[9] Letztes Ziel war nach anfänglichen Bemühungen, den Weg nach Gesamtdeutschland und auch im Westen die Möglichkeit für die Reparationsleistungen offen zu halten, die Umwandlung der Sowjetzone in eine sowjetische Republik. Walter Ulbricht wusste, dass er dabei mit der Jugend, und das heißt mit dem Bildungs- bzw. Erziehungssystem, beginnen musste. Wir dürfen nicht vergessen, dass die deutsche Teilung unausweichlich eine Folge der unterschiedlichen Interessenlagen der Besatzungsmächte war. Russland holte aus seiner Zone Reparationen im Wert von 99,1 Mrd. DM (zu Preisen von 1953), das sind 97 % der gesamten Reparationen aus Deutschland. Davon hat sich die Wirtschaft der Sowjetzone trotz erheblicher Anstrengungen nicht mehr erholt. Arnulf Baring hat in seiner Untersuchung des Arbeiteraufstandes am 17. Juni 1953 gezeigt, dass die Anforderungen an die »Arbeitsnormen« und die faktischen Lebensbedingungen der Arbeiterschaft damals immer weiter auseinander drifteten.[10] Die 2,7 Mio. Flücht-

---

9   Wolfgang Leonhard, Die frühe Opposition in der SED (1946–1949), in: Hartmut Jäckel (Hrsg.), »Ein Marxist in der DDR – Für Robert Havemann«, München 1980, 22 und 29.

10   Arnulf Baring, Der 17. Juni 1953, Bonner Berichte aus Mittel- und Ostdeutsch-

linge bis zum Mauerbau rekrutierten sich vorwiegend aus den jungen – meist akademisch qualifizierten und nicht selten kirchlich geprägten – Menschen. Besonders zu schaffen machte der Führung die Abwanderung von Ingenieuren. Die DDR drohte schon frühzeitig ein »greiser Arbeiter- und Bauernstaat« ohne eine eigenständige intellektuelle Bevölkerungs- schicht zu werden.

Während der Westen Deutschlands seit der Truman-Doktrin (13.3.1947) und mit Hilfe des Marshallplans (5.6.1947) zügig in die angloamerikanischen Wirtschafts- und Militärmachtstrukturen einbezo- gen wurde, plante die sowjetische Führung seit Ende 1948 die »zukünfti- ge Eingliederung der osteuropäischen Länder«, einschließlich der Sowjet- zone, in die »Union der sozialistischen Sowjetrepubliken (UDSSR)«.[11] Wer im Nachhinein die Rolle der Evangelischen Kirche in der Zeit des Kalten Krieges beschreibt und diese Zerreißprobe, die die Kirche in all ihren Organen oft bis an den Rand des Auseinanderbrechens brachte, nicht angemessen berücksichtigt, betreibt Geschichtsfälschung.

DIE RECHTE DER KIRCHE UND DIE REALITÄT DER STAATLICHEN DIKTATUR

Als am 7. Oktober 1949 die DDR gegründet wurde, konnte man in der am selben Tag in Kraft tretenden Verfassung feststellen, dass die Kir- chenartikel der Weimarer Verfassung zum großen Teil übernommen worden waren. Im Unterschied zum Grundgesetz, das nur die Ziffern der Weimarer Verfassungsartikel angibt, konnte jeder Bürger der DDR die durchaus privilegierte Stellung der Kirchen in der Verfassung zur Kennt-

---

land, hrsg. vom Bundesministerium für Gesamtdeutsche Fragen 1959, 43 ff. Ich selbst war 1959 vom Vorstand des Verbandes deutscher Studentenschaften zum Referenten für die gesamtdeutsche Bildungsarbeit und zum Leiter des Hauses der deutschen Studentenschaften in der Teplitzerstrasse in Berlin berufen worden. Ich führte für die westdeutschen Studentenschaften insgesamt rund 70 Seminare durch, in denen ich in Zusammenarbeit mit dem »Gesamtdeutschen Ministerium«, das die Arbeit finan- zierte, und mit Professoren der FU und der Hochschule für politische Wissenschaft, die Studierenden mit den Grundlagen der Deutschlandpolitik, vor allem der Sowjet- union, und mit Ideologie und Praxis des Marxismus-Leninismus vertraut machte. Ende der 1960er Jahre holte mich Willy Brandt in seinen Beraterkreis als Mitheraus- geber der Zeitschrift »Die Neue Gesellschaft«.

[11]   Vgl. z. B. wieder Wolfgang Leonhard, Die frühe Opposition in der SED, 39.

nis nehmen.[12] Zum Thema »Erziehung und Ausbildung« (Art. 40 und 44) hieß es unter anderem: »Der Religionsunterricht ist Angelegenheit der Religionsgemeinschaften«. »Das Recht der Kirche auf Erteilung des Religionsunterrichts in den Räumen der Schule ist gewährleistet.« Des Weiteren wurden volle Glaubens- und Gewissensfreiheit sowie die ungestörte Religionsausübung ebenso festgeschrieben wie »das Recht der Religionsgemeinschaften, zu den Lebensfragen des Volkes von ihrem Standpunkt aus Stellung zu nehmen« (Art. 41). Selbst die Kirchensteuer wurde durch den Staat eingezogen. Auch vor Enteignung von kirchlichem Grundbesitz blieben die Kirchen zunächst verschont.

Eine gravierende Ausnahme enthielt der Art. 41.2: »Einrichtungen von Religionsgemeinschaften, religiöse Handlungen und der Religionsunterricht dürfen nicht für verfassungswidrige oder parteipolitische Zwecke missbraucht werden.« Mit dieser Bestimmung konnten die staatlichen und politischen Organe der DDR in der Praxis nach Belieben den Lebensraum der Kirche in ihren Einrichtungen, in ihrer Jugend- und Öffentlichkeitsarbeit beschneiden und gegen einzelne Amtsträger repressiv einschreiten. So wurden den Kirchen z. B. systematisch öffentliche Schulräume für den Religionsunterricht verweigert. Trotzdem zeigte es sich, dass die Kirche gegenüber solchen Restriktionen immer wieder ihre verfassungsmäßigen Rechte mit mehr oder weniger Erfolg öffentlich einklagte. Ein Verfassungsgericht gab es nicht.

Von 1950/51 an verschärfte sich der Streit um Schule und Jugendarbeit. Aggressionen von Seiten der DDR gegen die Kirche richteten sich zuerst gegen ihren schwächsten Bereich, nämlich die Jugend- und Studentenarbeit. Beide Bereiche waren verfassungsmäßig nicht besonders verankert. Die Freie Deutsche Jugend (FDJ) eröffnete die Kampagne gegen die Junge Gemeinde und die Studentengemeinden in einer Extra-Ausgabe ihres Zentralorgans »Junge Welt«, Extrablatt April 1953, mit der Parole: »Junge Gemeinde – Tarnorganisation für Kriegshetze, Sabotage und Spionage im USA-Auftrag«. Nachdem sich der Kampf im Frühsommer 1953 so zugespitzt hatte, dass ein Verbot der Jungen Gemeinde und der Studentengemeinde unmittelbar bevorstand, kam es am 11. Juli 1953 zu einer Aussprache zwischen Vertretern der evange-

---

12   Man darf freilich nicht übersehen, dass in den Beratungen im Deutschen Volksrat 1947/48 über eine Verfassung für Gesamtdeutschland auf der Grundlage des SED-Entwurfs verhandelt wurde, der dann am 19.3.1949 durch den Deutschen Volksrat verabschiedet und am 7.10. für das Gebiet der SBZ in Kraft gesetzt wurde.

lischen Kirche und der FDJ beim Amt für Jugendfragen. Als Vertreter
der evangelischen Kirche nahmen u. a. teil: Probst Dr. Heinrich Grüber,
Pfarrer Kurt Oehlmann, cand. Phil. Elisabeth Adler, als Vertreter der FDJ
u. a. Erich Honecker, Joachim Herrmann, Margot Feist, (die im gleichen
Jahr Erich Honecker heiratete und bereits eine Tochter mit ihm hatte).
In der offiziellen Erklärung heißt es: »Da in der letzten Zeit verschiedene Unklarheiten über den Charakter der Jungen Gemeinde auftauch-
ten, wurde im Verlaufe der Aussprache klargestellt, dass es sich bei der
Jungen Gemeinde und der evangelischen Studentengemeinde nicht um
Organisationen handelt, sondern um eine Lebensäußerung der Kirche
im Raume der Kirchen und ihrer Gemeinden.« Es gehe den Kirchen darum, »die eindeutig kirchliche Zielsetzung zu sichern. Die Vertreter der
Freien deutschen Jugend begrüßten diese Feststellungen und sehen sie
als Grundlage für das freundschaftliche Zusammenwirken aller jungen
Menschen an. Es ist vorgesehen, alle zukünftig durch persönliche Füh-
lungnahme auftretenden Fragen zu klären.«[13] Bereits am 10. Juni 1953
hieß es in einer Erklärung nach dem Gespräch zwischen Vertretern der
Konferenz der Kirchenleitungen und Ministerpräsident Grotewohl, es
werde »staatlicherseits die Bereitwilligkeit erklärt, das kirchliche Eigen-
leben nach den Bestimmungen der Verfassung zu gewährleisten.«[14] Man
muss allerdings hinzufügen, dass der DDR-Staats- und Parteichef Walter
Ulbricht persönlich in einer KPdSU-Weisung verfügte, die »Verfolgung
der kirchlichen Jungen Gemeinde« in der DDR einzustellen. Um Eltern
aber davon abzuhalten, ihre Kinder konfirmieren zu lassen und damit in
die Arme der Kirche als »stärkster legaler Position der imperialistischen
Kräfte« (SED-Politbüro) zu treiben, sollte der Nachwuchs in die religi-
onsferne Jugendweihe gelockt und so für den Staat gewonnen werden.
Schon bald wurde z. B. der Übergang in weiterbildende Schulen von der

---

[13]   Vgl. Erika Godel, Theologische Standortbestimmung der Studentengemeinden in
der DDR und ihre öffentliche Position in der gegenwärtigen Wirklichkeit der DDR,
Wiss. Hausarbeit zur 1. theol. Prüfung, KIHO Berlin, Sommer 1973, 73 f. Besonders
betroffen war auch die »Christliche Jugendbildungs- und Begegnungsstätte Schloss
Mansfeld«, vgl. CVJM (Hrsg.), Schloss Mansfeld – Vergangenheit, die Zukunft hat.
Eine Dokumentation über 50 Jahre Schloss Mansfeld in kirchlicher Trägerschaft,
2008.

[14]   Peter Maser, Glauben im Sozialismus, 54 f. Vgl. auch die prägnante Darstellung
von Stefan Walz, Spagat zwischen Kirche und Staat – Die politisch-theologische Entwicklung der evangelischen Kirchen von ihren Anfängen bis 1969, http://www.lo-
thar-veit.de/lektuere/ddrkirche.pdf.

Teilnahme an der Jugendweihe, die ein Gelöbnis auf die atheistischen Ziele des Systems enthielt, abhängig gemacht, sodass am Ende ca. 90 % der Jugendlichen die Jugendweihe akzeptierten.[15]

»WIR SIND DOCH BRÜDER!«
DER KIRCHENTAG ALS BESONDERE KLAMMER BIS 1961

Es ist das Verdienst von Dirk Palm, die Geschichte der Evangelischen Kirchentage bis zur Teilung 1961 in aller Gründlichkeit und unter Auswertung auch der staatlichen Quellen der DDR nachgezeichnet zu haben.[16] Die Frage der deutschen Einheit steht dabei durchaus im Vordergrund. Er machte deutlich, dass seit dem Neuanfang der Kirchentagsbewegung – 1949 war der erste Kirchentag in Hannover – drei Konzepte zur Geltung kamen, die oft auch im Widerstreit miteinander standen: das volksmissionarische, damit »das geistige Vakuum nach dem Krieg mit christlichem Glauben« ausgefüllt werde (Reinhold von Thadden-Trieglaff), das politisch-symbolhafte, in dem der Anspruch des Evangeliums auf alle Lebensgebiete und das politische Wächteramt der Kirche zur Geltung kommen sollte, schließlich das akademisch-problemorientierte Konzept, in dem die Auseinandersetzung mit den geistigen Strömungen der Zeit in den Mittelpunkt gestellt werden sollte.

Es war 1951 nicht leicht, die Bedenken gegen einen gesamtdeutschen Kirchentag in Berlin zu zerstreuen, da man fürchtete, in einen Strudel ideologischer Auseinandersetzungen zu geraten. Es war das Verdienst von Präses Kurt Scharf, den Kirchentag durchgesetzt zu haben. Im Vorfeld stellte er u. a. fest: »Wir befinden uns in der kommunistischen Gegenkirche. Das hat sich in den letzten Monaten immer deutlicher enthüllt. [...] Sie wollen die totale Beherrschung des Menschen in der Ostzone, das absolute Zurückdrängen der christlichen Kirche. Aber nicht, daß das

---

[15] Vgl. z. B. Thomas Gandow, Jugendweihe. Humanistische Jugendfeier, Evang. Presseverband, 1.1.1994. Spätestens mit der Rede Walter Ulbrichts zu Eröffnung des Jugendweihejahres 1958 wurde deutlich: Alle Jugendlichen sollen an der Weihe teilnehmen, unabhängig davon, »in welcher Weltanschauung sie bisher erzogen wurden.« In Anspielung auf christliche Lehren sprach Ulbricht in dieser Rede von »gewissen Hirngespinsten« und »überlebten, alten Glaubenssätzen«.

[16] Dirk Palm, »Wir sind doch Brüder!« Der evangelische Kirchentag und die deutsche Frage 1949–1961, Göttingen 2002.

in einem offenen Kulturkampf in Erscheinung tritt.«[17] Die Chance, die persönliche Begegnung mit dem Wort Gottes auf einem Kirchentag zu ermöglichen, gelte es zu nutzen. Da ich als Delegierter der jungen Gemeinde in Bayreuth selbst an diesem Kirchentag teilnehmen durfte, kann ich nur bestätigen, was in der Literatur ausführlich beschrieben wurde: es war ein hochpolitischer und zugleich zutiefst geistlicher Kirchentag, der die von Scharf genannte Chance voll nutzen konnte. Die über 300.000 Besucher des Abschlussgottesdienstes machten die besondere Gemeinschaft der ganzen Christenheit in Deutschland eindrucksvoll anschaulich. Während die folgenden Kirchentage in Essen, Stuttgart, Hamburg und Frankfurt/M. die gesamtdeutsche Perspektive zwar klar erkennen ließen und gelegentlich sogar hohe politische Funktionäre dort auftraten, war aber die Teilnahme der Christen aus der DDR kaum möglich. Hingegen wurde der Kirchentag 1954 in Leipzig unter dem Thema »Seid fröhlich in Hoffnung, geduldig in Trübsal, beharrlich im Gebet« trotz des erklärten Bemühens der DDR-Behörden, die »kirchliche Basis für den ideologischen Machtkampf« zu gewinnen, eine von christlichem Geist geprägte Begegnung der Christen aus Ost und West. In seinem Schlusswort im Schlussgottesdienst, der Hauptversammlung des Kirchentages, wies Reinhold von Thadden vor mehr als 500.000 Teilnehmern auf den gesamtdeutschen Charakter des Kirchentages hin, der »eine unübersehbare Klammer« gewesen sei.

Und dann kam der Kirchentag 1961 in Berlin. Wer, wie ich, den Berliner Kirchentag, der am 19. Juli 1961 mit mehreren Gottesdiensten in beiden Teilen Berlins eröffnet wurde, miterlebte, erinnert sich, wie brisant das Klima in Berlin in diesen Tagen war, wie die Teilnehmer aus der DDR massiv behindert wurden, Veranstaltungen im Ostteil der Stadt weithin untersagt waren. Täglich wurde in der Bildzeitung über die Tausenden berichtet, die die Flucht nach West-Berlin angetreten haben. Mehr als 150.000 Flüchtlinge waren 1961 bis Mitte August, davon allein 30.000 im Juli, in den Westen gekommen.

Es war die letzte dramatische gesamtdeutsche Begegnung der evangelischen Christenheit, die bereits weitgehend in der gespaltenen Stadt vor sich ging. Präses Scharf berichtete von einem überfüllten Schlussgottesdienst im Walter-Ulbricht-Stadion, während sich im Olympiastadion 80.000 Teilnehmer versammelten. Ich stimme der Zusammenfassung von Dirk Palm zu: »Wir sind doch Brüder!« so stellt er fest, der Leitspruch

---

[17]   A. a. O., 86.

des Kirchentages 1951, könne als Motto für den gesamten ersten Abschnitt der Geschichte des Deutschen Evangelischen Kirchentages gelten. Es bestehe kein Zweifel,»dass hier mit christlicher Brüderschaft ernst gemacht werden sollte.«[18]

Die Politik der Aufhebung der Kircheneinheit in der EKD

Für den Zusammenhalt der EKD hatte sich die Situation bereits dramatisch verschärft, als am 22. Februar 1957 der»Vertrag der Evangelischen Kirche in Deutschland mit der Bundesrepublik Deutschland zur Regelung der evangelischen Militärseelsorge« abgeschlossen wurde, der am 1. August 1957 in Kraft trat. Die Synode der EKD, zu der damals noch selbstverständlich auch die Synodalen aus der DDR gehörten, stimmte dem Vertrag zu. Die Regierung Grotewohl[19] nahm dies zum Anlass, die Beziehungen zur EKD abzubrechen und das Amt Grüber[20] als erledigt anzusehen. Die DDR-Regierung betrachtete diese Haltung der EKD als nicht vereinbar mit der Verfassung der DDR und als Beweis dafür, dass sich die EKD in die westdeutsche d. h. NATO-Politik eingeordnet habe.[21]

Damit wurde klar, dass die DDR die Trennung der ostdeutschen Kirchen von der EKD forderte. In die gleiche Richtung gingen die Äußerungen von Max Hertwig, stellvertretender Staatssekretär für Kirchenfragen: »Es geht [...] darum, daß uns die Kirchen ganz klar sagen, wie sie sich in Zukunft ihr Verhältnis in unserem Staate mit unserem Staate denken. Die evangelische Kirche muß sich befreien von allen Fesseln, die sie sich angelegt hat mit dem Abschluß eines Vertrages mit einem der NATO-

---

[18]   A. a. O., 194, 301 und 306.

[19]   Otto Grotewohl war 1949–1964 Ministerpräsident der Deutschen Demokratischen Republik.

[20]   Im Jahr 1949 beschloss der Rat der damals noch gesamtdeutschen EKD, einen Bevollmächtigten am Sitz der DDR zu ernennen. Dem Bevollmächtigten in Ost-Berlin, Propst Heinrich Grüber, wurde 1958 von der DDR-Regierung das Agrément (Einverständnis) entzogen, ein Nachfolger konnte nicht bestellt werden.

[21]   »Der Militärseelsorgevertrag ist rechtswidrig und rechtlich unwirksam. Die Gliedkirchen in der Deutschen Demokratischen Republik können nicht als an eine kirchliche Institution gebunden betrachtet werden, die einen aggressiven Militärblock unterstützt«, lautete die Argumentation der DDR-Führung.

Staaten, mit der BRD.«[22] Der Militärseelsorgevertrag wurde vonseiten der DDR-Regierung zum Anlass genommen, das Staat-Kirche-Verhältnis neu zu ordnen und die Kirchenleitungen sowie einzelne Amtsträger zur größerer Loyalität gegenüber dem System des Sozialismus zu bewegen und jeden Kontakt zur sog. »NATO-Kirche« abzubrechen. Es ging mit der Agitation gegen die EKD vor allem um ein Einschwören der DDR-Kirchen auf die von Walter Ulbricht propagierte und geführte »sozialistische Menschengemeinschaft« und damit um eine geistlich-politische Parteinahme der Kirchen, worauf Reinhard Henkys mit Recht hinweist.[23] Als dann viele Tausend DDR-Bürger über West-Berlin ihre Heimat verließen und der »Antifaschistische Schutzwall« am 13. August 1961 zur endgültigen Abriegelung der DDR führte, sah sich auch die Kirche in der DDR entscheidend herausgefordert. Für die Kirche hatte das unter anderem zur Folge, dass dem Präses der EKD-Synode, Dr. Kurt Scharf, der Zutritt zum Ostteil seiner Berlin-Brandenburgischen Landeskirche verwehrt wurde.

Nach dem Mauerbau wurde dann ohne Verzögerung die »Konferenz der Evangelischen Kirchenleitungen in der Deutschen Demokratischen Republik« als Gremium mit eigener Geschäftsordnung geschaffen. Seit der Schließung der Grenzen waren gemeinsame Tagungen des Rats der EKD und ihrer Synode nicht mehr möglich. 1963 schuf die EKD deshalb Möglichkeiten für örtlich getrennte Tagungen ihrer Synode, die aber als die einer einheitlich handelnden und beschließenden Synode durchgeführt werden sollten. Diese Konstruktion konnte nur unter den schwersten Bedingungen funktionieren.

Manfred Stolpe nannte es eine geradezu »rührende Sturheit«, mit der die EKD versuchte, ihre Einheit dennoch bis 1969 zu bewahren.[24] Er stellte damals fest: Noch hielten die EKD und die konfessionellen Zusammenschlüsse das Fähnchen der Einheit mühsam hoch, gaben aber jetzt die direkte Forderung nach politischer Wiedervereinigung auf. Sie verstanden ihre Aufgabe nun als einen Brückendienst zwischen Ost und West. Die östlichen Kirchen setzten sich bei ihrer Regierung für die Annäherung beider deutscher Staaten ein, für die Milderung trennungsbedingter Härten, für Gefangenenfreilassung und Familienzusammenführung und für

---

[22]   Vgl. Stefan Walz, Spagat zwischen Kirche und Staat, 17.
[23]   Reinhard Henkys, Die Evangelischen Kirchen in der DDR, 31.
[24]   Aus dem Vortrag des brandenburgischen Ministerpräsidenten am 30.09.2001 in der Christuskirche in Wolfsburg anlässlich des 50jährigen Bestehens der Christuskirche in Wolfsburg.

eine aktive Friedenspolitik. Sie erinnerten auch an die Haftungs- und Verantwortungsgemeinschaft aller Deutschen. Bei dem allen halfen westliche Stellen in Kirche, Diakonie und Regierung.[25]

BEKENNENDE KIRCHE IN DER DDR

Dass sich die Evangelische Kirche faktisch in einem Kirchenkampf – vergleichbar der Bekennenden Kirche im Dritten Reich – befand, wurde deutlich in der von der Konferenz der Kirchenleitungen in der DDR verfassten, einstimmig verabschiedeten Erklärung »Zehn Artikel über Freiheit und Dienst der Kirche« vom 8. März 1963.[26] Ganz im Duktus des Barmer Bekenntnisses wird die spezifische Anfechtungslage in der DDR deutlich angesprochen.

Typisch sind Sätze wie diese: »In der Freiheit unseres Glaubens dürfen wir nicht von vornherein darauf verzichten, in der sozialistischen Gesellschaftsordnung zu unterscheiden zwischen dem gebotenen Dienst an der Erhaltung des Lebens und der gebotenen Verweigerung der atheistischen Bindung. [...] Wir verwirren die Gewissen, wenn wir der Behauptung nicht widersprechen, daß die Gebote Gottes und die zehn Gebote der sozialistischen Moral eine gemeinsame humanistische Zielsetzung hätten.« (II) Dies spielt an auf die Behauptung Walter Ulbrichts u. a. von den gemeinsamen humanistischen Wurzeln der christlichen und sozialistischen Moral. Walter Ulbricht betonte in seiner Rede vom 9. Oktober 1960 vor den Abgeordneten der Volkskammer, dass »das Christentum und die humanistischen Ziele des Sozialismus keine Gegensätze sind.«[27]

---

[25] Stolpe erinnerte an die Ohnmacht der Synode der EKD: »Der Rat der EKD versuchte, an der Einheit festzuhalten. Aber angesichts der geplanten Wiederbewaffnung und der Aufrüstung auch mit Atomwaffen brachte es die Synode 1958 nur zu jener ›Ohnmachtsformel‹: ›Die unter uns bestehenden Gegensätze [...] sind tief. Wir bleiben unter dem Evangelium zusammen und mühen uns um die Überwindung der Gegensätze.‹« Nach dem politischen Nein der DDR-Regierung zur gesamtdeutschen Kirche war deren Kraft erschöpft, etwas zur Lösung der nationalen Frage beizutragen. Jetzt musste sich die EKD um den Bestand ihrer eigenen Einheit kümmern. Das beschäftige sie in den Jahren bis zum Mauerbau.

[26] Abgedruckt u. a. in: Karl Kupisch (Hrsg.), Quellen zur Geschichte des deutschen Protestantismus von 1945 bis zur Gegenwart, 2. Teil, Hamburg 1971, 106–115.

[27] Ulbricht fuhr in der »Programmatischen Erklärung« vor der Volkskammer fort: »Nur ist das Christentum, einst als eine Religion der Armen und des Friedens begrün-

Im Blick auf den pseudowissenschaftlichen Totalitätsanspruch wird in den zehn Artikeln weiter festgestellt: Es sei illegitim, wenn man das begrenzte naturwissenschaftliche »Wissen unter Leugnung Gottes als die eine, alles umfassende Wahrheit ausgibt, in der alle Fragen, auch die Grundfragen unserer Existenz, beantwortet seien.« (III) »Wir handeln im Ungehorsam, wenn wir für die Wahrheit nicht einstehen, zum Mißbrauch der Macht schweigen und nicht bereit sind, Gott mehr zu gehorchen als den Menschen.« Zur ›Hoffnung der Kirche‹ heißt es im X. Artikel: »Den Sieg ihres Herrn bekennt die christliche Gemeinde als die entscheidende, wenn auch verborgene Realität in Welt und Geschichte. Dies gibt ihr eine getroste Erwartung des Endes, stärkt sie in ihrem Dienst und Kampf in der Welt, läßt sie die Leiden dieser Zeit geduldig ertragen [...] das Reich des Menschen ist niemals das Reich Gottes. Darum kann die Weltrevolution nicht die letzte Entscheidung und der neue Mensch in der neuen Gesellschaft nicht die Vollendung der Geschichte sein.« Die zehn Artikel hatten für den Weg der Kirche in der DDR eine große Bedeutung und hohe Verbindlichkeit. Dies wurde besonders in der Regionalsynode 1967 in Fürstenwalde deutlich.

Die EKD-Synode von 1967, die nach dem neuen Modus getrennt, aber gleichzeitig in Spandau und in Fürstenwalde tagte, sollte als ein gesamtdeutsches Signal wirken. Der Greifswalder Bischof Friedrich-Wilhelm Krummacher bewertete vor der Fürstenwalder Synode unter theologischen Aspekten, was den evangelischen Kirchen mit der von der DDR geforderten Preisgabe der EKD zugemutet werden sollte. Er zitierte dazu die Barmer Theologische Erklärung von 1934: »Wir verwerfen die falsche Lehre, als dürfe die Kirche die Gestalt ihrer Botschaft und ihrer Ordnung ihrem Belieben oder dem Wechsel der jeweils herrschenden weltanschaulichen und politischen Überzeugungen überlassen.« Mit

---

det, seit Jahrhunderten von den herrschenden Klassen mißbraucht worden.« Ulbricht hat damals in seinem berühmten Gespräch mit Prof. Emil Fuchs und Bischof Moritz Mitzenheim auf der Wartburg diese Position ebenso vertreten. Ich habe danach Prof. Fuchs in Leipzig besucht und ihn gefragt, wie er sich als dem Religiösen Sozialismus verbundener Wissenschaftler damit zurecht finde: Die Antwort: »Ich habe immer für die Einbeziehung der Arbeiter in die Gesellschaft und in die Kirche gekämpft. Jetzt versuche ich hier das Beste daraus zu machen. Und nun sehe ich mich in der Lage, alle vierzehn Tage mich bei Walter Ulbricht persönlich wieder um die Freilassung eines verhafteten Pfarrers oder kirchlichen Mitarbeiters verwenden zu müssen.« Seine Frau betonte, sie als Quäkerin versuche, die Hilfe der englischen Quäker zu koordinieren.

eigenen Worten ergänzte Krummacher, dass die Kirchen sich im Falle einer Trennung »stärker an die Umwelt der gesellschaftspolitischen Systeme, in denen wir leben, als an das Evangelium und die Alleinherrschaft des Einen Herrn binden«[28] würden. Der Informationsfluss zwischen den beiden Teilsynoden sollte durch Kuriere geschehen, die in ihrer Nachrichtenübermittlung allerdings von der Regierung massiv behindert wurden.

Die neue Verfassung von 1968 und die Gründung des Kirchenbundes in der DDR

Die Diskussion nahm erneut eine jähe Wende, als die DDR-Führung 1968 den Entwurf einer neuen Verfassung vorstellte. Die Rechte auf Gewissensfreiheit, ungestörte Religionsausübung, Religionsunterricht und das Recht der Kirche, zu den Lebensfragen des Volkes von ihrem Standpunkt aus Stellung zu nehmen, waren in dem neuen Text nicht mehr vorhanden. Stattdessen forderte der Artikel 39.2 die Kirchen lapidar auf, »ihre Angelegenheiten und ihre Tätigkeit in Übereinstimmung mit der Verfassung und den gesetzlichen Bestimmungen der Deutschen Demokratischen Republik zu ordnen und durchzuführen.« Die Trennung von Staat und Kirche ist somit nicht mehr Verfassungssatz. »Art. 39 der neuen Verfassung dürfte [...] als Instrument staatlicher Einmischung mit dem Ziel der Aufspaltung der Evangelischen Kirche in Deutschland gedacht sein.« An anderer Stelle fand sich der Satz: »Näheres kann durch Vereinbarungen geregelt werden.«[29] (39.2). Die DDR-Führung verband damit das Ziel, in Einzelfällen mit einzelnen Landeskirchen und Kirchenführern ganz pragmatisch verhandeln zu können. Ultimativ war damit verbunden

---

[28] Zit. nach W. Göckel, a.a.O., 21. Vgl. auch Walz, Spagat zwischen Kirche und Staat, 15 f. In der Erklärung heißt es:»Die evangelische Kirche in Deutschland besteht [...] Die Kirchen der Evangelischen Kirchen in Deutschland sind beieinander. Unser evangelisches Bekenntnis weist uns an, kirchliche Gemeinschaft nur dann aufzukündigen, wenn der Bruder in Irrlehre oder Ungehorsam gegen den Herrn der Kirche beharrt. Diese Gründe der Trennung liegen nicht vor [...] Wir evangelischen Kirchen in der Deutschen Demokratischen Republik haben also keinen Grund, die Gemeinschaft der Evangelischen Kirche in Deutschland zu zerschneiden. Wir haben gute Gründe sie festzuhalten.«

[29] Ulbrichts Grundgesetz. Die sozialistische Verfassung der DDR – Mit einem einleitenden Kommentar von Dietrich Müller-Römer, Köln [10]1971, 65 und 87.

die Aufforderung an die ostdeutschen Kirchen, sich von der EKD loszusagen.

Eine Strukturkommission unter Federführung von Bischof Dr. Albrecht Schönherr[30] begann zunächst im Geheimen an einer Ordnung für einen eigenen Bund zu arbeiten. Sie wog die Möglichkeiten eines Verbleibs in der gesamtdeutschen Organisationsform gegen die Gründung eines selbständigen Bundes der ostdeutschen Kirchen unter Wahrung einer »besonderen Gemeinschaft« zur EKD gegeneinander ab. Nicht zuletzt die Gründung der VELKDDR (am 1.12.1968) stärkte Schönherrs Argument, dass eine Dachorganisation benötigt werde, um die weitere Marginalisierung der Kirche aufgrund von internen politischen und konfessionellen Streitigkeiten zu verhindern. Am 10.6.1969 trat dann die Ordnung des »Bundes der Evangelischen Kirchen in der DDR« (BEK) in Kraft.

Erst spät wurde die Öffentlichkeit von der geplanten Gründung des BEK informiert, weil dem Staat keine Gelegenheit gegeben werden sollte, sich einzumischen. Denn einen neuen Bund hätte der Staat zu verhindern versucht, um seine »Differenzierungspolitik« nun gegenüber den DDR-Kirchen durchzusetzen. Schönherr begründete die Notwendigkeit des neuen Zusammenschlusses theologisch: »Kirchliche Organe sollen dem Zeugnis der Kirche dienen. Wenn sie das nicht mehr können, müssen sie verändert werden. Das Zeugnis hat den Vorrang vor der Organisation. Und wir werden alle Hände voll zu tun haben, das Zeugnis zu finden, mit dem wir den Menschen in unserer sozialistischen Umwelt das Evangelium auszurichten haben. [...] Mit dem Zustandekommen der Organe unseres Bundes [...] werden die bisherigen EKD-Organe ihre Verantwortung für unsere Kirche nicht mehr wahrhaben können.«[31] Auf die Frage in einem Rundfunkinterview, ob denn der Bund lediglich auf staatlichen Druck, der durch die neue DDR-Verfassung entstanden ist, gebildet worden sei, antwortete Schönherr: »Wir müssen zwischen Ursache und Anlaß unterscheiden. Ursache ist der Wille der Kirche, ihre

---

[30] Albrecht Schönherr verwaltete 1967–1972 das Bischofsamt der Evangelischen Kirche in Berlin-Brandenburg, nachdem die DDR-Behörden dem Berliner Bischof Kurt Scharf die Einreise verweigert hatten. 1969–1981 war Schönherr Vorsitzender der Konferenz der Evangelischen Kirchenleitung und Vorsitzender des Bundes der Evangelischen Kirchen in der DDR.

[31] Albrecht Schönherr, ... aber die Zeit war nicht verloren. Erinnerungen eines Altbischofs, Berlin 1993, 256. Vgl. auch Walz, Spagat zwischen Kirche und Staat, 16 ff.

Gemeinschaft, die sich schon lange [...] bewährt hat, besser als bisher auszudrücken. Vor uns stehen ja Aufgaben fundamentaler Art, die nur in großer Gemeinschaft gelöst werden können. Der Anlaß, der es unaufschiebbar macht, dieser Gemeinschaft auch organisatorisch Ausdruck zu geben, ist das neue Verfassungsrecht der DDR.«[32]

Dieser für die Kirche entscheidende Einschnitt – nämlich eine Verfassung, die die Kirche der Willkür der staatlichen Führung faktisch auslieferte – darf nicht übersehen werden bei der Beurteilung dieses für die Einheit – oder besser gesagt – für die Freiheit und den Dienst der Kirche wichtigen Schrittes. Der Magdeburger Bischof Werner Krusche betonte die Sachkontinuität zu dem in Fürstenwalde Bekräftigten und verwies auf die mit überwältigender Mehrheit angenommene Erklärung der EKD-Synodalen auf der Informationstagung in Magdeburg im März 1968. Dort heißt es: Die Synodalen »sehen im Bund eine Möglichkeit, die Gemeinschaft des Zeugnisses und des Dienstes der in ihm zusammengeschlossenen Kirchen zu vertiefen. Sie erkennen, daß seine Ordnung die Fortführung des der Kirche aufgetragenen Christusdienstes der Versöhnung in zwei entgegengesetzten Gesellschaftsordnungen, wie er in der Erklärung von Fürstenwalde als unaufgebbar bezeichnet wurde, nicht aus-, sondern einschließt. Sie sehen daher keine Veranlassung, der Bildung des Bundes zu widersprechen.«[33]

Das Bekenntnis zur »besonderen Gemeinschaft«

Zunächst wird in Art. 1.2 festgestellt: »Der Bund als ein Zusammenschluß von bekenntnisbestimmten und rechtlich selbständigen Gliedkirchen strebt an, in der Einheit und Gemeinsamkeit des christlichen Zeugnisses und Dienstes gemäß dem Auftrag des Herrn Jesus Christus zusammenzuwachsen.« Ausdrücklich wird das Barmer Bekenntnis, das zum »Hören auf das Zeugnis der Brüder« und zur »gemeinsamen Abwehr kirchenzerstörender Irrlehre« hilft, erwähnt (1.2). Um trotz der als unumgänglich angesehenen Trennung von der EKD die Einheit mit

---

[32] Schönherr, a. a. O., 254 f.
[33] Zit. bei Uwe-Peter Heidingsfeld, Die »besondere Gemeinschaft« der Kirchen – Stabilisierung der DDR?, in: Trutz Rendtorff (Hrsg.), Protestantische Revolution? Kirche und Theologie in der DDR: Ekklesiologische Voraussetzungen, politischer Kontext, theologische und historische Kriterien, Göttingen 1993, 85.

den westdeutschen Kirchen zu bezeugen, wurde unter Artikel 4.4 in der Ordnung des BEK ein Passus aufgenommen:»Der Bund bekennt sich zu der besonderen Gemeinschaft der ganzen evangelischen Christenheit in Deutschland. In der Mitverantwortung für diese Gemeinschaft nimmt der Bund Aufgaben, die alle evangelischen Kirchen in der Deutschen Demokratischen Republik und in der Bundesrepublik Deutschland gemeinsam betreffen, in partnerschaftlicher Freiheit durch seine Organe wahr.«[34] Der Ordnung des BEK stimmten alle acht landeskirchlichen Synoden geschlossen zu.

Es muss hier noch darauf hingewiesen werden, dass der bekanntlich eng mit der staatlichen Führung kooperierende Thüringer juristische Oberkirchenrat Gerhard Lotz alles daran setzte, den Passus von der»besonderen Gemeinschaft« (Art. 4.4) »ersatzlos zu streichen«, da es sich um einen »meta-juristischen Begriff« handele, der in einer Kirchenordnung nichts zu suchen habe.[35] Der zuständige Mann für Kirchenpolitik und Sicherheitsfragen im Politbüro der SED, Paul Verner, kommentierte im April 1969 die Gründung des BEK so:»Dem Wesen nach geht es bei der Gründung des Bundes darum, die Möglichkeiten des Taktierens mit den Kirchen Westdeutschlands zu erhalten, als Bund den staatlichen Organen in größerer Geschlossenheit entgegentreten zu können, die fortschrittlichen Kräfte in den Kirchen der DDR durch den Bund zu bremsen und zu fesseln, und schließlich darum, zu gegebener Zeit als Bund zu vorteilhaften Vereinbarungen mit dem Staat entsprechend Artikel 39.2 der Verfassung zu kommen.«[36] Was für Verner und die SED ausnahmslos negativ erscheinen musste, waren in präziser Form die positiven Beweggründe der Kirche, den Bund ins Leben zu rufen.

Die Synode und Kirchenkonferenz der EKD haben sich in einer Erklärung vom 15. Mai 1970 die Aussagen des Art. 4.4 zu Eigen gemacht. Diese Ergänzung wurde allerdings erst 1983 in die Grundartikel der

---

[34]   Ordnung des Bundes der Evangelischen Kirchen in der Deutschen Demokratischen Republik vom 10. Juni 1969, abgedruckt bei Karl Kupisch (Hrsg.), Quellen zur Geschichte des deutschen Protestantismus von 1945 bis zur Gegenwart, 2. Teil, Hamburg 1971, 115–120.
[35]   Vgl. Heidingsfeld a. a. O., 85. Lotz war Leiter der Rechtsabteilung der Evangelisch-Lutherischen Kirche in Thüringen und u. a. Mitglied im Hauptvorstand der CDU, Vizepräsident des Friedensrates der DDR, engster Mitstreiter mit dem CDU-Ehrenmitglied Bischof Moritz Mitzenheim.
[36]   Vgl. Schönherr, ... aber die Zeit war nicht verloren. Erinnerungen eines Altbischofs, Berlin 1993, S. 258. Vgl. Walz, Spagat zwischen Kirche und Staat, 20 f.

aus dem Jahr 1948 stammenden Grundordnung der EKD in Art.1.2 aufgenommen: »Die Evangelische Kirche in Deutschland bekennt sich zu der besonderen Gemeinschaft der ganzen Christenheit in Deutschland. In der Mitverantwortung für diese Gemeinschaft nimmt sie die Aufgaben, die sich daraus ergeben, in freier Partnerschaft mit dem Bunde der Evangelischen Kirchen in der Deutschen Demokratischen Republik wahr.«[37]

Wer den kirchlichen Repräsentanten im Bereich des Bundes der Kirchen in der DDR pauschal Anbiederung an ein totalitäres Regime vorwirft, urteilt bösartig und ahnungslos. Unter den Kirchenführern gab es verschiedene Meinungen, wie sich die Kirche im Sozialismus verhalten müsse. Immer wieder wurde um den richtigen Weg gerungen. Es ist jedenfalls der DDR-Führung bis zum Schluss nicht gelungen, die Evangelische Kirche in ihre weltanschauliche und organisatorische Abhängigkeit und damit in die völlige Bedeutungslosigkeit zu schieben.

Seit Dezember 1969 gab es die Beratergruppe mit je 15 Mitgliedern auf jeder Seite, den Vorsitz hatte Dr. Jürgen Schmude[38]. Häufig wurden die Westteilnehmer an der Einreise gehindert. Der Abschluss des Viermächte-Abkommens vom 3. September 1971 und des Grundlagen-Vertrages vom 21.12.1972 war die erste sichtbare Frucht der neuen Ostpolitik Willy Brandts, die die Einreise erleichterte. Die Gruppe hatte den Auftrag, Berichte über die kirchliche Arbeit und besondere kirchliche Probleme aus dem Bereich der EKD und dem Bereich des BEK entgegenzunehmen und zu besprechen. Sie regte theologische Gespräche zwischen den Kirchen in der EKD und denen des Bundes an und förderte diese. Sie erörterte Fragen, die die ganze evangelische Christenheit in Deutschland betrafen und trug dafür Sorge, dass die Organe der EKD und des Bundes der Evangelischen Kirchen in der DDR in partnerschaftlicher Arbeit ihre jeweilige Mitverantwortung für die besondere Gemeinschaft der ganzen Christenheit in Deutschland wahrnehmen konnten.

Am 24. August 1979 wurde das in der Beratergruppe vorbereitete »Wort zum Frieden« zum 40. Jahrestag des Beginns des 2. Weltkrieges veröffentlicht. Unterzeichnet wurde es vom Vorsitzenden der Konferenz der Kirchenleitungen in der DDR, Bischof D. Dr. Albrecht Schönherr, und

---

[37] Zit. bei Heidingsfeld, Die »besondere Gemeinschaft«, 82.

[38] Dr. Jürgen Schmude war 1969–1994 Mitglied des Deutschen Bundestages, hatte in dieser Zeit verschiedene Ministerämter in der Bundesregierung inne und war 1985–2003 Präses der Synode der EKD.

vom Vorsitzenden des Rates der EKD Landesbischof Prof. D. Eduard Loh-
se. »Der Bund der Evangelischen Kirchen in der Deutschen Demokratischen Republik und die Evangelische Kirche in Deutschland rufen aus
diesem Anlaß dazu auf, das Geschehen dieses Krieges, seine Wirkungen
und Folgen zu bedenken und sich der Aufgaben bewußt zu werden, vor
denen wir heute stehen. In unterschiedliche politische, wirtschaftliche
und militärische Weltsysteme hineingestellt, nehmen die evangelischen
Kirchen in den beiden deutschen Staaten den Auftrag, das Evangelium
je in ihren Verantwortungsbereich hinein auszurichten, eigenständig
wahr. Gemeinsam sprechen sie heute im Bewußtsein ihrer gemeinsamen Betroffenheit und Schuld. An der Nahtstelle zweier Weltsysteme
bekennen sie sich gemeinsam zu ihrer besonderen Verantwortung für
den Frieden.«[39]

1980 kam es zusätzlich zu den Beratergruppen zur Bildung der Kon-
sultationsgruppe. In ihr war jede Seite durch sechs Mitglieder vertreten.
Am 13.3.1980 wurde »Übereinstimmung über die Aufgaben der Konsultationen« erzielt: »Veranlaßt durch die Sorge um die Sicherung des
Friedens treten BEK und EKD zu Konsultationen zusammen, die einen
Austausch von Überlegungen und Anregungen zu aktuellen Fragen ermöglichen, um gegebenenfalls beiden Seiten Vorschläge für kirchenlei-
tendes Handeln zu unterbreiten.«[40] Die Beauftragten des Bundes und
der EKD sind jeweils gegenüber ihren Leitungen berichtspflichtig.

Zu dem Spezialauftrag für den Frieden gehörten die Ausarbeitung
gemeinsamer Erklärungen von BEK und EKD. Mehrtägige Klausurta-
gungen in der Bundesrepublik und gelegentlich auch in der DDR vertieften die Zusammenarbeit. Seit 1980 wurde von den evangelischen
Gemeinden in beiden Teilen Deutschlands im Rahmen der alljährlich
stattfindenden Friedensdekade ein gemeinsamer »Bittgottesdienst für
den Frieden in der Welt« nach einer gemeinsam ausgearbeiteten Ordnung gehalten. Manfred Stolpe, damals Konsistorialpräsident der Evangelischen Kirche in Berlin-Brandenburg, stellt in einem Grußwort an
die EKD-Synode 1984 in Lübeck-Travemünde fest: »Christen in den
deutschen Staaten haben im Friedensbemühen die deutsch-deutschen
Besonderheiten wieder entdeckt. Denn die Deutschen sind zum Frieden
verpflichtet [...] Unsere gemeinsame Erfahrung der letzten Jahre zeigt,
daß Kirchen und Christen helfen können, einen friedenssichernden und

---

[39]　Hammer / Heidingsfeld, Die Konsultationen, 289.
[40]　Heidingsfeld, Die »besondere Gemeinschaft«, 95 f.

menschenfreundlichen modus vivendi zweier souveräner, bündnistreuer und dennoch in besonderer Verantwortung verbundener deutscher Nachbarstaaten zu entwickeln.«[41]

Die Diakonie als die wichtigste Klammer im geteilten Deutschland

Der Diakonie kam in all den Jahren der deutschen Teilung eine besondere Bedeutung als Klammer zwischen den beiden Systemen zu. Dies galt im beachtlichen Ausmaß auch für die Zeit der staatlichen Teilung und nach der Gründung des Kirchenbundes in der DDR. »Da sich zu diesem Zeitpunkt bereits die Gründung des Bundes der Evangelischen Kirchen in der DDR (BEK) als organisatorische Verselbständigung der ostdeutschen Landeskirchen abzeichnete, musste auch die Zuordnung der Diakonie zu den evangelischen Kirchen in der DDR neu bestimmt werden. Auf einer erweiterten Geschäftsführerkonferenz im Juni 1969 wurde die »Ordnung des Werkes Innere Mission und Hilfswerk der Evangelischen Kirchen in der DDR« beschlossen und danach durch ein Kirchengesetz des BEK bestätigt.

Das Gesamtwerk der Diakonie war eine eingetragene Vereinigung nach dem damals geltenden Recht und damit selbständig. Dessen ungeachtet verstand sich das Diakonische Werk als ein Werk der Kirche und zwar sowohl der Landes- als auch der Freikirchen. In dem von der Synode des Kirchenbundes 1970 verabschiedeten Kirchengesetz hieß es: »Das Werk Innere Mission und Hilfswerk der Evangelischen Kirchen in der DDR wird als Diakonisches Werk der Kirchen anerkannt und vom Bund der Evangelischen Kirchen in der DDR gefördert.« Oberstes Organ des Diakonischen Werkes der DDR war die Hauptversammlung. Aus ihr wurde als Exekutivorgan der Hauptausschuss gewählt. Daneben bestand die Geschäftsführerkonferenz. Die laufenden Geschäfte wurden durch den Direktor des Diakonischen Werkes geführt. Die zentrale Geschäftsstelle lag in der Schönhauser Allee 59. Gerhard Bosinski (1911–1985) wurde 1968, als die neue Verfassung in Kraft trat, zum Direktor des Werkes Innere Mission und Hilfswerk berufen. Ab 1976 bis 1989/90 leitete Oberkirchenrat Dr. Ernst Petzold diese Stelle.[42]

---

[41]   A.a.O., 97.

[42]   Vgl. Martin Reuer, Diakonie als Faktor in Kirche und Gesellschaft, in: Reinhard

In seinem äußerst gründlichen Beitrag »Der Weg der Diakonie in der DDR«[43] beschreibt Ingolf Hübner die Organisation der Diakonie in der Zeit des Kirchenbundes wie folgt: Man war bemüht – trotz der organisatorischen Eigenständigkeit – sowohl die enge Zusammenarbeit mit der westdeutschen Diakonie fortzuführen als auch die Kontinuität mit Vorgängerinstitutionen und Rechtstiteln zu betonen. Erst nachdem 1976 eine Registrierung des Werkes Innere Mission und Hilfswerk nach der neuen Vereinigungsverordnung der DDR vom 6.1.1975 die Rechtsfähigkeit weiterhin sicherte und in dem Staats-Kirche-Gespräch vom 6.3.1978 staatliche Zusagen für die kirchliche und diakonische Arbeit erfolgt waren, wurde Ende 1979 eine Umbenennung in »Diakonisches Werk – Innere Mission und Hilfswerk – der Evangelischen Kirchen in der DDR« mit einer unveränderten Ordnung vorgenommen. Die in der Ordnung beschriebene Aufgabe, »Verhandlungen mit kirchlichen und außerkirchlichen Stellen« zu führen sowie die »Planung und Durchführung ökumenischer Hilfsmaßnahmen – letzteres vor allem eine Umschreibung für die Koordinierung und Abwicklung westlicher Unterstützungen für die Kirche und Diakonie in der DDR – entsprachen dem Bestreben des zentralistisch organisierten Staatsapparats, mit der Dienststelle in der Schönhauser Allee 59 ein zentrales Gegenüber zu haben«.[44]

In seinem Resümee macht Ingolf Hübner klar, dass die Diakonie in der DDR einen eigenen Weg finden konnte.[45] Dabei blieb die diakonische Arbeit in beiden Teilen Deutschlands eng miteinander verbunden »Zahlreiche Partnerschaften zwischen westlichen und östlichen Diakonischen Werken, Einrichtungen und Arbeitszweigen waren praktischer Ausdruck der in Artikel 4.4 der Ordnung des BEK bekannten »besonderen Gemeinschaft«. Diese halfen, den Bestand ihrer Arbeit zu erhalten, zu entwickeln und in einigen Bereichen auf sehr hohem Niveau sogar auszubauen. Diese Verbundenheit stand, wie Hübner mit Recht betont, im Hintergrund, als im Februar 1990 die Landespfarrer und Hauptgeschäftsführer der Diakonischen Werke in der DDR und der Bundesrepublik erklärten, die Diakonie wieder in einer Organisationsform zusammenzuführen. Auf

---

Henkys (Hrsg.), Die Evangelischen Kirchen in der DDR, a. a. O., 231 f.

[43]   Ingolf Hübner, Der Weg der Diakonie in der DDR, in: J.-C. Kaiser, unter Mitarbeit von Volker Herrmann, Handbuch zur Geschichte der Inneren Mission, Stuttgart 2008, 12–29.

[44]   A. a. O., 21 f.

[45]   A. a. O., 28 f.

der gemeinsamen Tagung der Hauptversammlung und der Diakonischen Konferenz am 18.–20.3.1991 wurden die ostdeutschen gliedkirchlichen Diakonischen Werke in das Diakonische Werk der EKD aufgenommen. Wir haben allen Grund, den Mitarbeitenden in der Diakonie für ihren vielfältigen und dem christlichen Verständnis des Menschen Raum und Würde erhaltenen Dienst heute unsere Dankbarkeit zu bezeugen. Durch die in Krankenhäusern, Fördereinrichtungen für meist schwer behinderte Menschen und in Heimen für alte und pflegebedürftige Menschen sind neben der unmittelbaren gemeindediakonischen Arbeit entscheidende – der ideologischen Indoktrination entzogene – Lebensräume in der DDR erhalten geblieben bzw. neu ermöglicht worden. Hübner betont mit Recht den vielfältigen Bereich der diakonischen Ausbildungen.»Gegen den Herrschafts- und Gestaltungsanspruch der SED trug der geistige und soziale Bereich der Diakonie dazu bei, dass die Kirchen in der DDR nicht in eine private oder kultische Sphäre abgedrängt wurden.«[46]

DIE DIAKONISCHE VERBUNDENHEIT IN DER GESTALT DER KIRCHEN-PARTNERSCHAFTEN

Schon die bestehenden Gemeinschaften in der EKD bis 1969, aber erst recht die danach in den Grundordnungen von EKD und BEK festgeschriebene»besondere Gemeinschaft« wäre ohne die landeskirchlichen

---

[46] A. a. O.»Gegen Ende der DDR verfügte die Diakonie über 44 Krankenhäuser, 187 Feierabendheime, 47 Alterspflegeheime, 127 Einrichtungen für geistig behinderte Menschen (davon 30 Sondertagesstätten), 290 Kindergärten und Horte (darunter 15 Kinderkrippen), in 315 stationären Einrichtungen und 635 Tageseinrichtungen wurden insgesamt 42.000 Betten bzw. Plätze zur Verfügung gestellt und von 15.700 Mitarbeiterinnen und Mitarbeitern betreut [...] Im Diakonischen Werk der Evangelischen Kirchen in der DDR waren schließlich 30 Fachverbände – von den Schwesternschaften und dem Diakonenverband bis zu missionarischen und seelsorgerlichen Arbeitsgemeinschaften – vertreten. Die hinter den Fachverbänden stehenden Arbeitsbereiche zeigen die Vielfalt und die Breite der Diakonie in der DDR. Die konfrontative Kirchenpolitik und die kirchenfeindliche Ideologie des SED-Staates hatten eine größere Annäherung von Diakonie und Kirche befördert.« Vgl. zum Ganzen auch: Karl Heinz Neukamm,»Das Netzwerk kirchlich-diakonischer Hilfen in den Jahrzehnten der deutschen Teilung«, in: Die Macht der Nächstenliebe. Einhundertfünfzig Jahre Innere Mission und Diakonie 1848–1998, hrsg. v. Ursula Röper u. Carola Jüllig, Berlin 1998, 266–273.

Partnerschaften mit deutlich weniger Leben erfüllt gewesen. Nur sie gewährleisteten, dass der Kontakt zwischen Christen aus Ost und West auf breiter Basis fortbestand, und schufen somit erst die Voraussetzung für sinnvolles gesamtkirchliches Handeln. Ich stimme Ernst Petzold zu, der feststellte, dass die Geschichte der Kirchenpartnerschaften »zu vielgestaltig und zu reich ist, als dass sie je wirklich vollständig beschrieben werden könnte.«[47] Das Netz der partnerschaftlichen Beziehungen zwischen Kirchen im Westen und in der DDR war eng geknüpft und damals schon kaum noch zu überschauen. Jede Landeskirche aus dem Bereich der EKD hatte mindestens eine Partnerkirche in der DDR. Die Kontakte waren zahlreich und bezogen die verschiedenen Ebenen (Kirchenleitungen, Kirchenkreise, Einzelgemeinden, Arbeitskreise etc.) mit ein.

Hier sollen zwei Beispiele für gelungene Partnerschaften kurz dargestellt werden, einmal zusammenfassend die Partnerschaftsarbeit zwischen zwei Landeskirchen und anschließend die Partnerschaften der Stadtmissionen.

Lassen Sie mich im Anschluss an die außerordentlich gründliche Arbeit von Frau Karoline Rittberger-Klas, »Kirchenpartnerschaften im geteilten Deutschland« (2006), in der sie exemplarisch die beiden aufeinander angewiesenen Landeskirchen Württemberg und Thüringen untersuchte, ihre zusammenfassenden Thesen zur Bedeutung dieser Partnerschaften kurz darlegen.[48]

1.) »Kirchenpartnerschaften ermöglichten und förderten eine notwendige und situationsgerechte Form diakonischen Handelns.« Die Verfasserin begründet diese These damit, dass seit 1949 die Partnerschaftsbeziehungen nach vorher festgelegten Regeln und Zuordnungen begannen. Der Westen fühlte sich dazu verpflichtet, die Not der Bevölkerung im Osten Deutschlands zu mildern. »Versorgungsnotstände bei älteren Menschen, in Familien und diakonischen Einrichtungen dominierten am Anfang. Später ging es oft darum, den schlecht bezahlten, häufig überlasteten und oft auch politisch bedrängten Mitarbeitenden und ihren Familien den Alltag und den Dienst zu erleichtern«. Der Großteil der Hilfen wurde nicht zentral

---

[47]   Zit. bei Karoline Rittberger-Klas, Kirchenpartnerschaften im geteilten Deutschland, a. a. O., 318.
[48]   A. a. O., 310–318.

abgewickelt, sondern auf direktem Weg von Mensch zu Mensch geleistet. »Auf diese Weise entstand in den westlichen Gemeinden ein stabiler Zweig von Diakonie, der zugleich belebend und bewusstseinsbildend auf die Gemeinden wirkte.«

2.) »In den Kirchenpartnerschaften gewann die Gemeinschaft der Glaubenden in einer bestimmten hochdramatischen Situation Gestalt.« Entscheidend sei es gewesen, dass in den Begegnungen vor Ort, im Austausch wie auch immer, die Situation der Menschen unverstellt deutlich wurde und man sich nahe kam. So schrieb ein Tübinger Theologiestudent über das Treffen mit Kommilitonen aus Thüringen im Sommer 1981, für viele Teilnehmer der Begegnung habe der »bisher unbekannte andere deutsche Staat das Gesicht liebenswerter Menschen angenommen«.

»Die geistliche Dimension der Gemeinschaft, die Menschen unterschiedlicher Frömmigkeit, politischer Einstellung, gesellschaftlicher Position und Bildung aus verschiedenen Generationen zusammenführte, stärkte einerseits auch das gesamtdeutsche Bewusstsein und Zusammengehörigkeitgefühl, schützte aber zugleich die Partnerschaften davor, sich in den Dienst einer bestimmten politischen Richtung zu stellen.«

3.) »Kirchenpartnerschaften sicherten die gesellschaftliche Präsenz der Kirche in einem sozialistischen Staat.« Die Unterstützung für die Gemeinden in der DDR schaffte die baulichen, materiellen und finanziellen Voraussetzungen für Aufrechterhaltung und Aktivierung des Gemeindelebens. Ohne die Koordinierung der Partnerschaftsarbeit und die Abwicklung der materiellen Hilfe durch die jeweiligen Hilfswerke bzw. Diakonischen Werke, ohne deren höchst professionellen Einsatz wäre es nicht möglich gewesen, die Gemeinden und ihre Einrichtungen wirkungsvoll in jeder, d.h. in baulicher, materieller und finanzieller Weise zu unterstützen. »Auch die institutionellen Regelungen, Zuordnung von Gemeinden, Kirchenkreisen, Begegnungen in Berlin usw. wurde alles sorgfältig und zeitnah abgeklärt. Dadurch bekamen diakonische Einrichtungen die nötige bauliche Förderung, einschlägige Materialien und fachliche Beratung. Die Schwierigkeiten und Risiken, die hier entstanden und überwunden werden mussten, waren gewaltig.«

4.) »Kirchenpartnerschaften unterliefen den Totalitätsanspruch des SED-Regimes.« Die Autorin verweist auf das subversive Element, das gestärkte Selbstbewusstsein, auf den Freiraum, der dem Zugriff des Staates entzogen war. Die Kirche habe so die räumlichen und organisatorischen Voraussetzungen für oppositionelles Handeln vorbereitet, die dann in den achtziger Jahren zunehmend von gesellschaftlichen Gruppen genutzt wurden und schließlich zu einem Massenphänomen werden konnten.

Die Arbeitsgemeinschaft europäischer Stadtmissionen (AGES) hatte es sich in den Jahren der Teilung zur Aufgabe gemacht, durch intensive Partnerschaftsarbeit ihre besondere Verbundenheit zum Ausdruck zu bringen.[49]

In den beiden deutschen Staaten bildeten sich je eigene Arbeitsgemeinschaften, deren Mitglieder sich zwar jährlich in Ost-Berlin trafen. Aber der kontinuierliche Austausch über gemeinsame Fragen war sehr erschwert. Trotzdem blieben die 18 Stadtmissionen im Westen mit den 13 Stadtmissionen im Bereich der DDR durch klar verabredete Partnerschaften (z. B. Heidelberg–Magdeburg, München–Rostock) so vernetzt, dass nicht nur alle Informationen ausgetauscht werden konnten, sondern auch die Texte meist gleichlautend bekannt gemacht wurden. So konnten auch die nötigen Warenlieferungen zielgenau geplant und durchgeführt werden. Meist waren die Stadtmissionen stärker mit der Gemeindediakonie vernetzt als im Westen. Suppenküchen, Altenarbeit, Altenheime waren neben der missionarischen Arbeit Schwerpunkte. Jede Stadtmission konnte ihre gewachsenen Strukturen und Schwerpunkte durchaus beibehalten und an die neuen Aufgaben anpassen.

So begrüßten es vor allem die deutschen Stadtmissionen in Ost und West sehr, dass auf Initiative von Stadtmissionen aus Frankreich und der Schweiz die Gründung einer europäischen Arbeitsgemeinschaft ins Auge gefasst wurde. Die erste europäische Stadtmissions-Konferenz fand 1974 in Genf/Schweiz statt unter dem Thema »Stadtmissionen zwischen Tradition und Fortschritt«. In der Folge gab sich die Arbeitsgemeinschaft eine Ordnung und wurde zu einem Forum, auf dessen Konferenzen sich inzwischen Stadtmissionen und Organisationen, die

---

[49] Diese Informationen verdanke ich Herrn Stadtmissionsgeschäftsführer Günter Fritsching, Stuttgart.

nach deren Grundsätzen arbeiten, regelmäßig alle vier Jahre treffen. Bewusst wurde darauf verzichtet, eine eigene bürokratische Organisation zu schaffen. Als Leitungskreis gibt es nur ein Komitee aus sechs Personen, das die jeweils nächste Konferenz vorbereitet.[50] Nach der ersten Konferenz in Genf folgten weitere in West-Berlin, Wien, Helsinki, London und Dresden, der letzten Konferenz, die 1989 noch im geteilten Deutschland und Europa gehalten wurde. Da die Regierung der DDR stets auf internationale Anerkennung bedacht war, konnten auch in den Jahren bis 1989 immer Delegierte aus der DDR an den europäischen Tagungen teilnehmen, dies war für uns Deutsche aus Ost und West eine gute Klammer.[51]

Die friedliche Revolution 1989
und die mutige Präsenz der Kirche heute

Die Kirchen waren lange Zeit die einzige Kraft, die Deutsche aus Ost und West immer wieder solidarisch zusammenbrachte. So blieben sie die Garanten der Einheit, als das Ziel der staatlichen Wiedervereinigung zumeist aufgegeben worden war. Dies hatte in erster Linie geistliche Gründe: Ihre ›besondere Gemeinschaft‹ war biblisch-theologisch vorgegeben. Sie war aber auch bedingt durch eine gemeinsame, wahrhaft krisenreiche Geschichte. Die besondere Verantwortung für die gesamte evangelische Christenheit in Deutschland blieb bestehen. Ihre Glieder hielten fest am gemeinsamen Glauben, am Bekenntnis und an der sakramentalen Gemeinschaft, an einer gemeinsamen Agende und am Gesangbuch, an kirchlichen Leseordnungen und Bibeltexten. Die Kirchen vermochten trotz der Trennung ihre Strukturen und Arbeitsweisen kompatibel zu erhalten, sodass sie sich nach der Wende wieder vereinigen konnten.

---

[50] In der Satzung der AGES heißt es u. a.: »2. Die AGES fördert Kontakte unter den angeschlossenen Stadtmissionen, die der Gemeinschaft und einem besseren Erfahrungsaustausch dienen. 3. Der AGES können Organisationen angehören, die Jesus Christus in den Städten durch Verkündigung und Diakonie bezeugen.«

[51] Es gab darüber hinaus ganz unabhängig von der organisierten Begegnungsform zahlreiche informelle Aktivitäten. Johanniterhilfsgemeinschaften, Rotarierhilfsaktionen und private Hilfen. In Gräfenrode wurde z. B. kontinuierlich der Kindergarten und die Familie der Leiterin unterstützt. In Wittstock wurde von den Rotariern ebenfalls der Kindergarten am Leben erhalten. Die Damen der Johanniterhilfsgemeinschaften packten nach genauen Vorgaben unermüdlich Päckchen für die Menschen ›drüben‹.

Jetzt müssen wir aufpassen, dass wir in unserer Kirche nicht in einen falschen Optimismus, aber erst recht nicht in einen fatalen Pessimismus verfallen. Wir müssen uns mit den Folgen eines schleichenden Schrumpfungsprozesses der Kirchen mutig auseinandersetzen – und wir sehen uns gleichzeitig einer unübersichtlich gewordenen religiösen und ideologischen Landschaft gegenüber, in der wir von Glück sagen können, dass die institutionelle Festigkeit der Kirche deren inhaltlichen Erosionsprozess noch überlagert. Kürzlich stellte der Pfarrer an der Thomaskirche in Leipzig Christian Wolf fest: »Die ostdeutschen Kirchgemeinden waren gezwungen, sich in dem diktatorischen System zu behaupten. Sie öffneten vor allem in den 80er Jahren ihre Türen für Menschen und oppositionelle Gruppen aus dem nichtkirchlichen Bereich. Zum ersten Mal in der Geschichte stand die evangelische Kirche auf der richtigen Seite der Barrikaden. Doch gleichzeitig erwies sich die Kirche 1989/90 als ausgebrannt und ausgelaugt. Kein Wunder nach den Jahrzehnten der Marginalisierung, Einschüchterung und personellen Auszehrung. Von daher ist auch zu erklären, warum der kurze Prozess der friedlichen Revolution, der ja wesentlich von der Kirche mitgetragen wurde, nicht zur nachhaltigen, auch quantitativen Stabilisierung der Kirchen in Ostdeutschland führte. Zahlenmäßig hat sich seit der Wende relativ wenig verändert. Es ist weder zu einer Eintrittswelle noch zu einer Austrittsbewegung gekommen.«[52] Die Tatsache, dass 80 Prozent der Leipziger Bevölkerung – repräsentativ für die meisten Gebiete in der ehemaligen DDR – nicht religiös gebunden sind, veranlasst uns, wie Wolf mit Recht anmahnt, zu einer grundsätzlichen Neubesinnung über unseren Auftrag und unsere Praxis, die Gemeinde Jesu Christi in der evangelischen Freiheit und in dem gebotenen Dienst neu zu verstehen und an ihr mit neuen Erkenntnissen und Erfahrungen zu arbeiten.[53] Dies kann heute nur in der

---

[52]   Christian Wolf, Kirche in der Krise. Überarbeitete Fassung eines Vortrages vor der Bezirkssynode der Evangelischen Kirche in Heidelberg am 26. März 2009.

[53]   Michael Domsgen und Carsten Haeske haben im Deutschen Pfarrerblatt, 6/2009 Ergebnisse einer Untersuchung zur Situation der Konfirmation im Osten Deutschlands verarbeitet: »Zukunft – oder Auslaufmodell? Konfirmandenarbeit im Osten Deutschlands – Realität und Perspektiven«, 302–306. Bezüglich der Rahmenbedingungen stellen die Autoren fest: »Aufgrund von Geburtenrückgang und Abwanderung sind Heranwachsende in Ostdeutschland zu einer kostbaren Minderheit geworden. So hat sich die Zahl der Kinder und Jugendlichen in den letzten 20 Jahren halbiert. [...] Dazu kommt dass sich in einem konfessionslosen Umfeld lediglich 10–20 % aller Jugendlichen für die Konfirmation entscheiden. [...] Die durchschnittliche Gemeinde-

besonderen Verbundenheit mit der ganzen Christenheit auf Erden geschehen.

---

gliederzahl entspricht nur einem Viertel der westlichen Landeskirchen.« Die Autoren stellen am Ende u. a. fest: Ob es der Kirche gelingt, künftig dem engeren kirchlichen Milieu fernere Jugendliche für die KA zu interessieren, wird davon abhängen, ob es den Ortsgemeinden und Regionen gelingt, den Jugendlichen und ihren Familien eine Heimat mit einladenden und hochwertigen Angeboten zu bieten, die Jugendliche zugleich befähigt, die Zukunft aktiv und eigenständig zu meistern. Konfirmandenarbeit wäre dann ein fantasievoller Prozess konfirmierenden Handelns im christlichen Geist und christlicher Verantwortung. (vgl. 306).

»DIENSTGEMEINSCHAFT IM WAHRSTEN SINNE DES WORTES«
Die Diakonie als Brückenbauer auf nationaler Ebene

Ernst Petzold

Aus der Sicht der Diakonie der evangelischen Kirchen in der DDR etwas sagen zu wollen, heißt sich erinnernd hineinversetzen in die Lage von Besuchten und Beschenkten und darin auch Ermutigten und Verpflichteten.

Ehe ich auf die Programme der Hilfen zu sprechen komme, die durch unsere Dienststelle in der Schönhauser Allee 59 bearbeitet und weitergeleitet wurden, möchte ich mit einem vom materiellen Umfang her sehr kleinen Beispiel veranschaulichen, worin auf der Kirchenkreis- und Gemeindeebene Diakonie ihre Basis haben konnte. Die »Innere Mission« war in Sachsen ein eingetragener Verein nach altem sächsischen Recht, der Beiträge zahlende Mitglieder haben durfte, was von den DDR-Behörden – wenn auch nur unwillig – toleriert wurde: So war es auch in der Kirchgemeinde St. Afra in Meißen. Sie hatte noch in den 50er Jahren des vorigen Jahrhunderts die von der Besiedlungs- und Missionierungszeit her gegebene räumliche Struktur, so dass zu einem Stadtbezirk um das ehemalige Augustinerkloster etwa 20 weit verstreute meist kleinere Dörfer gehörten mit treu zahlenden Mitgliedern der Inneren Mission. Um die Christenlehrekinder, sonst verteilt auf fünf Schulorte, mit ihren Eltern auch die größere Gemeinschaft erleben zu lassen, veranstalteten wir hin und wieder einen Familiensonntag, zu dem sie von ihren Dörfern hereinkamen nach St. Afra. Nach dem Familiengottesdienst gehörte zu dem für die Großen und für die Kleinen differenzierten Programm dann auch ein gemeinsames Mittagessen: Die Partnergemeinde ließ uns jeweils rechtzeitig wissen: Unser Diakonie-Ausschuss hat beschlossen, auch in diesem Jahr wieder die Päckchen-Aktion fortzusetzen. Das bedeutete: Gemeindeglieder in Hannoversch-Münden waren wieder bereit, Päckchen mit einem den DDR-Zoll und Postverkehr-Bestimmungen entsprechenden Inhalt das zu schicken, worum wir gebeten hatten, nämlich Linsen – die gab es in der Handelsorganisation (HO) oder im Konsum nicht und waren dann, im Pfarrhaus gekocht, ein beliebtes Essen – und Kakao. Da die bei uns als Empfänger der Päckchen bestimmten Gemeindeglieder gebeten waren, den Absendern jeweils den Empfang schriftlich zu bestätigen, entwickelte sich ein teilweise reger Postaustausch – das war im Kleinen »Brückenbau auf nationaler Ebene«.

Dazu nun ein Kontrastbild: Eine Beratergruppe aus dem Kreis der Chefärzte unserer evang. Krankenhäuser sitzt mit uns unter dem Dach der Schönhauser Allee 59 zusammen. Dabei auch die Vertreterin des Diakonischen Werks der EKD aus Stuttgart bzw. aus der Dienststelle in der Altensteinstraße. Auch der zur Verfügung stehende erhebliche Betrag in DM ist bald aufgebraucht, wenn die – natürlich immer gut begründeten Bedarfswünsche bedacht werden: eine OP-Decke verschlingt das Meiste, da müssen Ultra-Schall-Geräte und manches andere warten. Es kann sich heute kaum noch jemand vorstellen, wie elementar und vielfältig die Bedarfslage war. Dass für die Einfuhr von Medikamenten, in gezielter und begrenzter Auswahl, eine offizielle Regelung erwirkt werden konnte, brachte, verantwortungsvoll, sorgsam weitergeleitet, für bestimmte chronische Leiden die entscheidende Hilfe. Oder: Diakonissen, die ihrem Alter entsprechend zu denen gehörten, die grenzüberschreitend reisen durften, brachten in ihrem Gepäck Einwegspritzen mit. Oder: Manche Hilfe konnte ermöglicht werden durch die Beschaffung von sog. Anti-Dekubitus-Fellen. Und immer wieder waren wir auf ein bestimmtes Maß an Entgegenkommen bei denen angewiesen, die in den staatlichen Stellen das Sagen hatten. Als uns z. B. von einem Haus in der Bundesrepublik gebrauchte, sehr gut erhaltene Krankenhausbetten angeboten wurden, lautete zunächst die schroffe Ablehnung der beantragten Einfuhrgenehmigung: »Gebrauchte Betten – kommt nicht infrage – wir sind kein Entwicklungsland«. Dann aber: »Streicht sie an den abgenutzten Stellen ein bisschen mit Farbe an – aber macht schön leise«, und dann bekamen wir doch die Unterschrift. Im Nachhinein empfinde ich es als eine freundliche Fügung unseres Gottes, dass der für uns in Fragen der Einfuhr zuständige Stellvertreter von Schalck-Golodkowski, der Generaldirektor im Bereich Kommerzielle Koordinierung (KoKo), Manfred Seidel, war, im Rang eines Oberst der Staatssicherheit: »Wenn wir was für die Menschen tun können, dann machen wir das, aber passt auf, dass eure Güterzüge nicht zu lang werden.« Ohne ihn wäre manche ›Brückenbau-Aktion‹ nicht möglich gewesen.

Wir hatten uns als Diakonisches Werk im Bereich der DDR eine dem Diakonischen Werk der EKD entsprechende Struktur gegeben: Dem Diakonischen Rat entsprach der Hauptausschuss, der gewählt wurde aus der Hauptversammlung des Werkes, dem östlichen Pendant der Diakonischen Konferenz. Verständlicher Weise waren bis 1990 die durch die verschiedenen politischen und ökonomischen Bedingungen gegebenen Beratungsthemen unterschiedlich. Aber in bestimmten zentralen Fragen unseres Dienstes kamen wir uns sehr nahe. Etwa: Wir sind Diakonie der Kirche – was bedeutet das jeweils konkret? »Kirche« nicht zuerst im konfessionell abgrenzenden Sinn. Oder: Zum »Dienst der Liebe« in seinen vielen Fachbereichen kann man wohl ausbilden, nicht aber zum »Glauben, der in der Liebe tätig ist« (Gal 5,6). Oder: Macht die Formel Sinn: »Wie viele Glaubende müssen auf einer Station tätig sein, damit dort glaubwürdig Diakonie geübt werden kann?« Ich könnte fortfahren, will aber nur sagen: Es gehörte zum Reichtum unserer Begegnungen, ob in der Schönhauser Allee oder in der Stephanus-Stiftung oder wo auch immer, dass wir nicht bei den West-Ost-Aktualitäten geblieben sind, sondern uns vertrauensvoll zu Fragen der Substanz unseres Dienstes austauschen und uns damit vielleicht auch gegenseitig bereichern konnten. Unser Beieinandersein stand ja immer unter der Vorgabe, dass sich Brüder und Schwestern auf den Weg zu uns gemacht hatten – vielfach mit einer weiten Anreise, aus den gedrängten Terminen ihres eigenen Dienstbereiches heraus, nie vorher wissend, wie evtl. schikanös die Grenzkontrollen, manchmal nach mühseligen Wartezeiten, sein würden. Wenn sie dann – oftmals wieder – bei uns waren, ergab sich auch von diesem uns ja bekannten ›Brückenbau-Umfeld‹ eine dankbar-vertrauensvolle Atmosphäre. Wir konnten uns in ungekünstelter Herzlichkeit in die Augen schauen, wir konnten miteinander singen und beten.

Aber nun verlassen wir die Begegnungsstunden unter dem Dach der Schönhauser Allee 59 oder der Stephanus-Stiftung und gehen ein wenig hinaus in Stadt und Land des »real existierenden Sozialismus«. Wer bauen will, braucht außer Grundstück und Geld, auch heute und hier, die nötigen behördlichen Genehmigungen. In der DDR stand allem voran die parteipolitische Entscheidung auf der zuständigen Ebene: Gemeinde, Kreis, Bezirk. Nur ein Beispiel: Als wir für das Jahr 1973 die Feier des 125-jährigen Bestehens der Inneren Mission vorbereiteten, hatten wir die staatlichen Stellen auch darüber informiert, dass zu diesem Anlass nicht nur Gäste aus der BRD, sondern auch zahlreiche ausländische Gäste zu erwarten seien. Wo sollten sie untergebracht werden? Wir erklärten uns bereit, dafür ein Gästehaus zu erbauen. Unser Hintergedanke: Danach hätten wir die Möglichkeit, daraus ein dringend benötigtes Schwesternwohnheim für unser Krankenhaus zu machen. Erste Reaktion vom Rat des Kreises: Dafür kann keine Baubilanz erteilt werden. Meine Vorsprache beim Staatssekretär für Kirchenfragen, dem bewährten Altgenossen der Partei, Klaus Gysi, ergab:»Lassen Sie mich mal machen.« Einige Zeit später werde ich zu ihm bestellt. Er schwenkt fröhlich einen Brief mit der Unterschrift Honeckers in der Hand. Dem Genossen Vorsitzenden des Rates des Kreises wird empfohlen, seine Entscheidung noch einmal zu überprüfen. Gysi:»Also sie können bauen.« So war es dann auch. Freilich, in manchen anderen Fällen hatten Bittgänge nicht solchen Erfolg.

Nur durch die umfangreichen materiellen und finanziellen Hilfsprogramme des Diakonischen Werkes der EKD konnten Arbeitsbereiche der Diakonie in der DDR durchgehalten bzw. entfaltet werden. (Größere Pflegeheim- und Wohnhaus/Schwesternheimbauprogramme, Medizintechnik, Pflegehilfsmittel, Medikamente, Sanitärausstattung usw.). Das bedeutete, dass in der Regel mindestens einmal wöchentlich zwischen den dafür Beauftragten Arbeitsberatungen in Ost-Berlin stattfanden, in den letzten Jahren, dank einiger Erleichterungen im Dienstreiseverkehr, auch in West-Berlin, in denen der Ablauf dieser materiellen Hilfeleistungen geregelt und vorangetrieben wurde. Zusammenfassend darf gesagt werden, dass das Diakonische Werk der EKD also immer schon wesentliche materielle Mitverantwortung für die Diakonie im Osten Deutschlands getragen hat.

Äußerst hilfreich aber waren auf alle Fälle die mit wesentlicher Unterstützung der KoKo ausgehandelten Bauprogramme des Diakonischen Werkes der Kirchen in der DDR. Die staatliche, d. h. also parteipolitisch durch die SED bestimmte Wohnraumlenkungspolitik brachte es zumeist nicht zustande, den für Mitarbeitende in Kirche und Diakonie benötigten Wohnraum zuzuweisen. Wenn ich jetzt einige Daten und die entsprechenden Ortsnamen nenne, dann möchte ich vorausschicken, dass uns schon deutlich wurde, wie sehr sich die Verantwortlichen in Stuttgart, Bonn und Hannover immer wieder einsetzen mussten, um die für die Programme benötigten Valuta-Beträge bereitstellen zu können. Es war aufgrund der oft bewusst gegen kirchliche Interessen gelenkten Wohnbaupolitik eine entscheidende Hilfe, dass wir mit einem Wohnbauprogramm beginnen konnten. Die staatlichen Stellen haben diese Projekte genehmigt, weil das Geld in Valuta bereitgestellt wurde.

Das erste Bauprogramm, das sog. Fertighausprogramm, begann 1966 mit dem Ziel, Wohnraum für kirchliche Mitarbeitende zur Verfügung stellen zu können. Unter mancher Pfarrwohnung entstand dann auch ein Raum, der von der Gemeinde genutzt werden konnte. Bis zur Wende wurden dafür 33,3 Mio. Valuta-Mark (VM) zur Verfügung gestellt. Ab 1969 entstanden Psychiatriebauten für Menschen mit Behinderung. Dieses Bauprogramm umfasste bis zur Wende ein Gesamtvolumen von 72 Mio. 1984 kamen dann Geriatriebauten hinzu; bis zur Wende wurden in diesem Bereich 13,3 Mio. VM zur Verfügung gestellt.

Neben unseren verbalen Dankesbezeugungen waren es wohl vor allem die gelegentlichen Besichtigungsreisen zu den Baustellen oder bereits fertiggestellten Mitarbeiterwohnhäusern und Schwesternwohnheimen, die den Fortgang der Bauprojekte auch für die Mitarbeitenden des Stuttgarter Diakonischen Werkes nachvollziehbar machten.

»Unvergessen alle die schönen Gespräche, unvergessen das gegenseitige Nehmen und Geben. Unvergessen der Lerngewinn aus jedem Besuch in der DDR. Was war es, das man hier lernen konnte? Menschlichkeit Phantasie der Liebe, Hingabebereitschaft, Verbundenheit im Glauben, Gemeinschaft, ja Dienstgemeinschaft im wahrsten Sinne des Wortes.«[1]

»Bei allen Bundesregierungen und im Bundesministerium für innerdeutsche Beziehungen war immer unbestritten, daß die Kirchen mit ihrer Diakonie einen wesentlichen Beitrag zur inneren Einheit der Menschen unseres Landes leisten.«[2]

Das hat uns erfüllt und froh gemacht und sehr gestärkt in unserem Dienst.

---

[1]   Albrecht Müller-Schöll, Die Vergangenheit – wie ein Spuk verschwunden? Stimmungsbilder aus der DDR, in: Diakonie 16 (1990), Sonderheft Okt. 1990, 81–84: 83.

[2]   Karl Heinz Neukamm, »Das Netzwerk kirchlich-diakonischer Hilfen in den Jahrzehnten der deutschen Teilung«, in: Die Macht der Nächstenliebe. Einhundertfünfzig Jahre Innere Mission und Diakonie 1848–1998, hrsg. v. Ursula Röper u. Carola Jüllig, Berlin 1998, 266–273: 267.

»TRANSPORTARBEITER DER LIEBE«

Die Diakonie als Brückenbauer auf nationaler Ebene

Karl Heinz Neukamm

Der Tag der wiedergewonnenen deutschen Einheit, der 3. Oktober, ist und bleibt für die Menschen in Ost und West ein Tag der Freude. Wenn wir als evangelische Christen diesen Tag feiern, dann begehen wir ihn als einen Tag des Staunens über die Wunder Gottes, für die wir nicht genug danken können. Viele Menschen in Deutschland, auch viele Christen in unseren Landes- und Freikirchen, haben mit der Möglichkeit der deutschen Vereinigung nach 40 Jahren politischer Teilung nicht mehr gerechnet. Zu eindeutig war die Welt in die zwei großen Machtblöcke Ost/West aufgeteilt. Eine Verschiebung der Kräfte konnte doch nur politische Konflikte heraufbeschwören. Deshalb sollten die Deutschen, so meinten viele, um des lieben Friedens willen sich mit den Gegebenheiten abfinden.

Aber es war doch kein Frieden! Wenn wir zurückdenken, dann gibt es viel Anlass zu schmerzlichen Erinnerungen. Familien in Deutschland waren auseinandergerissen. Wer in der DDR lebte, durfte über Jahre weder zu einer Beerdigung, zu einer Trauung, zu einem besonderen Geburtstag oder zu einer Konfirmation im Kreis der Familie in den Westen fahren. Auch in umgekehrter Richtung wurde bei Reiseanträgen, die nicht von nahen Verwandten gestellt wurden, kein Visum erteilt. Die Grenzen waren streng gesichert und verriegelt. Auch wer die vertraglich festgelegten Transitstrecken nach Berlin benützte, sah sich immer wieder Schikanen ausgesetzt. Mit Schmerzen erinnern wir uns, welchen Benachteiligungen viele Christen ausgesetzt waren. Vielen Kindern wurde der Besuch weiterführender Schulen verwehrt. Kinder christlicher Eltern hatten keine Chancen zu einem Hochschulstudium. Post wurde zensiert, Telefongespräche abgehört, Zusammenkünfte von Gruppen überwacht und Nachbarn oder Berufskollegen als Informanten der Staatssicherheit angeworben. Ein Tag des Rückblicks ist auch ein Tag schmerzlichen Besinnens.

Als am Ende des Zweiten Weltkriegs Millionen von Toten zu beklagen waren, ungezählte Menschen ausgebombt waren, Zwangsarbeiter von Deutschland aus in ihre Heimatländer zurückstrebten, Überlebende von Konzentrationslagern einen neuen Anfang suchten, Kriegsgefangene auf Entlassung hofften und vor allem Millionen von Heimatvertriebenen aus den ehemaligen deutschen Ostgebieten in den Westen strömten, wurde im August 1945 auf der Kirchenversammlung in Treysa unter der Leitung von Landesbischof D. Theophil Wurm und auf Vorschlag von Dr. Eugen Gerstenmaier das Hilfswerk der Evangelischen Kirche in Deutschland gegründet. In den vier Besatzungszonen, in die Deutschland geteilt war, gab es mit Caritas und Evangelischem Hilfswerk nur zwei funktionsfähige soziale Institutionen in Deutschland. Sie konnten das unbeschreibliche Elend nicht beseitigen, aber doch lindern, vor allem deshalb, weil es aus vielen Ländern der Erde, auch aus ehemaligen Feindstaaten, Geld- und Sachspenden gab. Auch aus den Kirchen der Ökumene wurde allmählich mehr und mehr geholfen.

Ludwig Geißel, Hauptgeschäftsführer der Abteilung »Nothilfe« im Evangelischen Hilfswerk, dann Direktor der Abteilung Finanzen, Nothilfe und Verwaltung im 1957 neu aus Hilfswerk und Innerer Mission gebildeten Diakonischen Werk der EKD und später bis 1982 dessen Vizepräsident, schildert in seinen Erinnerungen das Bemühen, die Auslands- und die Selbsthilfe miteinander zu verbinden: »Im September 1947 wandte sich die Besatzungsmacht in der sowjetischen Zone über die ›Volkssolidarität‹ erstmals an das Evangelische Hilfswerk und die Caritas mit der Bitte, bei der Versorgung der zurückkehrenden Kriegsgefangenen in Frankfurt/Oder zu helfen.«[1] Beide Organisationen baten wiederum die ostdeutschen Gemeinden, die Heimkehrerhilfe mit Lebensmitteln und mit Personal zu unterstützen. An diese Hilfe und Selbsthilfe zu erinnern ist mir wichtig, weil damit die Phase des Brückenbaues, der gegenseitigen Hilfe in den verschiedenen Besatzungszonen, beginnt.

Nach der Währungsreform, der Berlin-Blockade und der Sperrung des Interzonenverkehrs, den folgenreichen Ereignissen des Jahres 1948, kam es im gleichen Jahr in Amsterdam zur Gründungsversammlung des Ökumenischen Rates der Kirchen. Entscheidende Aufmerksamkeit für Elend und Not der Menschen im geteilten Deutschland brachte aber erst die internationale Flüchtlingskonferenz im Februar 1949 in Hamburg.

---

[1]   Ludwig Geißel, Unterhändler der Menschlichkeit. Erinnerungen, Stuttgart 1991, 98.

Eugen Gerstenmaier gelang es, die Mauer des Schweigens gegenüber Deutschland zu durchbrechen. Im Mai und Oktober 1949 wurden die Gründung der Bundesrepublik Deutschland und die Gründung der Deutschen Demokratischen Republik vollzogen. Die so unterschiedlich gefeierten 40. Jahrestage der Entstehung der beiden deutschen Staaten haben viele von uns noch in lebendiger Erinnerung.

Das Jahr 1949 brachte auch ein entscheidendes Datum für den Brückenbauerdienst der Kirchen und ihrer Diakonie in Deutschland. Mitte des Jahres erreichte das Hilfswerk im Westen ein Hilferuf der Kirchen und der Bevollmächtigten des Hilfswerks in der DDR. In ihm wurde auf die Notwendigkeit der Nothilfe für die Bevölkerung vorrangig hingewiesen. Auf die Initiative von Christian Berg, dem Leiter der Berliner Außenstelle des Hilfswerks, und von Ludwig Geißel wurde bei der Konferenz der Hauptgeschäftsführer des Hilfswerks vom 29.–31. August in Schloss Wolfsbrunn ein »Patenschaftswerk West-Ost« gegründet, bald unter dem Namen »Friedensbrücke« bekannt. Dieses Werk sah unmittelbare Patenschaften zwischen Landeskirchen und einzelnen Kirchengemeinden vor.

In den »Quellen zur Geschichte der Diakonie«, Band III, ist das Rundschreiben des Generalsekretärs Pfarrer Christian Berg vom 26.9.1949 an die Hauptbüros des Hilfswerks abgedruckt, aus dem ich zitieren möchte: »Die Lage erfordert in der Ostzone nach wie vor eine regelmäßige Hilfe für die im anstrengenden kirchlichen Dienst stehenden Pfarrer und ihre Mitarbeiter; und die Lage, besonders in den ländlichen Gemeinden der Westzone, macht umgekehrt eine regelmäßige Hilfe möglich. Es wäre schön, wenn die Gemeinden des Westens in einem solchen Maß den Ruf an sie aufnehmen würden, daß es den Pfarrämtern bzw. Hilfswerkstellen in der Ostzone möglich würde, den Kreis der dadurch Unterstützten so weit als möglich zu ziehen. Um die Zentralstellen des Hilfswerks von mühevoller Arbeit im Schriftverkehr und Transport zu entlasten, wurde beschlossen, sozusagen ein Patenverhältnis zwischen den einzelnen Hauptbüros im Westen und Osten herzustellen und einzelne Gemeinden bzw. ihre Hilfswerkstellen zueinanderzuweisen. Es wurde auch bereits Einverständnis erzielt über die folgende Zuordnung:

Hauptbüro: Anhalt	*Hauptbüro: Pfalz*
Berlin	*Westfalen*
Brandenburg	*Rheinland*
Mecklenburg	*Bayern*
Pommern	*Baden*

Provinz Sachsen	*Hessen*
	(Frankfurt/M. und Kassel)
Land Sachsen	*Hannover, Braunschweig,*
	Schaumburg-Lippe
Schlesien	*Oldenburg*
Thüringen	*Württemberg*
Reform. Gemeinden	*Lippe und Reform.*
des Ostens	*Nordwest-Deutschland*

Die Hauptbüros der drei Hansestädte – wegen ihrer rein städtischen Situation – und das mit Flüchtlingen überbelegte Schleswig-Holstein sollten nach eigenem Ermessen an der ganzen Aktion teilnehmen. Sie werden jedenfalls nicht auf ein bestimmtes Gebiet angesetzt. [...] Es ist zu hoffen, daß diese innerdeutsche Selbsthilfe auf breiter Grundlage von Gemeinde zu Gemeinde die unverbrüchliche Zusammengehörigkeit zwischen Ost und West im Dienst der Kirche bestärkt, und daß die unter vielfältiger Angefochtenheit arbeitenden Kräfte der Kirche im Osten ein Zeugnis dafür erhalten, wie sehr sie auch in ihren unmittelbaren Nöten nicht vergessen, sondern von der Gemeinschaft der Kirche getragen werden.«[2]

Ein Netz wurde geknüpft, das immer mehr Knotenpunkte erhielt und sehr rasch zu einem stattlichen Netzwerk der Gemeinschaft zwischen Ost und West in den Kirchen der EKD und den Freikirchen wuchs. Dem schmerzlichen Besinnen, mit dem wir begonnen haben, kann deshalb nur ein dankbares Erinnern folgen. Wir denken an alle Partner zwischen Ost und West in großer Dankbarkeit. Es waren ungezählte einzelne Christen – Frauen, Männer und junge Leute – die sich mit Briefen, Paketen, Besuchen und mit viel Phantasie der Liebe an dem Brückenschlag von Westen nach Osten beteiligten. Was von hüben nach drüben an Zeichen der Verbundenheit in Gestalt von Lebensmitteln, Textilien, Medikamenten, Literatur und Gegenständen des täglichen Bedarfs die Grenzen von Stacheldraht, Mauer und Todesstreifen überwand, lässt sich in keiner Statistik, sondern nur in den Erinnerungen der Herzen belegen. Was von drüben nach hüben in Gestalt von Briefen, persönlich gefertigten Geschenken und vor allem geistlichen Erfahrungen ging, lässt sich ebenfalls nur in den Tagebüchern der Herzen festhalten, die einen kostbaren Schatz von unvergesslichen Erinnerungen bewahren. Längst nicht allen

---

[2]   Herbert Krimm (Hrsg.), Quellen zur Geschichte der Diakonie, Band III: Gegenwart, Stuttgart 1966, 215 f.

Brief- und Paketpartnern war es vergönnt, sich persönlich kennenzulernen. Oft blieb es beim Austausch von Bildern und Ansichtskarten und nicht wenige Partner sind gestorben, ohne dass es zu einem persönlichen Zusammentreffen gekommen ist. Viele Erinnerungen werden in mir wach. Als ich 1956 mit meiner jungen Frau die erste Pfarrstelle im mittelfränkischen Dekanat Erlangen antrat, wurde uns bereits die Liste übergeben, wohin Pakete mit der Aufschrift »Geschenksendung – Keine Handelsware« in der Partnerkirche von Mecklenburg zu schicken waren. Unser Dekan in Erlangen unterließ es bei keiner Konferenz, über die Lage in dem damals immer noch »Ostzone« genannten Partnergebiet zu unterrichten und damit auch an die von den Partnern eingegangenen Verpflichtungen zu erinnern. Wenn ich an meine früh heimgerufene Frau denke, dann sehe ich sie zu den Festzeiten des Jahres und zu manchen sehr persönlichen Anlässen von Jahr zu Jahr mehr Pakete packen und auf den Weg über die Grenzen bringen. So erinnern wir heute an ungezählte Partner, an Frauen, Männer und junge Menschen, die den Dienst des Teilens wahrgenommen haben. Ihre Namen stehen zwar in vielen Listen und auf vielen Belegen, aber in der Öffentlichkeit wurden sie nie genannt. Ich bin aber gewiss, dass die Namen vieler Partner und Partnerinnen im Himmel geschrieben sind.

Vor Jahren erschien ein Buch mit dem Titel »Lebensläufe hüben und drüben«[3], in dem Lebensbeschreibungen von politisch tätigen Menschen gesammelt sind. Wie viele Lebensbeschreibungen könnten auch in unseren Gemeinden gesammelt werden, in denen diese partnerschaftlichen Beziehungen entscheidende Kapitel ausfüllen würden? Mir stehen die Grenzgänger vor Augen, die auf dem Weg zu den Partnertreffen über Berlin einreisten. Lange waren die Katakomben unter dem Bahnhof Friedrichstraße das Nadelöhr, durch das sich alle Besucher drängen mussten. Da trafen sich Leute aus den Kirchen und ihrer Diakonie, die Landespfarrer für Diakonie und die Landesjugendpfarrer, vor allem über Jahre hinweg auch die Kuriere mit ihren besonderen Aufträgen, die sie nicht in Gestalt von Akten und Papieren, sondern in Form von gedanklichem Memorierstoff zu überbringen hatten.

Die Grenzgänger vom Bahnhof Friedrichstraße könnten über sehr unterschiedliche Erfahrungen berichten. Es ging oft nur in sehr kleinen Schritten vorwärts und die Frage war immer, wie lange es dieses Mal

---

[3] Carl-Christoph Schweitzer u. a. (Hrsg.), Lebensläufe hüben und drüben, Opladen 1993.

dauern würde, bis die andere Seite, die Hauptstadt der DDR, erreicht war. Gefürchtet waren die kleinen Zellen, wo sämtliche Taschen, auch die der Anzüge, ausgeleert werden mussten und oft sehr peinliche Fragen gestellt wurden. Die Abholer auf der anderen Seite mussten oft lange warten, bis sie die angemeldeten Gäste begrüßen konnten. Wer mit dem Auto einen der Berliner Übergänge benützen konnte, musste ebenfalls oft peinliche und schikanöse Kontrollen über sich ergehen lassen. Auf die Frage nach dem Wohin war es immer gut, eine ehrliche Antwort zu geben, als sich etwa das Pergamon-Museum auszudenken. Die Grenzer waren doch bestens unterrichtet, welches Treffen in der Stephanus-Stiftung in der Albertinenstraße in Weißensee vorgesehen war. Denn dort waren alle Nachbarn – von der SED auf der einen und von der Volkspolizei auf der anderen Seite – immer bestens informiert. Dankbar möchte ich an Kirchenrat Federlein und an Pastor Braune erinnern, die als Leiter der Stephanus-Stiftung die Treffen der unterschiedlichen Partner erst ermöglichten.

Zu den Inhalten der Partnerschaftsarbeit gibt es nur wenige schriftliche Aufzeichnungen. Der Grund ist, dass strenge Vertraulichkeit geboten war. Auf der westlichen Seite wurde allerdings über alle Lieferungen genau Buch geführt. In der Hauptgeschäftsstelle in Stuttgart wurden alle Maßnahmen der Hilfe mit den einzelnen Diakonischen Werken auf regionaler Ebene koordiniert. Die Verantwortlichen kamen regelmäßig an verschiedenen Orten zu den Planungs- und Verteilungsgesprächen zusammen. Im April 1991 trafen sich letztmalig die in den Diakonischen Werken der Gliedkirchen der EKD und der Freikirchen für die Partnerschaftsarbeit verantwortlichen Frauen und Männer. Alle diese Mitarbeiterinnen und Mitarbeiter waren über Jahre und teilweise Jahrzehnte Transportarbeiter der Liebe, die dafür sorgten, dass in unseren Kirchengemeinden und in unseren diakonischen Einrichtungen die Mittel bereitstanden, die unter den Bedingungen der DDR zur Wahrnehmung des diakonischen Auftrags erforderlich waren. Die »besondere Gemeinschaft« unserer Kirchen und ihrer Diakonie ist auch dieser in der Regel in aller Stille geübten Partnerschaftshilfe zu danken.

Die Mittel, die wir aus dem westlichen in den östlichen Teil unseres seit nunmehr 20 Jahren vereinten Landes weitergeben konnten, stammten überwiegend aus Steuermitteln der Bürger der Bundesrepublik Deutschland, die uns über die Bundesregierungen zur Verfügung gestellt wurden. Es war bei allen Bundesregierungen und im Bundesministerium für innerdeutsche Beziehungen immer unbestritten, dass die Kirchen mit ihrer Diakonie einen wesentlichen Beitrag zur inneren Einheit der Menschen unseres Landes leisten. Ob es sich um Mittel für Baumaßnahmen, um medizinisch-technische Geräte, um Literatur, um Kraftfahrzeuge, um Papier oder um Arzneimittel handelte, alle diese Hilfen kamen unendlich vielen Menschen zugute und waren Hilfen zum Leben und zum Überleben. Es blieb lange unbekannt, dass es sich bei den Hilfen nicht nur um kirchliche Mittel oder Spenden handelte, sondern auch um Steuermittel der Bürger und Bürgerinnen unseres Landes. Es haben deshalb sehr viele an dem Brückenbauerdienst zwischen West und Ost teilgenommen, ohne es zu wissen.

Über die Partnerschaft, die über Grenze und Mauer hinweg praktiziert wurde, schrieb Ludwig Geißel in einem Bericht vom November 1965: »An den Gegebenheiten in einem geteilten Land kommen auch die Kirchen nicht vorbei, und sie zwingen zu manchem Verzicht, aber für die Kirchen ist die Hoffnung immer größer als die Enttäuschung. Je schwieriger die organisatorischen Voraussetzungen werden, desto stärker muß das Band der Liebe und des Glaubens sein. Stärker als Erklärungen und Manifestationen beweist die brüderliche Hilfe die lebendige Einheit und Gemeinschaft zwischen den Gliedkirchen in Ost und West. Die Brücke des Glaubens und der Liebe ist heute noch tragfähig. Daß sie es auch für die Zukunft bleibt, hängt von den Christen auf beiden Seiten ab, wir dürfen die Brücke nur nicht unnötig strapazieren.«

Im gleichen Bericht wird über die Aufgaben, denen die Landeskirchen im Westen, die Diakonischen Werke und die Gemeinden ihre volle Unterstützung gewähren sollten, Folgendes gesagt: »Die Gemeinden leisten Hilfen im Rahmen ihrer Möglichkeiten, und hier gibt es noch viele. Es darf heute nicht mehr sein, daß eine Gemeinde in der DDR, die eine Hilfe wünscht, ohne Unterstützung aus dem Westen bleibt. Briefdienst, Nutzung der Möglichkeiten zur Begegnung stehen hierbei an erster Stelle. Aber auch materielle Hilfen im Hinblick auf die vielerlei kleinen Nöte von der persönlichen Hilfe für den Mitarbeiter bis zu Beiträgen für gemeindedienstliche Zwecke. Der Paketversand steht hier im Vordergrund. – Die Landeskirchen führen die zentrale Hilfe fort, die in erster Linie im Rahmen des Transfers zur Verfügung gestellt werden. Dazu gehören die Mittel für Kirchen und Pfarrhäuser, für Christenlehrräume, Gehaltshilfen u. a. m. Darüber hinaus Unterstützung der Patenkirchen gemäß besonderer Absprachen für Schwerpunktaufgaben und Bereitstellung von Mitteln für die Durchführung im Rahmen der Einfuhren. – Die Diakonischen Werke sollen sich stärker als bisher an den Planungen zur Durchführung von Umstellungen beteiligen. Hinzu kommen, wie bisher, die vielerlei Hilfen für die Beschaffung von Kraftfahrzeugen, Industriewaren, Maschinen u.ä. Dinge mehr. Dazu wird es erforderlich sein, stärker als bisher finanziell die Unterstützung seitens der Landeskirchen zu erwirken. – Ziel soll bleiben, dazu beizutragen, die Position der Kirchen in der DDR zu stärken, den Mitarbeitern zu helfen, ihre Arbeit fortzuführen mit dem Ziel, den uns gegebenen Auftrag stärker als bisher zu erfüllen.«

Den gegebenen Auftrag erfüllen – darum ging es den Partnern in Kirche und Diakonie. Die verbindende Grundlage war der gemeinsame Glaube an den einen Herrn Jesus Christus. Die Gemeinschaft zwischen den Kirchen drüben und hüben musste nicht erst geschaffen werden, sie bestand. Deswegen galt, was der Apostel Paulus im Brief an die Galater (6,2) als Auftrag gab: »Einer trage des andern Last, so werdet ihr das Gesetz Christi erfüllen.« Das Wissen um die Not der Brüder und Schwestern forderte den Glauben heraus, mit ihnen zu teilen. Denn die von Christus gestiftete Gemeinschaft schließt Gemeinschaft im Glauben, im Leben, im Lieben, im Hoffen und eben auch im Teilen ein. Alle, die Jahre oder Jahrzehnte diese Partnerschaft gelebt und gestaltet haben, können von einer wunderbaren Erfahrung berichten. Da waren nicht die einen die Gebenden und die anderen die Empfangenden. Die Begegnungen, das Teilen, der Austausch der geistlichen Erfahrungen waren eine große Bereicherung. Siegfried Hildebrand, von 1970–1990 Landespfarrer für Diakonie in der Pommerschen Kirche, schreibt in einer Darstellung der Partnerschaft zwischen Pommern und Schleswig-Holstein: »Grundlegend und vorrangig war in der Partnerschaft die Gemeinschaft im Glauben; es ist der christliche Glaube, ›der durch die Liebe tätig ist‹ (Galaterbrief 5, 6). Dieser Glaube macht offen für die Nöte anderer.«[4]

Das Netz ungezählter Verbindungen zwischen den Menschen in beiden Teilen Deutschlands ist in den 40 Jahren der Trennung immer dichter geknüpft worden. Es waren nicht nur die Bande von Familien und Verwandten, die Verbindung »nach drüben« gehalten haben. Es waren die Kirchengemeinden, es waren Mitarbeiterinnen und Mitarbeiter diakonischer Einrichtungen, Angehörige von Bruder- und Schwesternschaften, Kreise der Evangelischen Jugend und viele einzelne Christen. Vor allem die daraus gewachsenen persönlichen Verbindungen und Freund-

---

[4]   Siegfried Hildebrand, Partnerschaft über Grenze und Mauer hinweg. 50 Jahre praktizierte Glaubensgemeinschaft zwischen Pommern und Schleswig-Holstein, Rendsburg 1996, 53 f.

schaften waren die entscheidenden Knotenpunkte im Netzwerk kirchlicher Gemeinschaft. Auch nach Jahren wiedergewonnener Einheit erweist es sich als die starke Klammer zwischen Christen in Ost und West.

Unsere Kirchen und ihre diakonischen Einrichtungen in der DDR waren auf materielle Hilfen, auch auf finanzielle Leistungen zur Vergütung der kirchlich-diakonischen Mitarbeiterinnen und Mitarbeiter angewiesen. Über die Höhe der Warenlieferungen, der Einfuhren, der Unterstützung über den Geschenkdienst Genex und über den Kirchlichen Bruderdienst ist in vielen anderen Publikationen Rechenschaft geleistet worden.[5] Wenn an diese Möglichkeiten, Mauer und Stacheldraht zu überwinden und Menschen zu helfen, heute noch einmal erinnert wird, dann vor allem, um Gott und den Menschen für diese Wege der Hilfe zu danken. Dass in den Jahrzehnten der deutschen Teilung nicht die einen die Geber und die anderen die Empfangenden waren, sondern in der Kirche und ihrer Diakonie eine teilende Gemeinschaft gewachsen ist, gehört zu den besonderen Erfahrungen dieser Jahre.

Heute entsteht oft der Eindruck, dass aus unseren Kirchen mehr Stimmen der Klage und Töne der Unzufriedenheit kämen als Bekundungen des Dankes. Mit unserem heutigen Treffen wird ein anderer Akzent gesetzt. Dazu gehört, dass über das schmerzliche Besinnen und das dankbare Erinnern hinaus die Bereitschaft zu neuem gemeinsamen Beginnen ausgesprochen wird. Es bleibt diakonischer Auftrag, für benachteiligte und vergessene, für übersehene und unterdrückte Menschen einzutreten. In dieser Verpflichtung, Anwalt der Schwachen zu sein, dürfen wir uns von niemandem übertreffen lassen. Lebensquelle aller Diakonie bleibt die Dankbarkeit für die erfahrene Güte und Treue Gottes. Wir können die vielfältigen Wunder, die wir in den Jahren erzwungener Trennung erfahren haben, nicht vergessen. Wir danken uns gegenseitig, einerseits dass Erfahrungen in den Jahren der Bedrängnis und der Beschränkung der Freiheit geteilt wurden, andererseits, dass der Überfluss der einen dem Mangel der anderen abgeholfen hat.

---

[5]   Siehe etwa: Hildebrand, Partnerschaft, wie oben Anm. 2; Heinz-Georg Binder, »Die Bedeutung des finanziellen Transfers und der humanitären Hilfe zwischen den Kirchen im geteilten Deutschland«, in: Deutscher Bundestag (Hrsg.), Materialien der Enquête-Kommission »Aufarbeitung von Geschichte und Folgen der SED-Diktatur in Deutschland« (12. Wahlperiode des Deutschen Bundestages), Bd. VI, Kirchen in der SED-Diktatur, Frankfurt a. M. 1995, sowie den zweiten Beitrag des Autors in diesem Band.

Gott hat neue Türen in die Zukunft aufgestoßen. Er hat mit uns allen einen neuen Anfang gemacht. Er hat uns nicht verlassen und seine Hand nicht von uns genommen. In einer Zeit, in der – Gott sei es geklagt – im Osten und im Westen sich immer mehr Menschen von der Kirche und von der Botschaft des Evangeliums abwenden, bleibt es unser gemeinsamer Auftrag, das Zeugnis von unseren Erfahrungen der Treue Gottes weiterzugeben. Das ist und bleibt unser vornehmster Auftrag, in dem wir uns nicht vertreten lassen können. Wir haben einen Gott, der immer neu mit uns anfängt und nicht ständig in die belastenden Akten von gestern blickt. Darüber wollen wir nicht verschweigen, dass auch die Geschichte unserer Kirche und ihrer Diakonie und unsere eigene Geschichte auch eine Geschichte des Versagens und der Schuld ist. Alle Geschichte ist auch eine Geschichte menschlichen Versagens und menschlicher Schuld. Wir wollen persönliche Schuld nicht verschweigen. Wir wollen auch fragen, was wir falsch gemacht und was wir im Dienst der Liebe unterlassen haben. Schuld muss bekannt werden, wenn sie vergeben werden soll. Aber wir haben einen Gott, der die belastenden Akten vom Tisch nimmt und einen neuen Anfang macht.

Miteinander wollen wir in Ost und West um Wegweisung bitten, wo heute unser gemeinsamer Dienst gebraucht wird. Die Erfahrungen der Partner in den Jahrzehnten der deutschen Teilung wollen nicht nur in Herzen und Gedanken bewahrt werden. Es gilt, sich in der Partnerschaft über Grenzen hinweg neu zu bewähren. In Ost- und Südosteuropa sind so viele Gemeinden neu im Entstehen, die auf unsere Unterstützung, auf unseren Rat und auf unsere Tat warten. Die Brückenbauer von einst im geteilten Deutschland und in den geteilten Kirchen werden nun gebraucht, um Einsichten, Erfahrungen und Erkenntnisse aus jenen Jahren weiterzugeben und auch wieder materielle Hilfe zu leisten. Gott helfe uns, dass dieses Treffen der Zeitzeugen uns über schmerzliches Besinnen und dankbares Erinnern hinaus zu Aktionen gemeinsamen neuen Beginnens, zu Aktionen der Hoffnung für Menschen in Osteuropa führt.

Das Netzwerk kirchlich-diakonischer Hilfen in den Jahrzehnten der deutschen Teilung

Karl Heinz Neukamm[1]

Die Kirche und ihre Diakonie als Brückenbauer

Brücken bauen – ›nach drüben‹. Das war das Motto vieler Aktionen in der Evangelischen Kirche in Deutschland und ihrer Diakonie in den 40 Jahren der deutschen Teilung von 1949 bis 1989. Brücken bauen – von hüben nach drüben. Hüben – das waren Kirchengemeinden, diakonische Einrichtungen und ungezählte einzelne Menschen im Westen Deutschlands. Drüben – das waren die Menschen in der DDR, ihre Kirchengemeinden und ihre diakonischen Zentren. Zu ihnen waren die verbindenden Brücken durch die Machthaber in der DDR abgebrochen. Die Mauer in Berlin, die Grenzbefestigungen, die Stacheldrahtzäune und die Todesstreifen quer durch Deutschland sind noch in schlimmer Erinnerung.

Die evangelischen Kirchen und ihre Diakonie, auch die katholische Kirche mit ihrer Caritas, haben auf vielen Wegen und auf vielerlei Weise versucht, Brücken von hüben nach drüben zu bauen. Sie wollten dort Verbindungen herstellen, wo die Wege zueinander versperrt oder doch sehr erschwert waren. Christen haben sich zu allen Zeiten und in vielen Lagen als Brückenbauer betätigt. Im Lateinischen ist der Brückenbauer der Pontifex – und dieser Auftrag gilt nicht nur für Pfarrer, Priester und Bischöfe. Es gehört zu den beglückenden Erfahrungen in den Jahren der politischen Trennung unseres Landes, dass sich viele Christen an diesem Brückenschlag nach drüben beteiligt haben. Mit Briefen, Besuchen, Paketen und mit viel Phantasie der Liebe wurden Gräben überbrückt.

---

[1] Erstveröffentlichung in: Die Macht der Nächstenliebe. Einhundertfünfzig Jahre Innere Mission und Diakonie 1848–1998, hrsg. v. Ursula Röper u. Carola Jüllig, Berlin 1998, 266–273.

Einer der Gründe für diese Aktionen war die Einsicht im Westen, dass alle Menschen in Deutschland, nicht nur die Menschen im Osten, die Folgen des verlorenen Krieges zu tragen haben. In den evangelischen Kirchen blieb die Erinnerung an Schuld und Versagen in den Jahren des sogenannten ›Dritten Reiches‹ besonders lebendig.

Schon im Oktober 1945 hatten die evangelischen Kirchen durch den Rat der EKD im Stuttgarter Schuldbekenntnis vor den Vertretern der Ökumene erklärt, dass es Schuld vor Gott war, »nicht mutiger bekannt, nicht treuer gebetet, nicht fröhlicher geglaubt und nicht brennender geliebt« zu haben. Es war das Bekenntnis einer Kirche, die einen neuen Anfang machen wollte. Die Kirchen haben deshalb nicht nur ihre gemeinsame Schuld bekannt, sondern auch ihre gemeinsame Verantwortung für die Zukunft und ihre Zusammengehörigkeit betont. Die Kirchenkonferenzen in Treysa 1945 und 1947 bereiteten vor, was im Sommer 1948 in Eisenach zu Füßen der Wartburg zum Abschluss kam: Die Gründung der Evangelischen Kirche in Deutschland (EKD) als Bund lutherischer, reformierter und unierter Landeskirchen. Bei diesem Zusammenschluss ging es nicht nur um eine organisatorische Einheit. Die EKD wollte auch ihre innere Einheit, ihre besondere Gemeinschaft auch über politische Grenzen hinweg bewahren. Dieser Wille fand seinen Ausdruck in den gesamtdeutschen Kirchentagen, in kirchlichen Denkschriften zu aktuellen Fragen und in praktizierter Diakonie.

1949 war das Gründungsjahr der Bundesrepublik Deutschland und der DDR. Trotz der damit erfolgten politischen Trennung Deutschlands haben die evangelischen Kirchen an ihrer geistlichen und organisatorischen Einheit festgehalten. Zur Bewahrung dieser Einheit waren viele Grenzgängerdienste erforderlich. Sie verfolgten das Ziel, über die Grenzen hinweg an der organisatorischen Einheit und inneren Verbundenheit festzuhalten. »Wir sollen einander auf dem Wege helfen, trösten, mahnen und tragen. Wir sollen aufeinander zugehen und miteinander sprechen. Wenn wir uns aus den Augen verloren haben, sollen wir beisammen bleiben. Gemeinsame Einrichtungen in der Leitung dienen diesem Ziel. Darum halten wir an der Gemeinschaft der EKD fest.«[2] Das erklärte die Synode der EKD bei ihrer Tagung in Fürstenwalde im April 1967. Und sie stellte weiter fest: »Wir tragen füreinander Verantwortung, darum dürfen wir uns nicht loslassen. [...] Wir werden uns gegenseitig so weit freizuge-

---

[2]   Zit. nach: Claudia Lepp, Tabu der Einheit? Die Ost-West-Gemeinschaft der evangelischen Christen und die deutsche Teilung, (1945–1969), Göttingen 2005, 694.

ben haben, daß wir unserem Auftrag in dem Teil Deutschlands, in dem wir leben, gerecht werden.«[3]

Es gab in den Jahren der Regierung Konrad Adenauers und in den Jahren des Kalten Krieges keine Kraft in Deutschland, die so stark über die Grenzen hinweg für Verbindungen sorgte, wie die Evangelische Kirche. Da die DDR an ständigem Devisenmangel litt, waren ihr die Förderung der Kirche und ihrer Diakonie in der DDR mit finanziellen Mitteln aus dem Westen durchaus willkommen. Der Westen gewährte diese Hilfen über die Kirchen aus dem Gefühl gemeinsamer Verantwortung vor der deutschen Geschichte heraus.

Als die organisatorische Einheit der Kirche zerbrach und am 10. Juni 1969 die Gründung des Bundes der Evangelischen Kirchen in der DDR beschlossen wurde, stimmte die Synode des Bundes im September 1969 in Potsdam-Hermannswerder dem für die weitere Entwicklung richtungsweisenden Artikel 4.4 zu: »Der Bund bekennt sich zu der besonderen Gemeinschaft der ganzen evangelischen Christenheit in Deutschland.« Die Kirchen des Bundes verstanden sich als »Zeugnis- und Dienstgemeinschaft« in der DDR. »Kirche für andere« (Dietrich Bonhoeffer) wurde zum bestimmenden Leitwort. Die Brücken zwischen Ost und West wurden nicht abgebrochen, im Gegenteil. Auch wenn sich die äußeren Bedingungen für das kirchliche Miteinander verschlechterten: Die Zeit der Grenzgänger in den Kirchen und ihren Diakonischen Werken begann. Sie haben entscheidend geholfen, dass durch viele persönliche Begegnungen das Zusammengehörigkeitsgefühl der Menschen auf beiden Seiten des Eisernen Vorhangs immer wieder gestärkt wurde. Die »besondere Gemeinschaft« der Kirchen zeigte sich in gegenseitigen Einladungen zu den Tagungen der Synoden, in gemeinsam begangenen Gottesdiensten, in vielen Besuchen, aus denen bleibende Freundschaften erwachsen sind. Viele gemeinsame öffentliche ›Worte‹ der Kirchen sind Ausdruck dieser besonderen Gemeinschaft. Die materiellen Hilfen in Gestalt der umfangreichen Hilfsprogramme unterstreichen deutlich, dass Gemeinschaft nicht nur deklamiert, sondern praktiziert wurde. Hier wurde Verantwortung füreinander wahrgenommen und das gemeinsame kirchliche Erbe bewahrt, auch wenn in den Fragen der nationalen Einheit sich die unterschiedlichen Meinungen verstärkten.

---

[3]   Zit. nach: Martin Heckel, Die Vereinigung der evangelischen Kirchen in Deutschland, Tübingen 1990, 23.

DAS NETZ DER PARTNERSCHAFTEN

Jede Landeskirche im Bund der Evangelischen Kirchen in der DDR hatte eine oder mehrere Partnerkirchen im Westen, jede Kirchengemeinde in der DDR hatte eine oder mehrere Partnergemeinden in der Bundesrepublik Deutschland. Auch die Freikirchen knüpften ein solches Netz. Gut organisiert waren die Partnerschaften zwischen den Diakonischen Werken. In der Hauptgeschäftsstelle des Diakonischen Werkes der Evangelischen Kirche in Deutschland in Stuttgart wurde diese Partnerschaftsarbeit geplant und koordiniert. Es sollte sichergestellt werden, dass die Mittel bereitstanden, die zur Wahrnehmung des diakonischen Auftrags unter den Bedingungen der DDR erforderlich waren. Die einzelnen Maßnahmen wurden über die diakonischen Dienststellen in Berlin-West (Berliner Stelle des Diakonischen Werkes der Evangelischen Kirche in Deutschland) und Berlin-Ost in der Schönhauser Allee 59 durchgeführt.

Auf Grund der politischen Gegebenheiten entwickelte sich der Dienst der Evangelischen Kirchen und ihrer Diakonie sehr unterschiedlich. Die Kirchen in der Bundesrepublik Deutschland konnten mit dem wirtschaftlichen Aufschwung eine ständige Erweiterung ihrer diakonischen Arbeit wahrnehmen. Die Kirchen und ihre Diakonie in der DDR waren unter den erschwerten wirtschaftlichen und politischen Bedingungen bemüht, den Bestand ihrer Arbeit zu erhalten. Sie waren dabei auf materielle und finanzielle Hilfen dringend angewiesen. Diese Hilfen konnten lange Jahre nur in Form von Warenlieferungen bereitgestellt werden. Diese Mittel stammten zu einem großen Teil aus Steuermitteln der Bürger der Bundesrepublik, die von den jeweiligen Bundesregierungen zur Verfügung gestellt wurden.

Bei allen Bundesregierungen und im Bundesministerium für innerdeutsche Beziehungen war immer unbestritten, dass die Kirchen mit ihrer Diakonie einen wesentlichen Beitrag zur inneren Einheit der Menschen unseres Landes leisten. Ob es sich um Mittel für Baumaßnahmen, um medizinisch-technische Geräte, um Literatur, um Kraftfahrzeuge, um Papier oder um Arzneimittel handelte, alle diese Güter kamen vielen Menschen ohne Rücksicht auf Kirchenzugehörigkeit zugute und waren Hilfen zum Leben und zum Überleben. Über lange Zeit hinweg wurden diese von der Regierung der DDR erlaubten Hilfsmaßnahmen in der Stille und unter großer Vertraulichkeit wahrgenommen. Es sollte auch nicht bekannt werden, dass es sich nicht nur um Spenden und Kirchensteuererträge, sondern auch um Steuermittel von Bürgern der Bundesrepublik gehandelt hat.

Die Kirchen und ihre diakonischen Einrichtungen in der DDR waren auch zur Vergütung der kirchlich-diakonischen Mitarbeiter und Mitarbeiterinnen auf finanzielle Leistungen angewiesen. Lange Zeit war es nicht erlaubt, DM-Beträge zu empfangen oder zu besitzen. Deshalb wurden Waren geliefert, deren Wert den Kirchen und ihrer Diakonie in Mark der DDR und später in Valuta-Mark (VM) gutgeschrieben wurden. Diese Valuta-Mark war eine devisenähnliche Werteinheit, die innerhalb der DDR verwendet werden konnte. Die Höhe der Warenlieferungen im Transferbereich beliefen sich für die Kirche und ihre Diakonie von 1957 bis 1990 auf etwa 1,43 Milliarden DM.

DIE DURCHFÜHRUNG DER HILFSMASSNAHMEN

1968 gab sich die DDR eine neue Verfassung, die in Artikel 39 Absatz 2 die Autonomie der Kirchen und der anderen Religionsgemeinschaften nur »in Übereinstimmung mit der Verfassung und den gesetzlichen Bestimmungen« der DDR gewährleistete. Die Kirchen sahen deshalb den Zeitpunkt gekommen, sich unabhängig von der EKD zu organisieren. Am 10. Juni 1969 trat die Ordnung des Bundes der Evangelischen Kirchen in der DDR in Kraft. Als sich das Werden des Bundes abzeichnete, entschloss sich die erweiterte Geschäftsführerkonferenz der diakonischen Arbeit in der DDR, die Gestalt dieser Arbeit in einer eigenen Ordnung darzustellen. Diese am 2. Juni 1969 beschlossene Ordnung wurde nach Entstehen des Bundes dessen Organen zur Kenntnis gegeben und in der Fassung vom 10. Juni 1970 durch Gesetz des Bundes vom 29. Juni 1970 bestätigt. Damit war das Werk »Innere Mission und Hilfswerk der Evangelischen Kirchen in der DDR« entstanden. Am 21. Dezember 1976 erhielt es gemäß der Verordnung vom 6. November 1975 über die Gründung und Tätigkeit von Vereinigungen durch staatliche Anerkennung die Rechtsfähigkeit.

Nach der Gründung des Bundes der evangelischen Kirchen in der DDR kam es zu einer Entspannung im Verhältnis von Staat und Kirche, an der auch die Diakonie teilhatte. Vor allem im Bereich des Gesundheits- und Sozialwesens entwickelte sich eine Kooperation, die sich deutlich von der Konfrontation der 1950er und 1960er Jahre unterschied. Der Staat akzeptierte nun die diakonische Arbeit vor allem im Bereich der Hilfe für behinderte, kranke und andere hilfsbedürftige Menschen. Damit verbesserten sich auch die Bedingungen für die Hilfsmaßnahmen.

Zur Durchführung der einzelnen Maßnahmen im kirchlichen und humanitären Bereich beauftragte die Evangelische Kirche in Deutschland (EKD) jeweils bestimmte Repräsentanten des Diakonischen Werkes der EKD (Stuttgart). Sie erhielten vom jeweiligen Vorsitzenden des Rates der EKD und vom Präsidenten des Kirchenamtes unterzeichnete Vollmachten. Der offizielle Transfer begann mit Erlaubnis der Regierung der DDR im Jahr 1957.

Zur Abwicklung der Transfermittel und der Mittel für Bauten wurden seitens der beauftragten Personen Gespräche mit dem Ministerium für Außenhandel, Bereich Kommerzielle Koordinierung, geführt. Bei diesen Gesprächen wurden Vereinbarungen über Warenlieferungen getroffen, für deren Gegenwert das Ministerium für Außenhandel Beträge in DDR-Mark an den Bund der Evangelischen Kirchen überwies.

Die Lieferungen wurden über mehrere westdeutsche Handelsfirmen getätigt. Ihnen wurde nach Abschluss der Geschäfte vom jeweiligen Außenhandelsbetrieb der DDR ein Schreiben überlassen, in dem die Mengen und die Werte der bereitgestellten Partien, die ordnungsgemäße Abwicklung und der Empfang der Waren bestätigt wurden. Die Lieferfirmen wurden durch das Diakonische Werk der EKD entsprechend informiert, nachdem die erforderlichen Transithandelsgenehmigungen beziehungsweise Warenbegleitscheine »U« vom Bundesministerium für Wirtschaft erteilt worden waren. Gleichzeitig wurde den Firmen mitgeteilt, dass die vom Bundesministerium für Wirtschaft gemachten Auflagen zu überwachen sind und »es sich bei diesem Geschäft wie bisher tatsächlich um Warenlieferungen und nicht um einen Bartransfer handelt«. Diese Bestätigungen wurden im Diakonischen Werk im Original mit den dazugehörigen Abrechnungen aufbewahrt.

Zusätzlich zu den Warenlieferungen im Transfer erreichte das Diakonische Werk der EKD aufgrund einer Vereinbarung mit dem Ministerium für Außenhandel und den Bauaußenhandelsunternehmen, dass mit einer Reihe von Bauprogrammen begonnen werden konnte, die vor allem älteren und behinderten Menschen zugute kamen. Da Pfarrer und kirchliche Bedienstete bei der Vergabe von Wohnungen im staatlichen Bereich kaum berücksichtigt wurden, war die Erstellung von Wohnungen für diesen Personenkreis dringend erforderlich. Von 1966 an wurden die Programme »Gesundheitsbauten«, »Geriatriebauten« und »Fertighäuser« durchgeführt. Für kirchliche und diakonische Einrichtungen konnten in der DDR nicht zu erlangende Baumaterialien zur Verfügung gestellt werden.

Die Abwicklung dieser Maßnahmen fand wie beim Transfer über Warenlieferungen von westdeutschen Handelsfirmen an das Außenhandelsunternehmen der DDR, die Intrac-Handelsgesellschaft mbH statt. Der Gegenwert wurde nicht in Mark der DDR bereitgestellt, sondern verblieb bei der Intrac-Handelsgesellschaft auf einem Konto in harter Währung. Dadurch war die Möglichkeit gegeben, die Bauvorhaben über das damals übliche Verfahren »Export ins Inland«, das heißt Begleichung in harten Devisen, errichten zu lassen. Die für die drei Bauprogramme und die Bereitstellung notwendiger Baumaterialien aufgebrachten Mittel lagen in den Jahren von 1966 bis 1990 bei 153.049.263,36 DM.

Die Kirchen und ihre Diakonie in der DDR blieben aufgrund der wirtschaftlichen Lage in allen Jahren der deutschen Teilung auf materielle und finanzielle Hilfe dringend angewiesen. Trotz aller Kirchenfeindlichkeit wusste die DDR-Führung die Kirche als Devisenbeschaffer zu schätzen. Wenn wir heute an diese Möglichkeiten erinnern, Mauern und Stacheldraht zu überwinden und Menschen zu helfen, dann kann das nur in großer Dankbarkeit geschehen. Der Dank gilt den Steuerzahlern in Staat und Kirche, er gilt den freiwilligen Spendern, er gilt vielen Beteiligten in Regierung und Ministerien, in Kirchen und Diakonischen Werken, auch den für diese Programme der Hilfe verantwortlichen Frauen und Männern. In diesen Dank sind auch die Menschen eingeschlossen, die »auf der anderen Seite« diese Lieferungen ermöglichten und dafür sorgten, dass alle Spenden auch ihre Adressaten erreichten.

DIE ROLLE DER EKD UND IHRER BEAUFTRAGTEN IM BEREICH DER HUMANITÄREN HILFEN (HÄFTLINGSFREIKAUF) UND DER FAMILIENZUSAMMENFÜHRUNG [SONDERVEREINBARUNG B]

33.755 Männer und Frauen – diese Ziffer entspricht der Einwohnerzahl einer Kleinstadt – sind in den Jahren von 1964 bis 1989 aus Zuchthäusern und Gefängnissen der DDR freigekauft worden.[4] In Bautzen,

---

4 Zum Folgenden s. Heinz-Georg Binder, »Die Bedeutung des finanziellen Transfers und der humanitären Hilfe zwischen den Kirchen im geteilten Deutschland«, in: Deutscher Bundestag (Hrsg.), Materialien der Enquête-Kommission »Aufarbeitung von Geschichte und Folgen der SED-Diktatur in Deutschland« (12. Wahlperiode des Deutschen Bundestages), Bd. VI, Kirchen in der SED-Diktatur, Frankfurt a. M. 1995.

Brandenburg oder an anderen Orten inhaftiert zu sein, bedeutete Bedrohung für Leib und Leben. Was solche Haft bewirkte, können uns diejenigen Menschen sagen, die sie überstanden haben. Die an Hunger, Erschöpfung oder Folter Gestorbenen können nicht mehr reden. Die noch lebenden Angehörigen, die auch dieses dunkle Kapitel aus der Geschichte der DDR kennen, werden es nicht vergessen.

Auf der Seite der Bundesrepublik Deutschland und der Kirchen gab es viele Bemühungen, Menschen aus Gefängnissen freizubekommen oder Familien zusammenzuführen, die durch die unmenschliche innerdeutsche Grenze getrennt worden waren. Die Mächtigen der DDR boten einen Handel an: Sie waren bereit, ihre Bürger zu verkaufen. Die Bundesregierungen ließen sich auf diesen Weg ein, um Menschenleben zu retten. Heute noch müssen die in der Bundesrepublik und in den Kirchen Beteiligten deswegen Vorwürfe hinnehmen.[5] Aber nicht die Bundesregierungen und die in den Kirchen Beteiligten, sondern die einstigen Machthaber in der DDR und der SED sind zu fragen, warum sie Menschen gegen Waren und Geld verkauft haben.

Schon vor der Bundesregierung hatten die Evangelische und Katholische Kirche begonnen, wegen inhaftierter Mitarbeiter mit Ost-Berlin zu verhandeln. Die Namen von Bischof Kurt Scharf von Prälat Johannes Zinke und des damaligen Ost-Berliner Anwalts Wolfgang Vogel sind hier zu nennen. Eine erste Liste inhaftierter und freizulassender Mitarbeiter wurde ausgehandelt. Für die erste Freilassung von Häftlingen verlangte die DDR drei Waggons Kali. Auf Bitten von Bischof Scharf wirkte der damalige Direktor und spätere Vizepräsident des Diakonischen Werkes der EKD, Ludwig Geißel, bei der Abwicklung mit.[6] Der Transport wurde nach Absprache mit dem Bundesministerium für Wirtschaft und den Verhandlungspartnern in Ost-Berlin organisiert. In einem ähnlichen Verfahren wurden 20 Kinder in den Westen gebracht, die durch den Bau der Mauer von ihren Eltern getrennt worden waren.

Seit 1964 war die Bundesregierung bereit, auch sogenannte »politische Häftlinge« freizukaufen. Nach dem Willen der Regierung sollten allerdings keine Barzahlungen an die DDR geleistet werden, sondern

---

[5]   Vgl. Ludwig A. Rehlinger, Freikauf. Die Geschäfte der DDR mit politisch Verfolgten 1963–1989, Frankfurt a. M, 1993; Reymar von Wedel, Als Kirchenanwalt durch die Mauer: Erinnerungen eines Zeitzeugen, Berlin 1994.

[6]   Vgl. Ludwig Geißel, Unterhändler der Menschlichkeit. Erinnerungen, Stuttgart 1991.

Warenlieferungen erfolgen. Damit bestand freilich das Risiko, dass gelieferte und verkaufte Waren wieder zu Geld und damit zu den von der DDR begehrten Devisen gemacht wurden. Im Vordergrund der Aktionen stand aber immer das Ziel, Leben von Menschen zu retten. Im Lauf der Jahre wurden immer mehr inhaftierte Menschen zu dem von der DDR bestimmten Preis freigekauft. Zuletzt wurden für einen freigelassenen Gefangenen 95.847 DM bezahlt.

Dass sich die EKD und ihr Bevollmächtigter am Freikauf der Häftlinge beteiligten, hat seinen Grund in der Tatsache, dass durch die EKD seit 1957 der bereits geschilderte Ost-Transfer aufgebaut worden war. Auf die Bitten aus Bonn hin erklärten Bischof Hermann Kunst (Bonn) und Direktor Ludwig Geißel (Stuttgart) aus humanitären Gründen ihre Bereitschaft zur Mitwirkung. Zwischen Bundesregierung und DDR-Regierung wurde ausgehandelt, wer freigekauft und freigelassen werden konnte. Bei der Auswahl der Personen und bei der Festlegung der Beträge waren die Beauftragten der EKD nicht beteiligt. Die zuständige Berliner Stelle des Bundesministeriums für innerdeutsche Beziehungen nannte den im Diakonischen Werk der EKD tätigen Beauftragten eine Summe. Die DDR bestimmte, welche Waren dafür zu liefern waren. Das innerdeutsche Ministerium wurde unterrichtet, wenn es keine Einwände erhob, konnten die Beauftragten mit der Abwicklung beginnen. Sie schlossen mit westdeutschen Firmen entsprechende Lieferverträge. Das Bundesministerium für Wirtschaft stellte auf schriftlichen Antrag hin die erforderlichen Begleitpapiere aus. Vertragspartner für den Beauftragten der EKD war das seitens der DDR beauftragte Ministerium für Außenhandel. Die Verträge wurden seitens der DDR in der Regel vom Stellvertreter des Staatssekretärs Dr. Alexander Schalck-Golodkowski, Herrn Manfred Seidel, unterschrieben. Die DDR verlangte von ihren Vertragspartnern strenge Vertraulichkeit. Aus diesem Grund wurde nur ein kleiner Kreis von drei bis fünf bundesdeutschen Vertrauensfirmen mit der Abwicklung der Geschäfte betraut. Weder der Häftlingsfreikauf und die Höhe seiner Summen noch die im übrigen Transfer anfallenden Beträge sollten genannt werden. Deshalb blieb auch in der EKD und ihrem Diakonischen Werk der Kreis der Mitwisser sehr klein.

Über alle Warenlieferungen wurden schriftliche Verträge mit dem seitens der DDR beauftragten Ministerium für Außenhandel geschlossen. Es wurden keine Barzahlungen geleistet, die Bezahlung der Lieferungen erfolgte aus Bundesmitteln über den Bevollmächtigten der EKD in Bonn. Nie sind Kirchensteuermittel oder Spendenmittel bei der »Sondervereinbarung B«, wie der Häftlingsfreikauf intern genannt wurde (in der Presse als »Kirchengeschäft B« bekannt), eingesetzt worden. Die Verträge sind im Diakonischen Werk der EKD in Stuttgart und beim Bevollmächtigten der EKD in Bonn aufbewahrt. Die Unterlagen sind regelmäßig durch den Leiter des Oberrechnungsamtes der EKD geprüft worden. Dem Präsidenten des Bundesrechnungshofes wurde darüber Bericht erstattet. Die gelieferten, verkauften und der EKD gegenüber quittierten Waren, hauptsächlich Erdöl, Kupfer, Quecksilber und Industriediamanten, konnten sicherlich an internationalen Warenbörsen verkauft werden. Die Beauftragten der EKD, die nur für die Organisation dieser Warenlieferungen zuständig waren, hatten keine Möglichkeit der Kontrolle oder der Einflussnahme, wie die Empfänger in der DDR mit den ihnen zugestellten Waren umgingen. An diesen ›Geschäften‹ wurde nichts verdient. Es wurden keine Provisionen bezahlt. Die Kirchen und ihre Diakonie in der DDR erhielten aus diesen Geschäften keine Mittel. Weil die Befreiung von politischen Häftlingen eine humanitäre und für Christen besonders verpflichtende Aufgabe ist, hat sich die EKD und der von ihr beauftragte kleine Kreis von Mitwissenden der Mitwirkung bei der »Sondervereinbarung B« nicht verschlossen. Auch bei dieser Mission wollte die Kirche und ihre Diakonie dem Auftrag treu bleiben, Leben zu schützen und Menschen in Not nicht allein zu lassen.

Ein Netz bleibender Gemeinschaft zwischen Ost und West

Das Netz ungezählter Verbindungen zwischen den Menschen in beiden Teilen Deutschlands ist in den 40 Jahren der Trennung immer dichter geknüpft worden. Es waren nicht nur die Bande von Familien und Verwandten, die Verbindung ›nach drüben‹ gehalten haben. Es waren vor allem auch die Kirchengemeinden, die Mitarbeiter und Mitarbeiterinnen diakonischer Einrichtungen, Angehörige von Schwesternschaften und Bruderschaften, Kreise der Evangelischen Jugend und viele einzelne Christen, die durch Briefe, durch Paketaktionen und, falls Visa erteilt wurden, durch Besuche das Netz der Gemeinschaft mit den Brüdern und Schwestern drüben immer neu geknüpft haben. Dieses Netz hat sich trotz aller Schwierigkeiten als tragfähig erwiesen und wesentlich dazu beigetragen, dass sich die Menschen in beiden Teilen Deutschlands nicht losgelassen haben. In großer Treue, mit viel Phantasie der Liebe und aus den verbindenden Kräften des Glaubens wuchs eine Gemeinschaft, die sich als sehr beständig erwiesen hat. Diese persönlichen Verbindungen und Freundschaften waren die entscheidenden Knotenpunkte im Netzwerk kirchlicher Gemeinschaft. Dankbar sei auch an dieser Stelle der »Kirchliche Bruderdienst« erwähnt. Aus persönlichen Abgaben und Spenden der in Kirche und Diakonie tätigen Frauen und Männer wurden regelmäßig erhebliche Beträge für einen Solidarfonds gesammelt, der die geringen Gehälter der in den Kirchen der DDR tätigen Hauptberuflichen zu verbessern half.

Seit dem Ende des Zweiten Weltkrieges und besonders nach der deutschen Teilung und der erzwungenen organisatorischen Trennung der Kirchen wurden über die persönlichen Partnerschaften hinaus die Hilfen der Kirchen und ihrer Diakonie immer weiter verstärkt. Die geschilderten Programme sollten helfen, dass die evangelische Kirche in der DDR ihren Dienst in Verkündigung, Seelsorge und praktischer Diakonie in einem atheistischen Staat durchführen konnte. Die DDR-Regierung hatte 1956 die Erhebung der Kirchensteuern durch die Finanzverwaltung eingestellt. Den Landeskirchen mussten deshalb direkte Finanzhilfen geleistet werden. Für die Kirchen und ihre diakonischen Aktivitäten und Einrichtungen waren diese materiellen und finanziellen Hilfen aus dem Westen überlebenswichtig.

Über Jahrzehnte hinweg war für alle Transferleistungen der EKD und des Diakonischen Werkes der EKD strenge Vertraulichkeit geboten. Nur wenige Persönlichkeiten kannten den Umfang der Maßnahmen und die Wege der Hilfen. Der sozialistische Staat und die ihn dominierende SED setzten ihre Glaubwürdigkeit aufs Spiel, indem sie die Hilfen für die Kirchen durch die »kapitalistischen« Nachbarn erlaubten. Sie zogen freilich aus diesen »Kirchengeschäften« auch Gewinn, wobei noch einmal betont sei, dass bei den kirchlichen Transaktionen der Gegenwert den Kirchen in der DDR vereinbarungsgemäß zur Verfügung gestellt wurde. Der Freiheit der Kirche und ihrer Diakonie ist damit ein unschätzbarer Dienst erwiesen worden.

In einem dem Rat der EKD vorgelegten und von der Synode der EKD am 18. Juni 1991 in Coburg entgegengenommenen Bericht wird über die kirchlichen Transferleistungen in die DDR im evangelischen Bereich von 1957 bis 1990 festgestellt: »War schon die widersprüchliche Kirchenpolitik der SED eine schwere Belastung ihrer Glaubwürdigkeit, übrigens nicht zuletzt bei ihren Anhängern, so erwies sich die autonome Existenz und Wirkung der Kirche im totalitär angelegten Herrschaftssystem der

Marxisten-Leninisten als dessen eigentliche zum Tode führende Schwäche. Daß die SED die Freiheit der Kirche bei allen Beschränkungen nicht nur zuließ, sondern auch noch stärkte, indem sie die Westhilfe akzeptierte und über die Jahrzehnte immer umfangreicher werden ließ, läßt sich rational und unter Gesichtspunkten des politischen Interesses nicht wirklich erklären. Gott ist, wie sich zeigt, auch durch seine Verächter mächtig.«[7]

---

[7]   Zitiert nach: Martin Höllen, Loyale Distanz? Katholizismus und Kirchenpolitik in SBZ und DDR. Ein historischer Überblick in Dokumenten, Berlin 1997, 47.

Persönliche Spendenbereitschaft

Der Kirchliche Bruderdienst

Hans-Dieter Bluhm

Der Kirchliche Bruderdienst entstand durch einen Aufruf des ersten Leiters der Berliner Stelle des Diakonischen Werkes der EKD, Kirchenrat Christian Berg, am 15.12.1953, die Gehaltsunterschiede zwischen den westlichen und östlichen Landeskirchen durch Spenden zu überbrücken. So sollten, das war der Vorschlag, die 50.000 Pfarrer, Diakonissen und kirchlichen Mitarbeiter ihre 26.000 Brüder und Schwestern im Ostbereich durch eine persönliche Spende unterstützen. Freilich dauerte es noch ein Jahr, bis nach vielen Beratungen der Finanzbeirat der EKD einen entsprechenden Vorschlag über die Kirchenkanzlei den Landeskirchen übergeben konnte.[1]

Am 21.2.1955 trat der erste Ausschuss zusammen, gab der Aktion den Namen »Kirchlicher Bruderdienst« und schlug vor, in allen östlichen Landeskirchen Verteilerausschüsse zu gründen. Ziel und Aufgabe war die persönliche Hilfe für den Einzelnen unter Berücksichtigung seiner familiären und sozialen Situation. Projekte, Baumaßnahmen, Fahrzeugbeschaffungen etc. sollten nicht gefördert werden.

Bereits im ersten Jahr ging knapp eine Million DM an Spenden ein. Die Verteilung bei den Empfängern bereitete einige Schwierigkeiten, die sich auch durch den offiziellen Transfer nicht völlig beheben ließen, doch erhielten alle Pfarrer und Mitarbeiter/Innen der Kirche und ihrer Diakonie diese Hilfe.

Ursprünglich wurden diese Spenden über die Patenbeziehungen verteilt. Ab 1972/73 wurden sie über einen Zentralfonds zumeist als

---

[1] Die Zahlenangaben beruhen auf Handakten des Autors. Jahresberichte, Abrechnungen und der Abschlussbericht liegen im Archiv des Diakonischen Werkes der EKD.

Weihnachtsgeld ausgezahlt. Ab 1978 gab es aufgrund der gestiegenen Spenden eine zusätzliche Summe als Urlaubsbeihilfe.

Die Zinsen wurden für Kuren von »Reisefähigen« eingesetzt. Mancher aktive Mitarbeiter hatte aufgrund ständiger Überlastung gesundheitliche Schäden davongetragen. Doch war es praktisch ausgeschlossen, in der DDR eine Kur zu erhalten. Nach vielen Gesprächen war es ab 1978 möglich, über GENEX[2] Kuren in der ČSSR zu vermitteln. Dort konnten 524 Kuren durchgeführt werden.

Zu den besonderen Hilfen gehörte seit 1980 die Individualhilfe, d. h. Beschaffung von Hörgeräten, Brillengläsern, Stomabeuteln, Krankenfahrstühlen, Injektionsspritzen etc. Um die Arbeit zu erleichtern, wurde den Landespfarrern der zur Verfügung stehende Betrag mitgeteilt, in dessen Rahmen sie solche Hilfen beantragen konnten. In den letzten dreizehn Jahren wurden hierfür über 1,7 Mio. DM ausgegeben.

Familien mit Kindern waren durch die niedrigen Gehälter im kirchlichen Bereich oft besonders benachteiligt. So wurden über die Hilfsstelle Westdeutscher Kirchen von 1980–1990 zusätzliche Mittel in Höhe von 10.072.000 DM für die Kinder an die jeweiligen Partner überwiesen, die das Notwendige/Gewünschte schickten oder bei Besuchen mitbrachten.

Den Verantwortlichen im EKD-Ausschuss lag daran, nicht nur bewährte alte Wege zu beschreiten, sondern nach den Notwendigkeiten der Hilfe die Spenden einzusetzen.

PARTNER IN EUROPA

Bereits 1957 wurden auf Bitten einzelner westlicher Landeskirchen und der Empfänger die Brüder und Schwestern aus evangelischen Minoritätskirchen in diese Partnerhilfe aufgenommen. Es fing an mit Pfarrern, Emeriti, Pfarrwitwen und kirchlichen/diakonischen Mitarbeiter/Innen in Österreich, Spanien, Polen, Griechenland und Jugoslawien. 1961 fiel Österreich weg, dafür kamen 1965 Rumänien, die Tschechoslowakei und Ungarn hinzu.

---

[2]   Die Geschenkdienst- und Kleinexporte GmbH (GENEX) war 1956 auf Anordnung der DDR-Regierung gegründet worden. Bürger der Bundesrepublik konnten über die GENEX Waren bestellen, die mit D-Mark bezahlt und dann an Personen in der DDR versendet wurden. Sie war eine wichtige Devisenquelle der DDR. Anfangs diente sie nur als Geschenkdienst für Kirchengemeinden.

In den letzten Jahren wurden noch Mitarbeiter/Innen in zehn Ländern Europas unterstützt: Griechenland, Italien, Jugoslawien, Polen, Portugal, Rumänien, Spanien, Tschechoslowakei, Ungarn und ehemalige Sowjetunion, inkl. der baltischen Länder.

Immer ging es um persönliche Hilfen für Pfarrer/Innen, Ruheständler, Pfarrwitwen, Diakonissen und andere kirchliche Mitarbeiter/Innen. Für diese persönliche Hilfe wurden zuletzt ca. 700.000 DM jährlich zur Verfügung gestellt. Dies entsprach etwa 5 % der jährlich eingehenden Spenden.

Verteilt wurden diese Gelder über den Lutherischen Weltbund bzw. über den Ökumenischen Rat in Genf. Dieser Weg war aufgrund der politischen Schwierigkeiten, der Bitten der Empfänger und der besseren Koordinierung der Hilfen gewählt worden. Oft konnte hier nach einem Anruf in der Berliner Stelle des Diakonischen Werkes schnell und persönlich geholfen werden. Die Abrechnung erfolgte über Genf, z. T. unter Namensnennung der Empfänger.

DANK

Den unzähligen Spendern und Spenderinnen, vorrangig Pfarrer und Pfarrerinnen, die sich über fast vier Jahrzehnte unermüdlich für ihre oft unbekannten Partner/Innen engagiert haben, zumeist zusätzlich zu der Partnerschaftsarbeit ihrer Gemeinde, sind wir unendlich dankbar. Von großer Dankbarkeit zeugen auch herzzerreißende Dankbriefe an den Vorsitzenden des EKD-Ausschusses Kirchlicher Bruderdienst.

Insgesamt haben Spender und Spenderinnen in den vielen Jahren 243.552.629,40 DM aufgebracht, um ihren Schwestern und Brüdern zu helfen. Das kann nicht genug gewürdigt werden.

Diese Partnerschaftsarbeit geht nun in der »Evangelischen Partnerhilfe« weiter, die kirchliche und diakonische Mitarbeiterinnen und Mitarbeiter in den evangelischen Partnerkirchen in Mittel- und Osteuropa unterstützt. Dazu einige Daten:

13.3.1991   *Überlegungen zum Abschluss der Aktion Kirchlicher Bruderdienst und zu einer neuen Hilfsaktion für die Minoritätskirchen.*

21./22.3.1991 *Bericht im Rat der EKD, der die Anregung zustimmend zur Kenntnis nahm.*

13.11.1991   *Beschlüsse zur Einstellung des Kirchlichen Bruderdiens-*
                tes zum 31.12.1992 sowie zu einer neuen Hilfsaktion.

21./22.2.1992   *Beschluss des Rates der EKD zu einer neuen Hilfs-*
                aktion.

4.9.1992   *Arbeitskreis Evangelische Partnerhilfe.*

VERBINDENDE STRUKTUREN, BESUCHE UND HILFEN

Partnerschaft im Bereich von
Fachverbänden und Einrichtungen

Friedrich-Wilhelm Pape

Die deutsch-deutschen Partnerbeziehungen zwischen den Einrichtungen und Fachverbänden der Körperbehindertenhilfe vollzogen sich auf verschiedenen Ebenen: durch verbindende Strukturen, durch fachliche Förderung, durch verbindende Besuche und durch materielle Hilfen.

Dies wird hier am Beispiel des ostdeutschen und westdeutschen Fachverbandes der Körperbehindertenhilfe und der beiden Einrichtungen Oberlinhaus und Volmarsteiner Anstalten dargestellt.

PARTNERSCHAFT DURCH VERBINDENDE STRUKTUREN

Der »Verband der deutschen Krüppelheime der Inneren Mission« hat eine lange gemeinsame Geschichte.[1] Von 1901 bis 1946 wurde jährlich eine Konferenz der Leitungen durchgeführt, jeweils eine große und eine kleine Konferenz im Wechsel. Ziel und Zweck war der Austausch über die Arbeit in den Einrichtungen, die Förderung der fachlichen Arbeit im Sinne der Inneren Mission und die Gestaltung der Gemeinschaft unter den Verantwortlichen. Während des Krieges fand nur eine kleine Konferenz 1942 in Stettin mit 27 Teilnehmern aus sieben Einrichtungen statt.

---

[1]   Auf die Angabe von Einzelbelegen wird verzichtet. Als Quellen standen für den Beitrag zur Verfügung: Rudolf Lotze/Heinrich Behr/Fr.-Wilh. Pape (Hrsg.), Ein Jahrhundert für Menschen mit Behinderungen. Die Geschichte des Verbandes Evangelischer Einrichtungen für die Rehabilitation Behinderter e.V. 1901–1997, Reutlingen 1998. – Akten des Verbandes evangelischer orthopädischer Einrichtungen in der DDR im Archiv des Oberlinhauses. – Akten des Oberlinhauses betr. Beziehungen nach Volmarstein.

Der von 1926 bis 1956, also über drei Jahrzehnte und drei politische Systeme, amtierende Vorsitzende Pastor Vietor aus Volmarstein schrieb während des Krieges 26 Rundbriefe und gestaltete so die besondere Verbundenheit im Verband. Unmittelbar nach dem Krieg wurde in einem Rundbrief über die Situation des Verbandes und der dazugehörenden Einrichtungen informiert. Es bestanden im Jahr 1945 22 Anstalten mit 5.848 Betten, davon in den Westzonen 13 Anstalten mit 3.053 Betten und in der Ostzone und Berlin 9 Anstalten mit 2.795 Betten, darunter das Waldkrankenhaus und das Johannesstift in Berlin-Spandau, also im Westteil der Stadt.

Von der »Kleinen Konferenz« am 2.9.1947 in Heidelberg wurde ein neuer Vorstand gewählt, der bereits die faktische Teilung Deutschlands berücksichtigte: In den Westzonen bekleidete neben dem Vorsitzenden Pastor Vietor der Leiter des Annastifts in Hannover, Pastor Dicke, einen Vorstandsposten. Aus der Ostzone gehörten dem Vorstand Pastor Kleinau (Potsdam) als stellvertretender Vorsitzender und Pastor Behr (Arnstadt) an. Die beiden »Verbandsteile« informierten sich gegenseitig über die Arbeit in den Vorständen und Mitgliedseinrichtungen, so zum Beispiel über die vorübergehende Besetzung der Anstalten in Magdeburg und Neinstedt im Jahr 1953.

In der DDR versuchte der Verband, sich in das Gesundheits- und sozialsystem einzuordnen, und engagierte sich etwa im Feld der beruflichen Rehabilitation. Viele Einrichtungen und Mitarbeitende beteiligten sich an der Arbeit der Gesellschaft für Rehabilitation in der DDR. Zugleich nahmen Mitglieder des Verbandes aus der DDR bis zum Bau der Mauer 1961 so weit wie möglich an den Sitzungen, Konferenzen und Tagungen im Westen teil.

Im Februar 1962 versammelten sich die Einrichtungen im Osten zu einer »Kleinen Konferenz Orthopädischer Anstalten der Inneren Mission im Bereich der DDR«. Gemeinsame Treffen und Beratungen wurden in der Stephanus-Stiftung in Berlin durchgeführt. Damit war allerdings noch keine organisatorische Loslösung vom weiterhin gesamtdeutschen Verband verbunden. Dieser erhielt 1965 eine neue Satzung und einen neuen Namen und hieß fortan »Verband der deutschen evangelischen Anstalten für Körperbehinderte e.V.«. Die organisatorische Verselbständigung erfolgte Anfang der siebziger Jahre: Im Jahr 1972 schlossen sich die Einrichtungen in der DDR in Magdeburg zum »Fachverband evangelischer orthopädischer Einrichtungen zur Rehabilitation Behinderter« zusammen, gaben sich eine eigene Satzung und gliederten sich dem inzwischen gegründeten Spitzenverband »Innere Mission und Hilfswerk der Evangelischen Kirchen in der DDR« an.

In der Zeit der Teilung pflegten die Einrichtungen der beiden Verbände in Ost und West auch Verbindungen in direkten Partnerschaftsbeziehungen, in denen materielle Hilfen und fachliche Förderung gestaltet wurden. Mir steht dabei vor allem das Beispiel der Partnerschaft zwischen dem Oberlinhaus Potsdam und der Einrichtung im westfälischen Volmarstein vor Augen.

1986 konnte der gesamte »Ostvorstand« an der Konferenz des Westverbandes in Trier teilnehmen. Im Mai 1990 fand die letzte »Ostkonferenz« in Neinstedt statt, an der viele Mitgliedseinrichtungen aus dem Westen teilnahmen. Dabei wurden schon erste Überlegungen für die Zusammenführung der beiden Verbände besprochen.

PARTNERSCHAFT DURCH FACHLICHE FÖRDERUNG

Ein besonders gelungenes Beispiel für fachlichen Austausch über die innerdeutsche Grenze hinweg stellt das Weiterbildungsprojekt der »Vojta-Kurse« im Marienstift Arnstadt zwischen 1984 und 1987 dar. Auf der Vollversammlung des DDR-Verbandes im Jahr 1983 wurde erstmals die Vojta-Methode vorgestellt, bei der es sich um die reflexbezogene Frühbehandlung zerebraler Bewegungsstörungen handelt. Nach Vorgesprächen mit der Vojta-Gesellschaft in München durch Kirchenrat Behr (Marienstift Arnstadt) erfolgte die Stellung von drei Dozentinnen, die ohne Honorar in der DDR tätig wurden. Im Oktober 1984 begann in Arnstadt der Einführungskurs für 30 Teilnehmer, von denen 70 % aus der Diakonie und 30 % aus staatlichen Einrichtungen kamen. Bis August 1987 fanden vier 12-Tage-Kurse statt. Am Ende machten 24 Teilnehmer ihren Abschluss mit dem Vojta-Diplom, das vom staatlichen Gesundheitswesen der DDR anerkannt wurde. Diese Weiterbildungsmaßnahme zur Einführung einer bis dahin in der DDR nicht praktizierten Methode war eine Pionierarbeit des diakonischen Fachverbandes für das Gesundheitssystem der DDR.

Mit der Wende wurde dem Oberlinhaus am letzten Tag des Bestehens der DDR (2.10.1990) durch das Bildungsministerium die Führung der Oberlinschule (Polytechnische Oberschule für körperbehinderte Kinder und Jugendliche) in freier Trägerschaft genehmigt. Zur Vorbereitung des Kollegiums auf die veränderte Schulpflicht und das Bildungsrecht aller

Kinder hatten die Lehrer der Oberlinschule in Volmarstein zu einem Besuch eingeladen. Ein ganzer Bus mit etwa 40 Personen machte sich auf den Weg. Die Oberliner wurden von den Volmarsteinern privat aufgenommen und konnten zwei Tage lang im Unterricht bei den schwermehrfachbehinderten Kindern hospitieren. Nach ihrer Rückkehr haben sie mit neuen, wertvollen Erkenntnissen am Bildungskonzept einer Schule für alle behinderten Kinder gearbeitet.

PARTNERSCHAFT DURCH VERBINDENDE BESUCHE

Nicht selten sind es gemeinsame persönliche Erfahrungen, die den Weg zur Zusammenarbeit über ideologische Schranken hinweg bahnen. Das gilt auch für das Verhältnis der DDR-Führung zur Diakonie. Der Staatssekretär für Kirchenfragen in der DDR, Hans Seigewasser, und der aus dem Elsass stammende Präsident des Internationalen Verbandes für Diakonie, Henri Ochsenbein, saßen in der Nazi-Zeit gemeinsam im Konzentrationslager. Nach einer Rundreise durch diakonische Einrichtungen in der DDR war Henri Ochsenbein zu einem abschließenden Gespräch bei Seigewasser. Als Seigewasser die Frage nach der internationalen Anerkennung der DDR zur Sprache brachte, wies Ochsenbein den Staatssekretär darauf hin, dass es sicher zur positiven Außenwirkung für die DDR beitragen würde, wenn der Staat Experten der Diakonie dienstliche Ausreisen zu internationalen Tagungen und Begegnungen ermöglichte. Dies hat Seigewasser dann behutsam umgesetzt. Nach positiven Erfahrungen wurden die Möglichkeiten zu Dienstreisen ins Ausland schrittweise auch auf Kirchenvertreter ausgeweitet.

Nach und nach wurden auch Einreiseanträge von Vertretern diakonischer Einrichtungen in Westdeutschland zu Jahresfesten, Jubiläen, Einführungen von Leitungspersonen und anderen besonderen Anlässen in der DDR genehmigt. Eine Nebenwirkung davon war eine erhöhte Aufmerksamkeit der staatlichen Stellen auf kommunaler und regionaler Ebene, die an einem positiven Bild der Zusammenarbeit interessiert waren.

Eine besondere Form der gegenseitigen Besuche entwickelte sich in der Zusammenarbeit des Oberlinhauses mit der Evangelischen Stiftung Volmarstein. Jährlich besuchten sich körperbehinderte Heimbewohner gegenseitig. Dabei gab es durchaus Unterschiede in der Beförderung: Die Volmarsteiner kamen bereits in einem behindertengerechten Mercedes-

Bus, während die Oberliner noch im »Packwagen« der »Interzonenzüge« der Deutschen Reichsbahn fuhren.

Ab 1986 trafen sich je ca. 6 Mitarbeitende beider Einrichtungen zu »Diakonik-Seminaren« im Oberlinhaus. 1988 konnte eine Gruppe zu einem Seminar nach Volmarstein ausreisen.

Im Jahr 1986 kam es zu einem besonderen Projekt: Eine junge Absolventin der Fachschule »Karlshöhe« in Ludwigsburg bei Stuttgart hatte großes Interesse, ihr Anerkennungsjahr in der Taubblindenarbeit des Oberlinhauses abzuleisten. Erste Anfragen beim Diakonischen Werk und beim Staatssekretariat für Kirchenfragen in Berlin führten unter dem Hinweis auf ein fehlendes Kulturabkommen zu Absagen. Als sie noch einmal persönlich im Oberlinhaus nachfragte, trug ich ihr Anliegen dem Stellvertreter für Inneres beim Rat des Bezirkes Potsdam vor. Er bedauerte, dass seine Kompetenz nur eine dienstliche Einreise für sechs Monate umfasse. Als ich ihm vorschlug, dass er doch zwei Einreisen für jeweils sechs Monate mit einer »Urlaubspause« erteilen könne, ging er darauf ohne lange Diskussion ein, und so konnte die junge Diakonin ihr Anerkennungsjahr »offiziell« im Oberlinhaus ableisten. Mir zeigte dies, dass es auch im Staatsapparat der DDR viel Bereitschaft zur praktischen Regelung der deutsch-deutschen Zusammenarbeit gab.

Die internationalen Besuche und die Besuche von besonders prominenten Persönlichkeiten aus Westdeutschland hatten einen wichtigen Nebeneffekt: Sie stärkten den Status diakonischer Einrichtungen in der Öffentlichkeit und in der Bewertung staatlicher Stellen. Das wirkte sich manchmal auch auf die Behandlung anderer Anträge aus.

Im September 1983 kam Helmut Schmidt, der 1982 aus dem Amt des Bundeskanzlers ausgeschieden war, auf Einladung der Evangelischen Kirche in die DDR und wohnte während seines Aufenthalts im Oberlinhaus. In der Folge besuchte er noch weitere drei Mal Potsdam und das Oberlinhaus (1986, 1996, 1999). Neben der öffentlichen Wirkung, die seine Besuche für die Einrichtung hatten, gab er seiner Verbundenheit durch die Förderung des Baus einer neuen Orgel ein bleibendes Zeugnis.

Im Januar 1987 beging das Oberlinhaus das Jubiläum zum hundertjährigen Bestehen der Taubblindenarbeit mit einer internationalen Fachkonferenz. Zur Eröffnung kamen Fachleute aus vielen Taubblindeneinrichtungen Europas sowie die französische Botschafterin in der DDR. Dieser prominente Besuch aus der internationalen Politik war sicher ein wesentlicher Grund dafür, dass zu diesem Anlass nicht nur Vertreter des Rates des Bezirkes Potsdam erschienen, sondern auch der Hauptabteilungsleiter des Ministeriums für Volksbildung der DDR, das sonst die Kontakte zur Kirche vermied. Wenn die Diakonie so viel internationale Aufmerksamkeit erhielt, konnten auch die staatlichen Stellen in der DDR sie nicht ignorieren.

Partnerschaft durch materielle Hilfen

Die ökonomische Absicherung der diakonischen Arbeit in der DDR unterschied sich grundsätzlich von der jener Arbeit in der Bundesrepublik. Bis 1963 wurden die laufenden Kosten nur teilweise durch nachträgliche Refinanzierung der aufgewendeten Personal- und Sachkosten ergänzt. Ein erheblicher Anteil wurde durch Kollekten und Spendenmittel aufgebracht. 1963 wurde in einem Abkommen mit der Gewerkschaft (FDGB) und dem Gesundheitsministerium die Vereinbarung von Pflegesätzen auf der Basis der tatsächlich aufgewendeten Kosten abgestimmt. Die Pflegesätze ermöglichten eine Kalkulation der laufenden Kosten, wenn auch der jährliche Mehraufwand unberücksichtigt blieb. Bei den Kostensatzverhandlungen wurden keine Abschreibungen für Reparaturen und Investitionen berücksichtigt. So wurde die materielle Substanz nach und nach verschlissen.

Das ökumenisch finanzierte Neubauprogramm in den Bereichen der Psychiatrie und Geriatrie half ganz wesentlich, in der DDR die baulichen Standards für eine menschenfreundliche Arbeit zu schaffen. Als ein spezielles Projekt in diesem Programm wurde in der Zeit von 1979 bis 1983 das »Reinhold-Kleinau-Haus« als Wohn- und Pflegeheim für schwerstkörperbehinderte Menschen gebaut. Es ist ein Musterbau der Bauakademie Dresden, das in der Gestaltung und Ausrüstung durchaus »westlichem« Standard entsprach und das erste Heim für diese Gruppe behinderter Menschen in der DDR darstellte. Die Baumaßnahme hatte einen Umfang von ca. 4,3 Mio. DM, die über das Diakonische Werk der EKD in Stuttgart und das Hilfswerk der evangelischen Kirchen in der Schweiz finanziert wurden, und wurde über den Limex-Bau ausgeführt.

Ein weiteres deutliches und nachhaltiges Zeichen der Verbundenheit in den Zeiten der Teilung war die Unterstützung der diakonischen Krankenhäuser durch erforderliche Medizintechnik. Am Beispiel der orthopädischen Fachklinik im Oberlinhaus lässt sich das gut erkennen. Zu Beginn der achtziger Jahre wurde die Endoprothetik ein anerkanntes und angefragtes Heilverfahren. Die Anwendung des Verfahrens war an das

Vorhandensein des erforderlichen Instrumentariums und die Zuweisung der begrenzt vorhandenen Implantate gebunden. Durch das Diakonische Werk in Stuttgart wurde das Instrumentarium zur Verfügung gestellt, und das Gesundheitsministerium nahm das Oberlinhaus in die Liste der Endoprothetik-Kliniken auf. Damit konnte die Klinik ihre Aufgabenstellung als Bezirks-Fachklinik weiter erfüllen. Das führte unter anderem dazu, dass noch im Rahmen des letzten Fünf-Jahres-Plans der DDR im Jahr 1988 der Neubau eines OP-Traktes aus Eigenmitteln begonnen werden konnte.

Die genannten zentralen Hilfen stellten die Grundlage für die Verbesserung der materiellen Basis der Arbeit dar. Daneben gab es aber Bedarfe in den Bereichen von Wirtschaft und Verwaltung, die durch direkte Kontakte mit und Hilfen von Partnereinrichtungen und durch gezielte Spenden aus dem Freundeskreis auf dem Wege über private Pakete und Einfuhrgenehmigungen, so gut es ging, abgesichert wurden. Das betraf unter anderem Büromaterial (Kopiergeräte, elektrische Schreibmaschinen, Rechenmaschinen, Kopierpapier) sowie Wirtschafts- und Technikmaterial (Küchenausrüstung, Geräte und Material für Handwerke, Ersatzteile für Westtechnik). Im Einzelfall musste auch Medizintechnik finanziert werden, die vom Diakonischen Werk in Stuttgart nicht bewilligt worden war, so zum Beispiel eine Klimaanlage für den OP, die von der Endoprothetik gefordert, aber als »patientenfern« nicht genehmigt wurde. Aus direkten Spendenmitteln konnte sie schließlich finanziert werden, die Kosten für die Verbrauchsmaterialien (Filter) mussten aber auch selbst aufgebracht werden.

Die Evangelische Stiftung Volmarstein als Partnereinrichtung des Fachverbandes hatte dem Oberlinhaus für solche Zwecke ein jährliches Budget von 10.000,- DM eingeräumt. Das Partnermutterhaus »Sarepta« in Bethel vermittelte dem Mutterhausvorstand 1988 einen Dienstwagen der Marke »Wartburg« über den Geschenkdienst GENEX. Sehr viele Hilfen zur Bewältigung des fachlichen Alltags konnten auf diese Weise auf direktem Weg durch die Partnereinrichtungen ermöglicht werden.

Die politische Wende des Jahres 1989 hat uns von diesem und etlichem anderen Druck befreit. Viele Beispiele partnerschaftlicher Hilfe wären noch zu nennen und es ist erfreulich, dass sich auch nach der Wiedervereinigung einzelne Beziehungen erhalten haben.

AKADEMISCHER AUFBRUCH

Partnerschaft im Bereich der Fortbildung

Herbert Wohlhüter

Was die diakonische Partnerschaft im Bereich der Fortbildung auf dem Gebiet der ehemaligen DDR bedeutete, berichtet Elisabeth Ihmels in ihrem Beitrag. Was diese Partnerschaft für uns in Westdeutschland bedeutete, zum Beispiel für die bundeszentrale Fortbildungsstätte des Diakonischen Werkes, werde ich nur sehr knapp und auch nur ungenau berichten können. Was diese Partnerschaft jedoch für mich selbst, für meine berufliche und persönliche Entwicklung bedeutete, davon könnte ich viel erzählen! Schon jetzt sei gesagt: Ich möchte diese Zeit in meinem Berufsleben nicht missen.

Von 1971 bis 1979 war ich Mitarbeiter der Diakonischen Akademie in Stuttgart. Ende der sechziger Jahre wurden die ersten zentralen Kurse durchgeführt, 1971 erhielten wir mit der Akademie in der Stafflenbergstraße ein festes Haus. Das Bauschild damals besagte: »Hier baut das Diakonische Werk der EKD für seine 380.000 Mitarbeiter eine zentrale Fortbildungsstätte«. Qualifizierung und Fortbildung waren die neuen Leitbegriffe, mit denen die diakonische Arbeit für ihre Weiterentwicklung wichtige Akzente setzte. In ganz wenigen Einrichtungen der Diakonie im Westen gab es Anfang der siebziger Jahre Referenten oder Beauftragte für Fortbildung – wir versuchten in den siebziger Jahren, eine solche Infrastruktur aufzubauen. Auf Landesverbandsebene gab es erste Überlegungen, aber nur allmählich liefen konkrete Maßnahmen an.

Umso mehr waren wir überrascht, als wir in den Jahren 1973/74 von der Geschäftsstelle der Diakonie Ost in der Schönhauser Allee 59 die Anfrage bekamen, ob wir eine Fortbildung in der DDR anbieten könnten, und zwar für Dozenten an Ausbildungsstätten für diakonische Berufe (Krankenpflegeschulen, Diakonenschulen, Ausbildungsstätten für Psychiatriediakone usw.). Ich erinnere mich, wie verwundert wir waren, wofür sich die Geschäftstelle der Diakonie Ost interessierte. Später erfuhren wir, dass die Protokolle aus Stuttgart zur Kenntnis auch nach Ost-Berlin in die Schönhauser Allee weitergereicht wurden, und der dortige Dezernent verfolgte unsere Aktivitäten in Stuttgart sehr aufmerksam.

Wir nahmen die Anfrage gern auf; ich sollte den Kontakt herstellen. Den darauf folgenden Besuch und die Gespräche werde ich nicht vergessen. Es war mein erster Aufenthalt in der DDR. Ich führte ein kurzes, doch intensives Gespräch in der Schönhauser Allee mit dem damaligen Direktor Bosinski. Er kam gerade von einem Gespräch mit dem Staatssekretär im Gesundheitsministerium zurück – die Anstrengung des Gesprächs war ihm noch anzusehen – und er sagte, es würde immer schwerer, das Gespräch mit den Vertretern der staatlichen Strukturen zu führen. Früher habe man in den Genossen noch die Menschen erkennen können, jetzt käme eine neue Generation auf, in der einem in den Genossen nur noch Funktionäre, oder schlimmer: Apparatschiks, begegneten, unberechenbar und fremd, und dabei abwehrend, um ja keinen mitmenschlichen Kontakt entstehen zu lassen. Ich habe viel darüber nachgedacht, und in den Jahren danach erinnerte ich mich noch oft an diese Sätze, wenn ich in Deutschland oder in osteuropäischen Ländern politische Kontaktarbeit leisten musste.

Noch etwas beeindruckte mich in den ersten Begegnungen in Ost-Berlin: In den damaligen Gesprächspartnern lernte ich hoch kompetente und kluge Diakoniker kennen. Ich erkannte, dass das Thema der innerbetrieblichen Fort- und Weiterbildung bereits ziemlich fest in den dortigen Strukturen verwurzelt war, dass die thematische und zielgruppenspezifische Qualifizierung diakonierelevant angegangen wurde. Ich war fasziniert von dem Gedanken, den meine Gesprächspartner damals aussprachen: Die Diakonie müsse ihr fachliches und theologisches Profil zeigen. Während wir im Westen unsere Position als Diakonie unter Verweis auf das Grundgesetz oft rechtlich argumentativ behaupteten – der Streit vor dem Bundesverfassungsgericht um die Subsidiarität lag ja noch nicht lange zurück –, war der Diakonie Ost nur der Weg gewiesen, fachlich qualifizierte Hilfen für behinderte, für suchtkranke, für kranke Menschen zu entwickeln, die gegenüber den staatlichen Angeboten wegweisend und modellhaft sein könnten.

In der weiteren Zusammenarbeit bei der Planung und Durchführung von Kursen verstärkte sich mein Eindruck, dass die Kollegen in der DDR-Diakonie zwar durch Grenze, Mauer und Reisebeschränkungen abgeschottet leben und arbeiten mussten, aber trotzdem den fachlichen Diskurs und die internationale Fachdiskussion intensiv verfolgten. Das hat damals unseren großen Respekt bewirkt. Dazu könnte ich viele Beispiele erzählen: Im Jahresbericht 1975 der Fortbildungsabteilung der Schönhauser Allee 59 wird Bezug genommen auf den Kennedy-Report (Enquête zur Lage der geistig Behinderten ausführen). Der führende Kopf des sogenannten Normalisierungsprinzips in der Behindertenhilfe, der dänische Reformer der Behindertenhilfe, Neils Erik Bank Mikkelsen, war mehrmals Gast bei den regelmäßigen Psychiatriekonferenzen der Diakonie in der DDR. In den Akten von Pastor Alex Funke, Leiter Bethels und Mitglied im Diakonischen Rat, zu den Sitzungen des Diakonischen Rates im Jahre 1975 fand ich interessante Materialien aus der ostdeutschen Diakonie, so unter anderem den Fragebogen zur diakonischen Erkundung von Kirchengemeinden und Kirchenbezirken – ein noch heute aktuelles Instrument für eine Kirchengemeinde, die sich auf den Weg macht, eine diakonische Gemeinde zu sein. Das Gesundheitsministerium der DDR, so berichteten mir Augenzeugen, schätzte diesen fachlich profilierten Partner, den es mit und in der Diakonie hatte.

Auf der anderen Seite, in der West-Diakonie, erkannten einige Fachleute, welchen wichtigen Beitrag einzelne Fachleute aus der DDR-Diakonie für uns im Westen leisten konnten: auf dem Feld der Schwerstbehindertenarbeit, im Bereich der Körperbehinderten-Pädagogik, und später auch in der Gesprächsseelsorge und Beratung. Einzelne Referenten aus dem Osten wurden auch in die westliche Arbeit mit einbezogen, soweit dies die jeweiligen Reisemöglichkeiten zuließen.

In der konkreten Fortbildungsarbeit faszinierte mich damals, dass im Osten die große Neugier auf Neues die individuelle Lernmotivation und den Willen zur beruflichen Qualifizierung so lebendig wach hielt. Und entsprechend lebendig und anregend war dann auch die konkrete Kursarbeit.

In den Jahren 1974–79 war ich im Jahr jeweils bis zu vier Wochen in der DDR, um hier mit den Kollegen an dem vorerst noch virtuellen Diakonischen Qualifizierungs-Zentrum (DQZ) Kurse durchzuführen. Aus Stuttgart kamen weitere Kollegen hinzu. Neben den Dozententrainings wurden Kurse für Leitungspersonen aus Einrichtungen angeboten. Jeder Kurs war ein Erlebnis für uns Gastdozenten – in Halberstadt, in Buckow, in Lehnin, aber vor allem in Berlin.

Tag für Tag, eine Woche lang, morgens über den Grenzübergang Friedrichstraße nach Ost-Berlin und abends wieder zurück. Den ganzen Tag über waren wir eine Lerngemeinschaft, und dann abends wurden wir wieder getrennt. Ich habe heute noch die Bemerkungen und Kommentare im Ohr, die einzelne Kursteilnehmer machten, wenn ich aus West-Berlin eintraf. Es waren Ratschläge, wie man die Schikanen auch verstehen sollte, um nicht verbittert oder hart zu werden. Die Ratschläge und ihre Ratgeber kommen mir noch heute in den Sinn, wenn ich mich in Ländern der ehemaligen Sowjetunion über manche Einschränkungen zu ärgern beginne.

Aber auch Spaß war damals dabei, wenn wir in den Kurswochen vom Westen aus an jedem Tag eine Flasche französischen Rotwein und frische Orangen mitbrachten, damit am letzten Kursabend eine fröhliche Abschiedsrunde steigen konnte.

Und dann die Kursarbeit selbst: Wochen vorher musste ich mein Material für den Kurier nach West-Berlin in den Reichensteiner Weg senden. Der Kurier Martin Reuer blieb auch mir gegenüber verschwiegen, wo ich doch so gerne wissen wollte, wie er meine Sachen nach Ost-Berlin bringen wird.

Das Gefühl, ohne Unterlagen, ohne letzte Notizen, ohne aktuelles Konzept in die Kursarbeit zu gehen, war für mich persönlich eine wichtige Lernerfahrung. Wir konnten uns als Dozenten im Westen mit vielen Materialien und Hilfsmitteln eindecken: vom Tageslichtprojektor, den man damals auch Lichtschreiber nannte, bis zu aktuell kopierten Unterlagen. Lichtschreiber gab es in Ost-Berlin zwar auch. Aber was soll man da machen, wenn die Schrift, geschrieben mit Folienstiften aus der ČSSR, nach fünf Minuten auf der Folie einfach verlöschte, weil die Qualität so schlecht war?

Ich habe damals gelernt, mich in der aktuellen Lehr- und Lernsituation auf meine Intuition zu verlassen, keine Vorbedingungen zu stellen und nicht zu erwarten, dass ich in der Fremde meine häusliche Arbeitssituation vorfinden würde.

In den Kursen waren die Teilnehmer anfangs darauf ausgerichtet, dass der Kursleiter und Dozent ihnen etwas erzählen würde und sie dies mitzuschreiben hätten. All das methodische Handwerkszeug der Erwachsenenbildung, des lebendigen und emanzipatorischen Lernens, war zu dieser Zeit in der DDR unbekannt. Die beruflichen Erfahrungen, die jeder mitbrachte, zählten kaum. Der kollegiale, strukturierte Erfahrungsaustausch und Lernzuwachs bildete bis dahin in der beruflichen Weiterbildung kein Strukturelement.

Es war für uns alle sehr interessant, die unterschiedlichsten Lernformen auszuprobieren, zu reflektieren und einzuüben. Und das Erstaunliche war – und ist es für mich heute noch: Die Teilnehmer ließen sich inhaltlich darauf ein, neue Lernerfahrungen mit sich und mit anderen zu machen. Im Vergleich mit Kursen in Stuttgart gab es hier wie dort einzelne Teilnehmer, die zögerlich oder blockierend den Lernprozess bestimmten. Doch in der DDR war dies stärker: die Freude und die Aufbruchstimmung, Themen aus dem Berufsalltag und theologisch-diakonische Grundsatzfragen in einer lebendigen, oft auch heiteren Atmosphäre zu bearbeiten.

Was uns besonders beeindruckte, war die inhaltliche und methodische Qualität der Fernstudienbriefe – die Papier- und Kopier- bzw. Abzugsqualität sei dabei vergessen. Es ist seltsam, dass uns diese Art des Fernunterrichts und der entsprechende modulare Aufbau beruflicher Erwachsenenbildung damals nicht zur Nachahmung in der West-Diakonie angeregt haben. Vielleicht meinten wir, die wir in der materiell besseren Position waren, dass wir diese Form der Weiterbildung nicht bräuchten.

In der gemeinsamen Reflexion unserer Kursarbeit erkannten wir, dass wir durch die Lernmethoden ein Menschenbild zum Klingen bringen konnten, das mehr von Autonomie und weniger von Abhängigkeit geprägt war. Das verband sich mit der Einstellung, zunehmend vom Vertrauen auf die im Individuum ruhenden Möglichkeiten zu leben und weniger von den vorgesetzten Autoritäten. In der Bearbeitung biblischer Texte erfuhren wir miteinander, wie Leben und Arbeiten, Lernen und Spiritualität sich gegenseitig bereichern können.

Ich, aber auch meine Kollegen, kehrten von den Wochen in der DDR immer zufrieden und innerlich beglückt zurück nach Stuttgart. Es war noch mehr: Ich fühlte mich oft reich beschenkt durch die gemeinsamen Tage mit den Teilnehmerinnen und Teilnehmern aus der DDR-Diakonie.

Erst später konnte ich auf den Begriff bringen, was ich durch die Partnerschaftsarbeit in der DDR gelernt habe: Heutzutage nennt man das interkulturelle Kompetenz. Dazu gehört die sprachliche Sensibilität, wie Worte, Begriffe oder Bilder in den jeweiligen Kulturen unterschiedliche Assoziationen auslösen. Das Vertrauen in die jeweiligen Situationen, die man vorfindet, dass man seine eigenen Ziele auch unter fremden Bedingungen erreichen kann – das waren wichtige Erfahrungen, an die ich mich immer wieder in meiner beruflichen Arbeit erinnerte.

Ein Höhepunkt unserer institutionellen Partnerschaft zwischen Akademie und DQZ waren die jährlichen gemeinsamen Beratungen, zwischen den Kollegien. Einmal konnten wir uns mit Hilfe des Hilfswerks der Evangelischen Kirchen der Schweiz (HEKS) in Davos treffen, und wir besprachen das Projekt DQZ, die Funktionsabläufe in einem Haus der beruflichen Qualifizierung, das Raumprogramm und anderes mehr, was mit der Entwicklung der zentralen Fortbildungsstätte zusammenhing.

In den Jahren nach 1979 verfolgte ich die Arbeit des DQZ aus der Ferne, denn ich schied in jenem Jahr aus der Akademiearbeit aus und arbeitete dann in den folgenden Jahren in den von Bodelschwinghschen Anstalten Bethel.

Partnerschaftsarbeit zwischen Ost und West – dafür steht das DQZ mit seinem Aktivitätszentrum in Lobetal. Was ich und andere damals fühlten, bestätigt sich auch in den Dokumenten aus jener Zeit: Das Projekt DQZ war eine schwierige Geburt. Ich konnte in Vorbereitung auf meinen Beitrag etwas im Archiv Bethels stöbern.

Es dauerte ja sehr lange, bis endlich das Projekt in Gang kam. Gründe waren natürlich auch die staatlichen Rahmenbedingungen. Aber einige Ursachen für die Schwierigkeiten lagen auch in der Zusammenarbeit der unterschiedlichen Partner: Da waren zum einen die Hoffnungstaler Anstalten Lobetal mit ihrer besonderen Beziehung zu Bethel. Ein zuverlässiger Zeitzeuge von damals sprach davon, dass für Lobetal Bethel – trotz Mauer – viel näher sei als die Schönhauser Allee. Ich erinnere mich, dass an den Kursen der Diakonie Ost der 1970er Jahre nie ein Mitarbeiter aus Lobetal teilgenommen hat. Erst viel später entdeckte ich eine mögliche Ursache: Die besondere Partnerschaft zwischen Bethel und Lobetal behinderte oder verhinderte die Freunde in Lobetal, sich ernsthaft mit den unmittelbaren Nachbarn und kollegialen Einrichtungen einzulassen. Eine problematische Seite von Partnerschaft über die Grenzen hinweg, die immer zu bedenken ist. Partnerschaft kann die Integration und Kooperation mit den Partnern im eigenen Bereich verhindern.

Zum anderen war das Diakonische Werk der DDR als Träger des DQZ beteiligt. Der dritte Partner war die Hauptgeschäftsstelle des Diakonischen Werkes der EKD als der Hauptakteur bei Investitionen und als vierter Partner schließlich Bethel. Ich bin mir nicht sicher, ob das DQZ entstanden wäre, wenn nicht Pastor Alex Funke, der die von Bodelschwinghschen Anstalten Bethel 1968–1979 geleitet hat, grenzüberschreitend und institutionenüberschreitend gedacht und gehandelt hätte. Ein Partner fing damals bereits an zu zweifeln, ob Bethel noch loyal zu Lobetal stehe. Funke als Mitglied des Diakonischen Rates und Vorsitzender der Diakonischen Konferenz brachte es mit anderen zusammen zuwege, alle Beteiligten ins Boot zu holen. Auf dem Grund und Boden von Lobetal wurde das DQZ errichtet, zu 60 % von Stuttgart, und mit 40 % von Bethel finanziert. 1979 war unter den vier Partnern der Rahmen für das Projekt DQZ soweit geklärt, dass das Genehmigungsverfahren in Gang gesetzt werden konnte. 1981 erfolgte die Grundsteinlegung und am 18.04.1986 fand die offizielle Eröffnung statt. Winfried Schulz, der damalige Leiter des DQZ, konnte die Fertigstellung des DQZ nicht mehr miterleben. Nach seinem Tod übernahm Elisabeth Ihmels dessen Leitung.

Wie auch immer die Partnerschaften in den vielen Jahren des geteilten Deutschlands sich gestaltet haben, Ende 1989 wurde alles anders. In Bethel erlebte ich in der nachfolgenden Zeit eine große Aktivität. Mitarbeiter, die sich bisher nie besonders für die Aktivitäten in der DDR engagiert hatten, steigerten sich in eine ungeheure hektische Aktivität hinein. Ich gestehe, ich verstand damals nicht, warum sich plötzlich auch in dem sozialen Feld der kirchlichen Arbeit solch eine Überaktivität einstellte, um die Verhältnisse im Osten an unsere westliche Situation anzupassen. Im diakonischen Weiterbildungsbereich schien mir aus der bisherigen gemeinsamen Arbeit zweier gleichberechtigter Partner ein Verhältnis von Unter- und Überordnung zu werden. Der Leiter der Stuttgarter Diakonischen Akademie war nun auch verantwortlich für das DQZ. Ich beobachtete dies alles aus der Distanz. Für mich persönlich hielt ich jedoch die Eindrücke fest, die ich in den Jahren meiner Mitarbeit in der DDR-Diakonie als wesentlich für mich mitnehmen konnte.

LEBENDIGES LERNEN
Partnerschaft im Bereich der Fortbildung

Elisabeth Ihmels

Im Januar 1979 besuchte ich als Teilnehmerin einen meiner ersten Kurse zum Dozententraining im Diakonischen Qualifizierungszentrum (DQZ)[1], das ich später selbst geleitet habe. Zusammen mit den anderen Teilnehmern wartete ich darauf, was der Kursleiter, Herr Wohlhüter von der Diakonischen Akademie (DA) aus Stuttgart, uns über das Dozieren sagen würde, wartete auf Vortrag und Gespräch. Aber es kam ganz anders. »Malen Sie auf, wie Sie als fünfjähriges Kind gelernt haben!« – so lautete die erste Aufgabe. Wir wunderten uns. Sprachen das an. »Aber ich habe doch geschrieben, dass wir mit Methoden des ›lebendigen Lernens‹ arbeiten!« Lebendig lernen wollten wir alle. Wir ahnten eben nicht, dass dies ein pädagogischer Fachausdruck war, ein Fachausdruck für Methoden der Themenzentrierten Interaktion (TZI). Beim Malen, beim Zuhören, was andere über ihre Lernerfahrungen sagten, hat sich uns erstaunlich viel Neues über Lehren und Lernen erschlossen! Und zugleich erhielten wir ein Beispiel für die verschiedenen Entwicklungen der Kommunikation in Ost und West – ohne damals so recht zu verstehen, was das bedeutet. Wir nahmen die Hilfe einfach fröhlich an.

Und damit bin ich schon mitten im Thema: Partnerschaft, wie wir sie als Mitarbeiterinnen und Mitarbeiter des Diakonischen Qualifizierungszentrums erlebten.

Damit ich zeigen kann, wo wir partnerschaftliche Hilfe bekamen, habe ich ein Schaubild entwickelt, das unsere Arbeit im DQZ umreißt.

---

[1]   Das Diakonische Qualifizierungszentrum (DQZ) entstand 1974. Gegründet wurde es vom Diakonischen Werk der Evangelischen Kirchen in der DDR. Frau Gisela Fengler war die erste Mitarbeiterin, noch im gleichen Jahr wurde Pfarrer Wilfried Schulz als Leiter eingestellt. Nach der Wende 1989 wurden beide Abteilungen unter dem Namen »Diakonisches Aus- und Weiterbildungszentrum« (DAWZ) zusammengelegt, bis es dann in die Diakonische Akademie überging.

Vieles ähnelte der Diakonischen Akademie, manches war anders – bedingt durch das jeweilige Umfeld. Das DQZ entwickelte sich nach seiner Gründung langsam und war dann auch in steter Veränderung begriffen. Das Schaubild erläutert die Vielfalt der Angebote während der Kernzeit des DQZ Mitte der 1980er Jahre.

Auf der Grafik sind sechs große Bereiche dargestellt: Leitungstätigkeit, Seelsorge und Ehe- und Familienberatung, Psychiatrie, der Pädagogische Bereich und die beiden großen Fernunterrichte, die als Berufsausbildungen konzipiert waren. Hierin besteht der große Unterschied zur DA, die über keine Ausbildungsgänge verfügte. Diese Ausbildungen umfassten zum einen die zur kirchlichen Fürsorgerin (Sozialpädagogin) und zum anderen die zur kirchlichen Altenpflegerin.

Da, wo Ähnlichkeiten mit der Arbeit der DA bestanden, waren Mitarbeiter einander zugeordnet. In einigen Bereichen war die DA Impulsgeberin, manche Kurse bestritten wir miteinander, manches lief unabhängig von der DA.

Es gibt ein Datum, das die Partnerschaft begründete: 1976 lud Dr. Albrecht Müller-Schöll, der Gründer und damalige Leiter der DA, die Crew des DQZ, Herrn Schulz, Frau Fengler und Schwester Johanna Richter, in die Schweiz ein. Auch Herr Wohlhüter und noch ein weiterer Mitarbeiter aus der DA waren dabei. Dort wurde fantasiert, wie das DQZ aussehen könnte, welche Schwerpunkte es haben solle und was sofort anzupacken sei. Dort erhielt das Konzept des DQZ seine Gestalt.

Innenminister Dr. Wolfgang Schäuble sagte beim Jahresempfang »Diakonie im geteilten und vereinten Deutschland« am 13. Februar 2009, dass die Diakonie die Einheit der Deutschen am Leben gehalten habe, indem sie Gemeinschaft in Ost und West vorgelebt habe. Die Gemeinschaft wurde gelebt, indem die Kollegen zu uns kamen; sie wurde gelebt, auch wenn sie einer Einbahnstraße glich, denn wir konnten nicht zu ihnen reisen. – Die Kollegen der DA unterzogen sich den Strapazen, und ich danke allen, die sich dem stellten! Und sie kamen nicht nur einmal, sondern waren wiederkehrende Gesprächspartner. Manche Freundschaft erwuchs daraus. Zu dieser Gemeinschaft gehörte auch, dass Dr. Müller-Schöll 1983 – sofort nach dem tödlichen Verkehrsunfall von Herrn Schulz, unserem damaligen Leiter des DQZ, nach Berlin in unsere Abteilung kam, um uns zu sagen, wie sehr er mit uns fühlt.

Zu den Impulsen, die wir empfingen, gehören wohl auch die Trainer, die wir durch die Akademie vermittelt bekamen. Es wurden Kurse angeboten, die ganz in den Händen von Westdeutschen lagen. Ich denke dabei

Diakonisches Qualifizierungszentrum

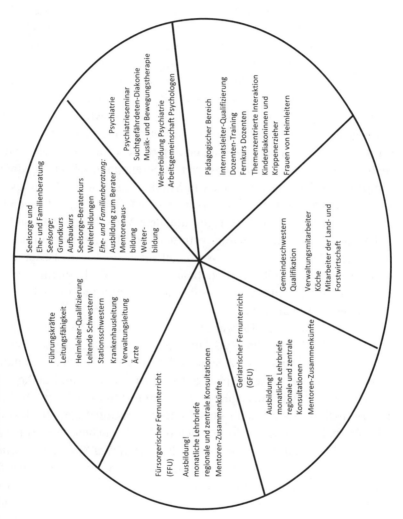

Seelsorge und
Ehe- und Familienberatung
Seelsorge:
Grundkurs
Aufbaukurs
Seelsorge-Beraterkurs
Weiterbildungen
Ehe- und Familienberatung:
Ausbildung zum Berater
Mentorenaus-
bildung
Weiter-
bildung

Psychiatrie
Psychiatrieseminar
Suchtgefährdeten-Diakonie
Musik- und Bewegungstherapie
Weiterbildung Psychiatrie
Arbeitsgemeinschaft Psychologen

Pädagogischer Bereich
Internatsleiter-Qualifizierung
Dozenten-Training
Fernkurs Dozenten
Themenzentrierte Interaktion
Kinderdiakoninnen und
Krippenerzieher
Frauen von Heimleitern

Führungskräfte
Leitungsfähigkeit
Heimleiter-Qualifizierung
Leitende Schwestern
Stationsschwestern
Krankenhausleitung
Verwaltungsleitung
Ärzte

Gemeindeschwestern
Qualifikation
Verwaltungsmitarbeiter
Köche
Mitarbeiter der Land- und
Forstwirtschaft

Fürsorgerischer Fernunterricht
(FFU)
Ausbildung!
monatliche Lehrbriefe
regionale und zentrale Konsultationen
Mentoren-Zusammenkünfte

Geriatrischer Fernunterricht
(GFU)
Ausbildung!
monatliche Lehrbriefe
regionale und zentrale
Konsultationen
Mentoren-Zusammenkünfte

z. B. an die Ausbildung in Seelsorge und Ehe- und Familienberatung. Da bestand die Partnerschaft weithin darin, dass wir – das DQZ – die gesamte Organisation bewerkstelligten. Die westdeutschen Partner gestalteten den Kurs. Bei der Ausbildung für die Ehe- und Familienberatung, die das Evangelische Zentralinstitut für Ehe- und Familienberatung (EZI) in Berlin für uns und die Kirche durchführte, waren wir 1989 gerade so weit, dass die ersten bei uns Ausgebildeten von nun an selbständig Ausbildungskurse anbieten und halten konnten. Im Bereich der Seelsorge waren die ersten Seelsorgeberater schon ein paar Jahre zuvor so weit.

Die Trainer brachten Methoden mit, die in den USA oder Westdeutschland entwickelt worden waren, von denen wir aber noch kaum etwas gehört hatten. Die Teilnehmer warteten auf solche Hilfe. Auch unser Instrumentarium für die Lehre erweiterte sich auf diese Weise immer weiter. Neues wurde miteinander erdacht: So entstand z. B. ein Qualifizierungskurs für leitende Mitarbeiter in Krankenhäusern. Die Leitungsspitze bestand in der DDR aus fünf Personen: dem Chefarzt, der Pflegedienstleitung, der Oberin, dem Theologen und dem Verwaltungschef. Im Kurs sollten alle Sparten gleichmäßig vertreten sein, aber aus jedem Haus nur jeweils eine Person. Auf diese Weise gelang es, vieles ins Gespräch zu bringen, was im jeweiligen Haus belastend war. Die Teilnehmer waren sich am Ende des Kurses sehr einig, dass sie nun viele Probleme mit ganz anderen Augen sehen.

Vermittelt durch die DA war auch der Kontakt zu Themenzentrierter Interaktion (TZI). Ich sollte – als Theologin – den pädagogischen Bereich übernehmen. Obwohl ich 22 Jahre Erfahrung in Erwachsenenbildung mitbrachte, hatte ich keine pädagogische Ausbildung und sollte doch ausgebildeten Medizinpädagogen nach ihrem Studium Neues beibringen! Deshalb wurde ich beim Anstellungsgespräch gefragt, ob ich bereit sei, TZI-Ausbildungskurse in der Schweiz zu besuchen. Das Hilfswerk der Schweiz hat mir die Teilnahme an den ersten fünf Kursen ermöglicht und gesponsert. Die diakonische Partnerschaft umfasste also auch das Ausland! Die weitere Ausbildung konnte dann hier im DQZ absolviert werden, indem Kurse für diakonische Mitarbeiterinnen und Mitarbeiter durch Graduierte der TZI gehalten wurden, die ich als Co-Trainerin begleitete. Es war für die Diakonie und für mich eine große Horizonterweiterung.

Ausführlicher muss ich auf den Kurs der Seelsorgeberater, die 1989 fertig wurden, eingehen. Herr Miethner und Herr Lindemann hielten diesen Kurs – obwohl sie aus zwei ganz verschiedenen Seelsorgerichtungen kamen. Das war ein Zugeständnis an unsere DDR-Situation. Denn manche der Teilnehmer hatten bei der analytischen Richtung (Fortbildung in Seelsorgerlicher Praxis), andere bei der mehr verhaltensorientierten Richtung (Klinische Seelsorgeausbildung) die ersten Kurse erhalten. Die Qualifikation zum Seelsorgeberater (im westlichen Sprachgebrauch der Lehr-Supervisoren) sollte nun beide Richtungen so klar darstellen und in den Methoden verstehbar und anwendbar machen, dass die Teilnehmer sich dann entscheiden konnten, zu welcher Richtung sie sich in ihrer Arbeit zugehörig fühlen würden, mit welchen Instrumenten sie arbeiten könnten und wollten. Die beiden Trainer haben in einer partnerschaftlichen Weise mit mir verhandelt, sind auf unsere Wünsche als DDR-Teilnehmer eingegangen und haben Bedenken angehört, bis die Konzeption stand. Wochenlang haben wir darum gerungen. Ich bin sehr dankbar für diese Erfahrung!

Neben dem bereits erwähnten Dozententraining entstand ein Fernkurs für Dozenten. Ich hätte gerne die Konzeption zusammen mit den Stuttgartern entwickelt, musste es doch eine Mixtur aus ›Ost-‹ und ›West-pädagogik‹ werden. Auch wenn ich niemanden aus Stuttgart dafür gewinnen konnte, schrieb Dr. Ebener dann aber in zwei Lehrbriefen doch einige Kapitel. Die pädagogischen Lehrbriefe des Fürsorgerischen Fernunterrichts (FFU) wurden von Stuttgart gegengelesen und eventuell mit Anregungen versehen. So fanden viele Gespräche statt, gab es viel Miteinander – wenn auch meist unter starkem Zeitdruck. Es waren Zusatzaufgaben, die unsere Partner übernahmen.

Die Partnerschaft ging über die Grenzen Deutschlands hinaus. Vereinzelt nahmen an unseren Kursen auch Menschen aus dem Ausland teil. So erinnere ich mich, dass an dem Qualifizierungskurs »Leitende Schwestern« Schwester Dolores aus der kleinen evangelischen Schwesternschaft in Pomeyrol in Südfrankreich teilnahm. Falls sie die Leitende Schwester ablösen würde, sollte sie eine gute Grundlage bekommen. Zu dieser Qualifizierung kam auch Schwester Helga aus Österreich. Herr Schulz betrieb eine Weiterbildung für Schwestern im Diakonissenhaus in Polen. Manche Gemeindeschwester aus Österreich machte in der DDR ein Praktikum. Auch das wurde vermittelt.

Gehört zur Partnerschaft auch, dass man manchmal den Rat des anderen nicht befolgt? Manche Kurse hielten wir gegen den Rat der westdeutschen Kollegen. Da denke ich z.B. an die Qualifizierung für Internatsleiter, die drei Jahre lang zwei Vierzehntagekurse vorsah. Ich erinnere mich, dass mir zwei Oberinnen auf einer Konferenz sagten: diesen

Kurs sollten wir schnell wieder abschaffen. Dieser Rat kam sicher aus der ganz anderen westlichen Lebenssituation. Bei uns lebten die Schwesternschülerinnen alle im Internat, oft in Vierbettzimmern. Da sie in unterschiedlichen Schichten arbeiteten, waren Konflikte vorprogrammiert. Die Internatsleiterinnen lernten und übten Konflikt- und Kritikgespräche, wir arbeiteten über biblische Themen u. a. m. Auch der Austausch der Internatsleiterinnen untereinander war wichtig.

Das Umsetzen der Impulse aus dem Westen in unser Umfeld – in die Situation der DDR und in die kirchlichen Möglichkeiten und Gegebenheiten – war so etwas wie unser Beitrag zur Partnerschaft: Unabhängig vom Westen zu werden, selbstbewusst zu beurteilen: welche Angebote sind hilfreich, was muss verändert bzw. abgeändert werden, was stimmt für uns und was nicht. Unsere Möglichkeiten, uns im Westen, in der DA, mit Kursen einzubringen, waren dagegen sehr beschränkt. Die Grenze machte es schier unmöglich. Es gibt zwei/drei Beispiele, wo das vor dem Mauerfall doch gelang. Aber es war minimal.

Das gilt natürlich auch für das Thema Finanzen. Nachdem wir unsere Kurse in den ersten Jahren in sehr unterschiedlichen Heimen und Orten durchführten, erhielten wir ein Tagungshaus in Lobetal, das Bonhoeffer-Haus, das wir zusammen mit den Lobetalern nutzen konnten. Als der Bau sich dem Ende näherte, wurde ein Ausschuss eingesetzt, der die notwendige Ausstattung festlegte und bestellte. Nach dem Tod von Wilfried Schulz bekam ich die Leitung des DQZ von heute auf morgen übertragen – und war nun auch Mitglied dieses Ausschusses. Wir überlegten, was nötig sei und bestellten. Ich sah mir das zweimal an und wurde unruhig. Es kam mir vor, wie im Märchen »Tischlein deck dich«. Gibt es da einen Fonds, bis zu dem hin wir ausgeben können? Wie hoch ist er? Ich müsste das doch wissen, um Prioritäten zu setzen. Ich versuchte, Klarheit zu erhalten. Dabei wurde mir aber unmissverständlich deutlich gemacht, dass mich dies nichts angehe! Finanzen lägen in unserem Hause in anderen Händen und seien anders geregelt. Eine Auskunft, geprägt von der damaligen Situation. Über den Fluss der Westgelder wurde so wenig wie möglich gesprochen. Die Auskunft hatte kuriose Seiten, aber eben auch eine paradiesische: Um Finanzen musste ich mich nicht kümmern! Auch die ganze Kalkulation der Kurse lag nicht in unserer Abteilung! Wir konnten uns voll auf den Inhalt der Kurse und natürlich auch auf deren Organisation konzentrieren.

Das geschenkte Lobetaler Haus war für das DQZ ein Segen. Es erschloss vielfältige Möglichkeiten, denn es war speziell für Weiterbildung und Qualifizierung gebaut. Ich danke von Herzen allen, die daran beteiligt waren!

»Je größer die Erwartung von fragloser Übereinstimmung ist, umso unerwarteter sind die plötzlich eintretenden Irritationen« – so Olaf Georg Klein in seinem Buch, dass sich mit Ost-West-Beziehungen beschäftigt.[2] Die Initiatoren dieser Tagung »Diakonische Partnerschaften in Ost und West« hatten ja im Blick, dass die Diakonie durch die partnerschaftlichen Beziehungen während der Zeit der Teilung Deutschlands ein Stück Einheit vorweggenommen hatte. Und das stimmt ja auch und wir bezeugen es dankbar. Und wir freuen uns außerordentlich, dass wir wieder in einem Deutschland leben können! Aber ohne Irritation ging die Einheit wahrlich nicht vor sich. Und so erlebten wir auch dies sehr schnell – vielleicht auch eher als andere. Gleich nach der Wende – ich denke noch im November 1989 – kam Dr. Müller-Schöll angeflogen für ein paar Abendstunden. Er hatte sich den Abend mühsam frei genommen, wir eilten aus den Kursen herbei. In unserem Wohnzimmer erlebten wir, was später unzählige Male in Deutschland geschah: Wir sprachen alle deutsch. Aber war es wirklich dieselbe Sprache? Wir verstanden einander nicht. Später ist mir das Buch von Olaf Georg Klein zum Schlüssel des Verstehens der Schwierigkeiten beim Zusammenwachsen der Deutschen in Ost und West geworden. Klein zeigt, wie unterschiedliche Kommunikationsstrukturen aufeinanderprallten, als West und Ost zusammenkamen. Vieles davon haben wir vermutlich an diesem Abend durchlitten!

Jetzt nach 20 Jahren kommt für mich eine weitere Vermutung hinzu: Dr. Müller-Schöll war in seinen Visionen ein oder zwei Jahre voraus, er sah uns bereits als seine Mitarbeiter und Mitarbeiterinnen und wollte sofort die Weichen dafür stellen. Er zeigte auf, welche Kurse in das Profil der DA nicht passen würden und also abgegeben werden müssten. Anderes müsste von uns neu übernommen werden – und vieles mehr. Wir aber befanden uns mitten im Geschehen des Umbruchs: Die Mauer war gefallen! Wir waren aufgewühlt, ahnten, dass vieles jetzt neu werden würde. Aber noch wussten wir nicht, ob die Grenze wirklich offen bliebe. Von der Einheit waren wir weit entfernt. Auch sahen wir unsere Teilnehmer und konnten noch gar nicht realisieren, wie die von uns geprägte Arbeit in einer vereinten Dienststelle Platz haben könnte. Es gab nicht die Institute, in die wir Kurse auslagern könnten. Wir redeten

---

[2]   Olaf Georg Klein, Ihr könnt uns einfach nicht verstehen! Warum Ost- und Westdeutsche aneinander vorbeireden, Frankfurt/M. [10]2009.

aneinander vorbei. Gerade die erlebte gute Gemeinsamkeit machte die Irritation so schwer. Die Irritation kam auch daher, dass der bisherige Partner sich – für uns in dieser Stunde unerwartet – als Vorgesetzter entpuppte, also ein massiver Rollenwechsel stattgefunden hatte. Aber auch dies zu überwinden, zu verkraften bedeutet für mich Partnerschaft. Herr Müller-Schöll selber hat später in seinem Ruhestand unermüdlich dafür in den »neuen Ländern« gearbeitet, dass dies möglich würde, was er an Visionen hatte.

Die Nachwendezeit stellte noch einmal neue, sehr starke Herausforderungen an die Partnerschaft, sowohl in Ost als auch in West, die an dieser Stelle nur angedeutet werden können: Die Berufsabschlüsse waren in der BRD und DDR auf unterschiedlichem Niveau. Das musste ausgeglichen werden, damit die Teilnehmer dann in die richtige Lohngruppe kommen könnten. Die 60 Teilnehmer des FFU brauchten zudem ein Jahr lang Supervision. Außerdem musste das BRD-Recht für alle Absolventen – auch früherer Jahre – gelehrt werden usw.

Die Spanne, die zu beschreiben war, ist eine sehr lebendige Zeit gewesen, reich an Wachstumsmöglichkeiten, reich an vielen Begegnungen und Gesprächen, reich auch an Herausforderungen, die wir ohne die westliche Hilfe so nicht hätten gestalten können. Danke!

Die Kirchengemeinden als Basis der Partnerschaft auf regionaler Ebene

Das Beispiel von Görlitz und Oldenburg

Hans-Ulrich Minke[1]

Mit einer einfachen Feststellung will ich beginnen: Die 40 Jahre Deutsche Demokratische Republik sind zugleich immer 40 Jahre Bundesrepublik Deutschland. Das jeweils andere politische und gesellschaftliche System hat in Ost und West zu einer eigenen Lebenswelt geführt. Das wirkte sich selbstverständlich bei der Gestaltung der Kirchenpartnerschaften aus. Wie im Nachhinein erkennbar wird, haben die Westdeutschen zu selten reflektiert, was ihre »40 Jahre« für ihren Lebensstil bedeuteten, der sich immer mehr von dem des Ostens unterschied, und die Mitteldeutschen hatten vor allem den Blick für den »real existierenden Sozialismus«, der den Zugang zur westlichen Lebenswelt versperrte. Jedenfalls waren nicht nur politische oder wirtschaftliche, sondern auch menschliche Gräben zu überbrücken – trotz der gemeinsamen Frömmigkeitstradition, trotz gleicher Kirchenstrukturen, trotz gemeinsamer Lieder und Gebete. Die Situation erforderte im Umgang ein erhebliches Maß an Einfühlen, Mitdenken und an praktischer Vernunft, wenn es um Erwartungen und Wünsche ging.

Hinderlich war oft beim Beginn einer Partnerschaft das ideologische Vorverständnis – von der Mangelwirtschaft der DDR abgesehen, die von vornherein zur Unterstützung motivierte. Wer immer sich in der westlichen Kirche für Partnerschaft engagierte, brachte seine Kenntnis vom marxistischen Sozialismus und seiner gewaltsamen staatlichen Durchführung in der DDR mit. Ebenso hatte man Kenntnis vom staatlich ver-

[1] Der Text wurde auch abgedruckt in: Hans-Ulrich Minke: Die Kirchengemeinden als Basis der Kirchenpartnerschaften am Beispiel von Görlitz und Oldenburg, in: Jahrbuch für Schlesische Kirchengeschichte 88/89 (2009/10) 313–322.

ordneten Atheismus.[2] Hinzu kam noch anderes: Jeder, der die Grenze überschritt, erinnert sich noch heute an Schikanen der Grenzorgane und an die von ihnen verbreitete Atmosphäre von Unbehagen und Furcht. Man erhielt dann von den Gastgebern Informationen über die ideologischen Zwänge und Behinderungen, die zu kennen für die Einleitung von Kontakten und die Vorbereitung von Gemeindebesuchen unerlässlich waren. Deutlich wurde, dass die Kirche einen zwar von der Staatssicherheit argwöhnisch beobachteten, aber eigenständigen Bereich für Existenz und Arbeit hatte. Was das alles für den Alltag bedeutete, erfuhren Gemeindeglieder vor Ort bei Gemeindekontakten, die oft zu Freundschaften führten. So gesehen waren die Gemeindepartnerschaften das Zentrum und die Basis jener Gemeinschaft, die sich die deutschen evangelischen Kirchen in der Nachkriegszeit vorgenommen hatten und die selbstverständlich auch für die evangelischen Kirchen der schlesischen Oberlausitz und Oldenburgs galt.

Begründet wurde die Partnerschaft wie die Partnerschaften aller anderen Landeskirchen auf einer Tagung der Geschäftsführer des Hilfswerks Ende August 1949 auf Schloss Wolfsbrunnen bei Eschwege.[3] Jedes westliche Hilfswerk und damit jede westliche Landeskirche der EKD erhielt eine östliche zum Partner – eine Aktion, die es in der deutschen Kirche so noch nie gegeben hatte. Aber Zeit und Not drängten: Das Ende der direkten Pakethilfe aus dem Ausland stand bevor; das Verbot von Textil- und Lebensmitteleinfuhren in die entstehende DDR drohte.[4] In welcher Situation man sich damals in den mitteldeutschen Landeskirchen befand, zeigt der Bericht, den der Görlitzer Bischof Ernst Hornig (1894–1976) im Juni 1951 der Provinzialsynode gab: »Der Gemeinde und darum auch der Synode kann nicht verschwiegen werden, daß unser Hilfswerk durch schwierige Zeiten hindurch gegangen ist. Das hatte seine Gründe in der Tatsache, daß etwa neun Monate lang 91 Einfuhrgenehmigungen für Transporte aus dem Ausland über die Zonengrenze in das Gebiet der

---

[2]   Dazu zusammenfassend über die Auswirkungen: Hans-Ulrich Wehler, Deutsche Gesellschaftsgeschichte 1949–1990, München 2008, 407–410.

[3]   Dazu der Bericht von Christian Berg in: Joachim Beckmann (Hrsg.), Kirchliches Jahrbuch 1957, 226, und Karoline Rittberger-Klas, Kirchenpartnerschaften im geteilten Deutschland. Am Beispiel der Landeskirchen Württemberg und Thüringen, Göttingen 2006, 46–50.

[4]   Dazu Rittberger-Klas, Kirchenpartnerschaften, 47. Verantwortlich für das Einfuhrverbot war der DDR-Innenminister Karl Steinhoff (1892–1981), daher auch »Steinhoff-Erlass« genannt.

Deutschen Demokratischen Republik nicht erteilt wurden. Damit aber entstand eine Lücke in der Versorgung der Hilfswerklager mit Lebensmitteln und Textilien, die sich in der zweiten Hälfte des Jahres 1950 stark spürbar machte. Erst in den letzten beiden Monaten ist eine geringe Auflockerung eingetreten«.[5] Was in solcher Situation die Beziehung zu den westlichen Partnerkirchen bedeutete, lässt sich denken. Sie hielten in ihren Hilfswerken ein flächendeckendes Netz vor, das mit Einzelsendungen helfen konnte. Das Hilfswerk war Ausweg und Alternative – in West wie Ost.

Das Hilfswerk war auf der Kirchenkonferenz in Treysa am 30. August 1945 gegründet worden – als gesamtkirchliche Einrichtung, und zwar der verfassten Kirche[6] – anders also als die Innere Mission, die auf Vereinsbasis neben der Institution Kirche existierte. Das Hilfswerk war als unmittelbarer Teil der verfassten Kirche mit dieser überall präsent und konnte materielle Hilfe, aber auch direkte gemeindliche Kontakte vermitteln. Die Stuttgarter Zentrale hat sofort nach der Zuordnung der Hilfswerke und damit der Begründung der Kirchenpartnerschaften im September 1949[7] die gliedkirchlichen Hilfswerke zur Aufnahme von Partnerschaften in den Gemeinden aufgefordert. Vorsichtig vermutet, bestanden Ende 1954 in allen Gliedkirchen der EKD Gemeindepartnerschaften, die allmählich durch persönliche Kontakte mit Leben gefüllt wurden.

An dieser Stelle muss, ehe von Einzelheiten der Partnerschaft zwischen Görlitz und Oldenburg die Rede ist, darauf hingewiesen werden, dass auch für diese Partnerschaft gilt, was für alle übrigen Partnerschaften gegolten hat: dass nämlich auch sie eingebettet war in eine Vielzahl von Hilfsprogrammen. Zuallererst sind die jährlichen Betriebskostenzuschüsse für die kirchlichen Haushalte zu nennen. Nötig wurden diese Zahlungen verstärkt ab 1953, als Zug um Zug die staatliche Unterstützung beim Kirchensteuereinzug wegfiel. Je nach Kirche mussten 30 bis

---

[5]   Zitiert nach Hans-Ulrich Minke, Partnerschaft zwischen Görlitz und Oldenburg, 1949–1990, in: Oldenburger Jahrbuch 103, 2003, 177–186: 178.

[6]   Dazu Eugen Gerstenmaier in Treysa: »Das Hilfswerk dient den Hilfsaktionen der deutschen evangelischen Gemeinden, Kirchenkreise, Synoden, Provinz- und Landeskirchen sowie ihrer kirchlichen Verbände und Einrichtungen aller Art. Die Kirche ist aufgerufen, der Not zu begegnen mit allem, was sie ist und was sie vermag.« Zitiert nach: Fritz Söhlmann, Treysa 1945. Die Konferenz der evangelischen Kirchenführer 27.–31. August 1945, Lüneburg 1946, 83.

[7]   Schreiben des Generalsekretärs Christian Berg vom 26. September 1949 an die gliedkirchlichen Hilfswerke.

60 Prozent des Gesamtvolumens eines Haushalts vom Westen getragen werden. Finanziert wurden diese Zuschüsse zunächst in den fünfziger Jahren über Barzahlungen, die in West-Berliner Wechselstuben eingetauscht wurden, und später über die Sondervereinbarung (Kirchengeschäft) A, die mit Staatssekretär Schalck-Golodkowski (geb. 1932) verhandelt wurden.[8] Zu reden ist aber auch von dem Valuta-Transfer beim Sonderbauprogramm, dessen Kernstück der Berliner Dom war, auch von Textilhilfen, der Bruderhilfe und der Aktion »Stätten des kirchlichen Wiederaufbaus«. Für all diese Programme galt, dass sie unter Ausschluss der Öffentlichkeit realisiert wurden. Als Landespfarrer, der neu die Aufgabe der Betreuung einer Partnerkirche übernahm, hätte man sich ein Privatissimum des Diakoniepräsidenten gewünscht, der einen wenigstens in Umrissen über die Hilfe informiert hätte, um dem Partner gezielter zur Seite stehen zu können.

Die Öffentlichkeits-Abstinenz galt für das gesamte Gebiet der Partnerschaft. Selbstverständlich wusste die Staatssicherheit von den Gemeindepartnerschaften, aber um sie nicht zu gefährden, war es ein Gebot der Klugheit, davon in der Öffentlichkeit – etwa in der Tagespresse – zu schweigen. Auch die Stasi – war damals das Motto – liest westliche Zeitungen, und man merkte spätestens beim nächsten Einreiseantrag, dass man gelesen und Überschreitungen bemerkt hatte. Dazu schreibt der pensionierte Direktor des Sächsischen Diakonischen Werkes, Oberkirchenrat i. R. Friedhelm Merchel[9], in seinen »Erinnerungen eines Ruheständlers«: »Deutsch-deutsche Aktivitäten standen unter besonderer Beobachtung der staatlichen Stellen.« Und sein Braunschweiger Partner, Landespfarrer i. R. Eberhard von Bülow, bestätigt: »Diese Arbeit unterlag der absoluten Geheimhaltung. Die Verhandlungen wurden mündlich geführt bzw. Aufzeichnungen und Briefe vernichtet, um die Aktion nicht zu gefährden!«[10] Denn die Partnerbeziehungen waren staatlich nicht gebilligt; sie geschahen immer grundsätzlich auf privater Basis, wenn es um die Gemeinden ging. Dienstreisen wurden in jeder Richtung nur spärlich genehmigt.

---

[8]   Der genaue prozentuale Anteil der westlichen Betriebskostenzuschüsse an den Haushalten lässt sich nicht angeben. Fachleute vermuten, dass es unter Einbeziehung aller Zuweisungen 40 Prozent der Gesamtausgaben waren.

[9]   Erinnerungen, auf Anregung von Präsident Neukamm verfasst und im Privatbrief vom 23. Mai 2008 an den Verfasser weitergegeben.

[10]   Privatbrief vom 29. Mai 2008 an den Verfasser.

Die Diskretion im Umgang untereinander erklärt vieles. Wenig wurde dokumentiert; die kirchlichen und diakonischen Archive sind wenig ergiebig.[11] Konsequent ist wohl auch, dass nach der Wende die Partnerbeziehungen selten beschrieben und über sie kritisch Rechenschaft gegeben wird. Wissenschaftlich bearbeitet ist nur die Partnerbeziehung zwischen Württemberg und Thüringen in der Dissertation von Karoline Rittberger-Klas;[12] zu nennen sind der Bericht über die 50 Jahre praktizierte Gemeinschaft zwischen Pommern und Schleswig-Holstein;[13] zu nennen ist auch der Aufsatz des Verfassers über die Partnerbeziehungen zwischen Görlitz und Oldenburg mit einem Verzeichnis aller daran beteiligten Gemeinden.[14] Allgemein zu bemerken sind Zurückhaltung und Diskretion, wenn es um die finanzielle Unterstützung geht. Bei der Darstellung der Neuanfänge in Sachsen unter dem Titel »So viel Anfang war nie. Sächsische Diakoniegeschichte in den 1990er Jahren«[15] kommt keiner der Autoren auf die 50 Mio. DM zu sprechen, die die Hannoversche Kirche zur Anschubfinanzierung bereit gestellt hatte. Eine Ausnahme ist Wolfgang Höser, pensionierter Leiter des Diakonischen Werkes Thüringen, der in seinem Aufsatz über die »Finanzierung des diakonischen Auftrages in der DDR«[16] von der vielgestaltigen materiellen und fachlichen Hilfe Württembergs für Thüringen berichtet und an die »erheblichen Impulse zur Glaubens- und Lebenshilfe« im gegenseitigen Verhältnis er-

---

[11]   Dazu bestätigend: Rittberger-Klas, Kirchenpartnerschaften, 20: »Tatsächlich ist die Aktenlage für ein Forschungsprojekt zu Kirchenpartnerschaften nicht günstig. Vor allem im Osten hütete man sich, mehr schriftliche Beweise als nötig für die von der Staatsführung stets misstrauisch beobachteten und teilweise mit Schikanen geahndeten Kontakte zu hinterlassen, und auch im Westen versuchte man, die Partnerschaftsarbeit weitgehend im Stillen abzuwickeln.«

[12]   Siehe Anm. 3.

[13]   Siegfried Hildebrand (Hrsg.), Partnerschaft über Grenze und Mauer hinweg. 50 Jahre praktizierte Glaubensgemeinschaft zwischen Pommern und Schleswig-Holstein, Rendsburg 1996.

[14]   Siehe Anm. 5. Vgl. auch den hier wieder abgedruckten Beitrag von Karl Heinz Neukamm, Das Netzwerk kirchlich-diakonischer Hilfen in den Jahrzehnten der deutschen Teilung, von 1998.

[15]   Ulfrid Kleinert (Hrsg.), So viel Anfang war nie. Sächsische Diakoniegeschichte in den 1990er Jahren, Leipzig 2004.

[16]   Wolfgang Höser, Finanzierung des diakonischen Auftrages in der DDR, in: Ingolf Hübner/Jochen-Christoph Kaiser (Hrsg.), Diakonie im geteilten Deutschland, Stuttgart 1999, 117–130; ebenso: Walter Hammer, »Besondere Gemeinschaft« – sehr konkret. Über die Hilfeleistungen westlicher Kirchen, in: Übergänge 16, 1990, 220–223.

innert. Informationen gibt vor allem der Vortrag von Heinz-Georg Binder 1995 vor der Enquête-Kommission des deutschen Bundestages über »Die Bedeutung des finanziellen Transfers und der humanitären Hilfe zwischen den Kirchen im geteilten Deutschland«.[17] Aufschlussreich, mit viel Zahlenmaterial sind die Absätze über die Transfergeschäfte in der Biographie des Vize-Präsidenten des DWEKD, Ludwig Geißel.[18]

Damit ist der Rahmen abgesteckt, in dem sich die Partnerschaft zwischen Oldenburg und Görlitz vollzog, und es fällt schwer zu definieren, was denn in unserer Sicht über das allgemein Geltende hinaus der spezifisch oldenburgische Anteil an der Beziehung zu Görlitz war. Fest steht, dass wir in materieller Hinsicht mit der jährlich von der Synode bereit gestellten halben Million DM, aus der oft eine Dreiviertelmillion wurde, für die Funktionsfähigkeit der Kirche und ihrer Einrichtungen und zur Hilfe für einzelne Gemeindeglieder getan haben, was wir konnten. Dass wir dabei in Görlitz und Oldenburg erfinderisch und letztlich recht erfolgreich waren, lässt sich im Archivmaterial feststellen, selbst wenn es gelegentlich Rückschläge gab und die Partnerschaft an menschlichen Unzulänglichkeiten zu scheitern drohte. Da konnten Beteiligte menschlich nicht miteinander umgehen, Briefe wurden »hüben und drüben« nicht geschrieben, Sendungen nicht bestätigt. Überzogene Wünsche verärgerten. Alljährlich wurden aber – um einen Überblick zu geben – je nach Bedarf und politischer Möglichkeit – Industriewaren geliefert: Von Fußböden über Endoprothesen für das orthopädische Krankenhaus in Rothenburg/Neiße bis zu Rechnern und Kopierern, dazu Baumaterial, Läuteanlagen und vieles mehr. Auf der Ebene der Mitarbeiter und auch von Einzelpersonen wurden von 1950 an Erholungsmaßnahmen und Kuren ermöglicht, Dienstwagen über sogenannte »nominelle Schenker« geliefert und diverse Hilfsgüter für Einrichtungen und Mitarbeiter versandt. DDR-Auslandfirmen wie GENEX waren dabei beteiligt. Zum fachlichen Austausch und zur Information wurden zwischen Oldenburger und Görlitzer Mitarbeitern Informations- und Fortbildungstagungen veranstaltet.

---

[17]   Heinz-Georg Binder, »Die Bedeutung des finanziellen Transfers und der humanitären Hilfe zwischen den Kirchen im geteilten Deutschland«, in: Kirchen in der SED-Diktatur, Materialien der Enquête-Kommission »Aufarbeitung von Geschichte und Folgen der SED-Diktatur in Deutschland« (12. Wahlperiode des Deutschen Bundestages), Bd. VI/1, Frankfurt/Main 1995, 559–582.

[18]   Ludwig Geißel, Unterhändler der Menschlichkeit. Erinnerungen, Stuttgart 1991, 231–440.

Jährlich trafen sich die Diakone und Sozialarbeiter, und das regelmäßige Treffen der Kirchenleitungen wurde begleitet. Im Februar jedes Jahres traf man sich in Berlin, um die Warenlieferungen und Gemeindekontakte abzusprechen.

Herzstück der Partnerschaft waren die Begegnungen unter den Gemeinden. Und hier war auf beiden Seiten intensive, gezielte Gemeindearbeit notwendig – eine Arbeit, deren Bedeutung meist übersehen wird. Gemeinden in der schlesischen Oberlausitz und im Oldenburger Land, die bislang nichts miteinander zu tun hatten, mussten für eine Paten- bzw. Partnerschaft gewonnen werden und gemeindliche sowie zwischenmenschliche Kontakte entwickeln – unter den Bedingungen des kommunistischen Staates der DDR, der offiziell eine Partnerschaft zu Institutionen wie Kirchengemeinden nicht gestattete. Nur die persönlich-private Verbindung war politisch möglich, und deswegen ließ sich der Kontakt nur auf der persönlichen Ebene Einzelner realisieren, und dafür waren hüben und drüben einzelne Kirchenmitglieder zu motivieren. Auf der Seite des Oldenburger Partners mussten in den Gemeinden Christinnen und Christen gefunden werden, die bereit waren, sich zu engagieren, die also ihre Namen und ihre Anschrift hergaben, Briefe schrieben und eventuell zum Kennenlernen nach Ost-Berlin oder gar in die Oberlausitz reisten und die bereit waren, regelmäßig Pakete zu packen. Dabei handelte es sich in der Regel nicht um »Päckchen mit Kaffee, evtl. auch mit etwas Schokolade«, sondern um umfangreiche, der Mangelsituation der DDR angepasste Pakete, vor allem zu Weihnachten, die alle individuell verpackt, mit detaillierter Inhaltsangabe versehen und als »Geschenksendung, keine Handelsware« deklariert werden mussten. 1987 waren das zum Beispiel 600 Pakete mit einem Gesamtwert von 42.000 DM, für die das Diakonische Werk Oldenburg die Portokosten übernahm und deren Kosten in jedem Jahr im Wesentlichen das Diakonische Werk der EKD trug. Hinzu kamen unzählbare Päckchen und Pakete einzelner Christinnen und Christen. 1987 fanden – um dasselbe Jahr wie das vom Paketversand herauszugreifen – in der schlesischen Oberlausitz 97 Begegnungen mit 389 Teilnehmern statt.

Ziel der Begegnungen war selbstverständlich, die menschlichen und gemeindlichen Kontakte zu fördern und christliche Zusammengehörigkeit zu realisieren. Dafür waren nicht nur die Kenntnisse der Lebensbedingungen in der DDR erforderlich, sondern das Görlitzer Interesse an den Gemeinden im Oldenburger Land und an den Oldenburger Lebensverhältnissen musste geweckt werden. Zur Einbahnstraße durfte die

Partnerschaft nicht werden, wenn man vermeiden wollte, dass materielle Gesichtspunkte einseitig im Vordergrund standen.

Die Wende 1989/90, die beide Partner begrüßten, schuf eine neue Ausgangslage. Warenlieferungen und Pakete wie bisher waren mit dem Ende der DDR nicht mehr nötig, erforderlich war jetzt Fachberatung bei der Anpassung an die neue Rechtsordnung und das Arbeitsrecht der nun gemeinsamen Bundesrepublik Deutschland. Satzungen für die sich jetzt verselbstständigenden diakonischen Einrichtungen waren zu erarbeiten, deren Eröffnungsbilanzen in Auftrag zu geben und zu finanzieren sowie Stellen- und Wirtschaftspläne zu entwerfen. Anschubhilfe wurde geleistet, etwa bei der Gründung der Diakoniesozialstationen. Einführungs- und Fortbildungsseminare wurden organisiert. Stichwort für die Konzeption der Partnerschaft in der Nach-Wende-Zeit war das Wort »projektbezogen«, nämlich projektbezogene Hilfe bei der Sanierung von Kirchen und Gebäuden, die dem Leben der Gemeinden und ihrer Diakonie dienten.

Offiziell beendet wurde die Partnerschaft zum 31. Dezember 2003 durch eine Vereinbarung der Bischöfe Wollenweber (Görlitz) und Krug (Oldenburg) – übrigens nicht ohne Proteste der Betroffenen. So protestierte in Oldenburg am 18. September 2004 eine Kreissynode mit einer Unterschriftenaktion und forderte die Fortführung der Kirchenpartnerschaft, um eine »zusammenfassende Organisationsebene« für »übergemeindlichen Erfahrungsaustausch und gemeinsame Arbeitsseminare« zu haben.[19] Mit ähnlichem Inhalt erschien zur selben Zeit ein Leserbrief aus dem Görlitzer Kirchengebiet in der Berliner Kirchenzeitung »Die Kirche«. Im Mai 2004 hatten beide Bischöfe in einem gemeinsamen Rundschreiben die Gemeinden ihres Kirchengebietes über das Ende informiert, und Bischof Krug nahm am 13. Mai 2004 in seinem Bischofsbericht vor der 46. oldenburgischen Synode dazu Stellung. Begründet wurde die offizielle Beendigung der Kirchenpartnerschaft mit dem Ende der kirchlichen Selbstständigkeit der schlesischen Oberlausitz infolge der Vereinigung mit Berlin-Brandenburg. Auf diese Weise fand der verlässliche

---

[19]   Es handelte sich um die Kreissynode Butjadingen. Zum Ganzen: Nachlass Bischof Krug Nr. 13 im Archiv des Ev.-luth. Oberkirchenrates in Oldenburg. In einem Brief an den Oldenburgischen Bischof bemerkte am 20. Juni 2004 der pensionierte Beauftragte für die Kirchenpartnerschaft, Hans-Ulrich Minke: Beim Rundschreiben der Bischöfe handele es sich um »ein oberflächliches, die Geschichte ignorierendes Dokument, das weh tut«.

50jährige Einsatz vieler Gemeindeglieder in Ost und West ein abruptes Ende.

Geblieben sind Kontakte einzelner Gemeinden, wie vermutlich in den anderen Gliedkirchen auch. Die während der Teilung Deutschlands praktizierte Kirchengemeinschaft war offenbar im Wesentlichen ein Anliegen der Erlebnis- und Trägergeneration und verblasste mit dem zeitlichen Abstand und der Normalisierung der Verhältnisse. Hinzu kommt eine unausgesprochene, belastende Diskrepanz: Während die diakonischen Einrichtungen in der ehemaligen DDR durch ihr Fachwissen und durch erhebliche Fördermittel zu modernen, der Konkurrenz standhaltenden Einrichtungen geworden sind, zwingt der erhebliche Mitgliederschwund die Kirchen zu Fusionen und zur großflächigen Zusammenlegung von Kirchengemeinden. Mit der Wende wurde offensichtlich, wie klein die Gemeinden geworden waren.

Nach alledem liegt es nahe zu fragen, was denn die Partnerschaft in der Sicht des westlichen oldenburgischen Partners bedeutet hat, so wie es nützlich wäre, ähnliches vom Görlitzer Partner zu hören.

Zu allererst war die Entscheidung von 1949, die oldenburgische und die restschlesische Kirche aneinander zu binden, für beide Kirchen eine Horizonterweiterung. Man war aufgefordert zu einer bisher nicht da gewesenen, über den Tellerrand der eigenen Landeskirche hinausgehenden Zusammenarbeit und zu geschwisterlicher Verantwortung. Kirche wurde damit, was ihre menschliche und geistliche Seite betrifft, real. Klarsichtiger Glaube war dafür nötig – gefordert war also mehr als nationales Zusammengehörigkeitsgefühl. Unter denen, die sich in den oldenburgischen Gemeinden für die Partnerschaft engagierten, entstand ein neues Gemeinschaftsgefühl, das in die eigene Gemeinde hineinwirkte. Ich denke hier an das, was Frauenkreise leisteten, oder an die Gemeindekirchenräte, die immer wieder in die Partnergemeinde reisten.

Aufgabe und Ziel aller Partnerschaftsarbeit war es natürlich, dazu beizutragen, dass die östliche Partnerkirche auch in materieller Hinsicht ihre Arbeit tun konnte. Diese materielle Hilfe trug dazu bei, trotz deutlich sinkender Mitgliederzahlen an der volkskirchlichen Parochialstruktur festzuhalten und weiterhin ein breites volkskirchliches Angebot zu unterhalten. Man war längst zur Minderheitskirche geworden, blieb aber nach eigenem Selbstverständnis Volkskirche, zumal ja – wie Gespräche mit Zeitzeugen zeigen – die Höhe der Betriebskostenzuschüsse aus der Sondervereinbarung (Kirchengeschäft) A weitgehend unbekannt waren; man war also insgesamt im Unklaren, wie sehr man von westlichen Zahlungen abhängig war. 1985 erhielt, um Zahlen zu nennen, die Görlitzer Kirche 429.000,- M. als Zuschuss.[20] Leider fehlen, um deren prozentuale Höhe einzuschätzen, Angaben über den Gesamt-Etat. In den Jahren bis 1989 wurden von der EKD insgesamt 1,4 Milliarden DM über Warenlieferungen transferiert.

Belastend ist für mich persönlich, dass ich mir trotz vieler Besuche in Görlitz wenig Rechenschaft über die menschlichen Folgen der 40 Jahre Sozialismus gegeben habe, auch wenn mir Zurückhaltung, mangelnde Eigeninitiative und Resignation auffielen.[21] Ebenso wenig habe ich reflektiert, welchen Abstand im Erleben die 40 Jahre Bundesrepublik für die Christen der DDR bewirkt haben. Bei Begegnungen – vor allem wenn sie in Westdeutschland stattfanden – konnte ich beobachten, dass Besucher fast ausschließlich von dem Leben in der DDR und den ideologischen Zwängen im »real existierenden Sozialismus« berichteten und selten fragten, wie denn im Westen gelebt und das Geld verdient wurde. Dementsprechend stellt Manfred Wilke in seiner Besprechung des Kirchenberichts des Deutschen Bundestages fest: »Erst nach der Einheit erlebten die Deutschen in Ost und West, wie fremd sie sich in über vierzig Jahren der Teilung in den beiden Gesellschaften geworden waren.«[22]

Das ändert freilich – um ein Resümee zu ziehen – nichts daran: Die Kirchenpartnerschaften waren für die beteiligten Kirchen in jedem Fall eine Erfolgsgeschichte: Hier kamen Menschen zusammen, die bislang

---

[20]   Im Jahre 1975 waren es 473.000,- M. Zum Vergleich seien die Betriebsmittelzuschüsse der benachbarten sächsischen Kirche genannt: 1975: 4.226.900,- M; 1985: 3.833.700,- M. (Angaben des Ev. Zentralarchivs Berlin). Zu beachten ist dabei der Rückgang der Mitgliederzahlen: Hatte die schlesische Oberlausitz nach Kriegsende noch 260.000 Mitglieder, waren es 1978 noch 125.000 und 1992 nach der EKD-Statistik noch 78.000. Es handelt sich dabei nicht nur um Austritte, sondern um lautloses Ausscheiden durch andauernde Verweigerung des Kirchengeldes, vor allen Dingen aber darum, dass die Sterbefälle in keiner Weise mehr durch die wenigen Taufen ausgeglichen wurden. Dazu: Detlef Pollack, Von der Volkskirche zur Minderheitskirche. Zur Entwicklung von Religiosität und Kirchlichkeit in der DDR, in: Hartmut Kaelble/Jürgen Kocka/Hartmut Zwahr (Hrsg.), Sozialgeschichte der DDR, Stuttgart 1994, 271–294.

[21]   Dazu Hans-Joachim Maaz, Der Gefühlsstau. Ein Psychogramm der DDR, Berlin 1990, 61ff.

[22]   Manfred Wilke, Erinnerungskultur in Deutschland – ein Blick auf den »Kirchen-Bericht« und das Gedenkstättenkonzept der Enquête-Kommission des deutschen Bundestages, in: Christian-Erdmann Schott (Hrsg.), In Grenzen leben – Grenzen überwinden (FS Peter Maser), Münster 2008, 225–253: 227.

einander fremd waren. »Immer wieder wurden uns die Schranken und Barrieren, die zwischen uns stehen, bewußt; doch der Glaube an Gott verbindet uns, und dieses Band ist stärker als Grenzen und Schranken«, schrieb 1980 ein Teilnehmer einer Begegnungsreise.[23] Auf diese Weise wurde nicht nur die Gemeinschaft der Glaubenden im Bereich der Partnerkirchen realisiert, sondern gleichzeitig auch ein Beitrag zur Wiedervereinigung der beiden deutschen Staaten geleistet.

---

[23]   Zu Ergebnissen und Chancen der Partnerschaften: Gesine Hefft, Was eint uns, wenn uns nichts mehr trennt? Kirchliche Gemeindepartnerschaften vor und nach 1989 (Begegnungen 15), Berlin 1996.

Partnerschaft auf regionaler Ebene

Die Verbindung von Berlin-Brandenburg
mit Baden, Rheinland und Westfalen

Hans-Dietrich Schneider

Vorbemerkung

Dieser Bericht zu Partnerschaften bezieht sich exemplarisch auf das Diakonische Werk – Innere Mission und Hilfswerk – der Ev. Kirche in Berlin und Brandenburg (außer Berlin-West). Unsere Partnerverbände waren das Diakonische Werk der Ev. Kirche in Baden, das Diakonische Werk im Rheinland sowie das Diakonische Werk der Evangelischen Kirche von Westfalen. Die Zuordnung der Kirchenkreise zu den Partnerwerken erfolgte zunächst auf rein statistischer Grundlage und blieb auch nach einer Neuordnung der Kirchenkreise unverändert.

Dem Diakonischen Werk von Westfalen waren zugeordnet: Neun Kirchenkreise in Berlin (Ost) und Berlin-Land. Dem Diakonischen Werk Baden waren zugeordnet: 17 Kirchenkreise (Falkensee, Fürstenwalde, Kyritz-Wusterhausen, Nauen, Perleberg-Wittenberge, Potsdam, Prenzlau, Pritzwalk, Rathenow, Ruppin, Senftenberg, Spremberg, Straußberg, Teltow, Templin, Wittstock, Zossen). Dem Diakonischen Werk im Rheinland waren die restlichen 20 Kirchenkreise im Kirchengebiet Brandenburg zugeordnet.

Nach der friedlichen Revolution 1989 gab es mehrere Ansätze, die Partnerschaftsarbeit aufzuarbeiten und damit einem Vergessen zu widerstehen. In diversen Festschriften, Zeitschriften und Zeitungen wurden Artikel und Berichte veröffentlicht.[1]

---

[1] Diakonisches Werk (DW) Baden: Partnerschaften – Erfahrungen vergangener Jahre, 1993. Autoren: KR Wunderer und KR Schneider. – DW Westfalen: »Stückwerk« – Partnerschaft der Kirchenkreise Berlin III und Iserlohn, 2002. Hrsg.: Pfr. Katzorke und ein Team des Kirchenkreises Iserlohn. – Vgl. auch: Martin Backhaus, Diakoni-

VORGESCHICHTE UND
ENTSTEHUNG DER PARTNERSCHAFTEN

Nach dem Ende des Zweiten Weltkriegs entstanden zunächst zwischen
den Kirchen in den Westzonen und den Kirchen in der Sowjetischen Besatzungszone (SBZ) auf Initiative des von Eugen Gerstenmaier gegründeten Hilfswerks der Evangelischen Kirche in Deutschland zwischenkirch-
liche Partnerschaften. Im Herbst 1945 schrieb Eugen Gerstenmaier in
der »Proklamation des ev. Hilfswerks«: »Der Hunger klopft an die Türen. Durch die Häuser, durch die Städte, vom Jammer verfolgt, schreitet
das Unglück. Obdachlose, verlassene, verzweifelte Menschen rufen um
Hilfe ... – dies darf und soll nicht das Los von Millionen unserer Brüder und Schwestern werden.«[2] Dieser Aufruf ging an alle Kirchen, Kirchenkreise und Kirchengemeinden. Gerstenmaier nahm damit Wicherns
Zielvorstellung einer sozial verantwortlichen Gemeinde auf. Er nannte
das »Wichern II«. Das Evangelische Hilfswerk hatte auch eine starke ökumenische Wurzel. Offiziell gegründet wurde es Ende August 1945 auf
der Kirchenversammlung in Treysa, als sich die Evangelische Kirche in
Deutschland konstituierte. Eugen Gerstenmaier wurde der Leiter. Jede
Landeskirche benannte einen Bevollmächtigten. Oberstes Leitungsgre-
mium war der »Wiederaufbauausschuss« mit Landesbischof D. Wurm als
Vorsitzendem. Sitz des Zentralbüros war Stuttgart.

Da es innerhalb der SBZ bald Schwierigkeiten mit der Arbeit gab,
wurde in Berlin ein »Zentralbüro Ost« eingerichtet. Die Kirchen spürten
in der SBZ bald Bedrängnisse durch den Monopolanspruch des Staates
nach sowjetischem Vorbild. Das galt ebenso für die Arbeit des Ev. Hilfswerks, da die auf Anweisung der sowjetischen Militärverwaltung als
»erste sozialistische Massenorganisation« gegründete Volkssolidarität
eine Gleichschaltung anstrebte.

Das Evangelische Hilfswerk mit seinen vielen Spenden aus der
Ökumene wurde als »subversive Agentenorganisation« diffamiert. Das
Hilfswerk wehrte alle Gleichschaltungsversuche ab, reagierte flexibel
und entwickelte aus dem »Zentralbüro Ost« die »Berliner Stelle«. Nach
dem Verbot der Einfuhr von Hilfsgütern 1949 reagierte das Evangelische
Hilfswerk mit einer Paketaktion der westdeutschen Kirchengemeinden

---

sches Werk Berlin Brandenburg – Entwicklungen der Nachkriegszeit. Berlin 1992.
[2]   Zit. nach: Dank und Verpflichtung. Zehn Jahre Hilfswerk der EKD, hrsg. v. Zentralbüro des Hilfswerks der EKD, Stuttgart 1955, 24.

für die Kirchengemeinden in der DDR. Der Slogan dazu lautete:»Jede Gemeinde eine Hilfswerkstelle.« So entstand eine Vielzahl von Kontakten, die das Miteinander stärkten. Auch die Landeskirchen blieben sich nahe. Um den Repressalien ausgesetzten Kirchen in der DDR zu helfen, wurden vom Hilfswerk der EKD Partnerkirchen bestimmt. In kurzer Zeit entstand ein lebendiges Miteinander geschwisterlicher Gemeinschaft über die Grenze hinweg. Nach der Zusammenführung von Hilfswerk und Innerer Mission 1957 übernahmen die landeskirchlichen Diakonischen Werke die Organisation der Partnerschaftsarbeit. Das Motto hieß:»Brücken bauen nach drüben und über diese Brücken gehen.« Auch nach der Gründung des Bundes der evangelischen Kirchen in der DDR am 10. Juni 1969 blieb die Gemeinsamkeit bestehen. Auf der Gründungssynode in der Hoffbauer-Stiftung in Potsdam-Hermannswerder wurde in der Grundordnung in Art. 4.4 festgelegt:»Der Bund bekennt sich zur besonderen Gemeinschaft der ganzen evangelischen Christenheit in Deutschland.«

VON DER PATENSCHAFT ZUR PARTNERSCHAFT

In den Kirchen der EKD wurde angesichts der zunehmenden Benachteiligungen und Bedrängnisse der Kirchen in der DDR überlegt, wie Solidarität und Hilfe praktiziert werden können. Als eine erste Maßnahme wurde der Mittwochabend als »Abend der Fürbitte« und des Aneinanderdenkens vereinbart. Damit begann eine Gemeinschaft besonderer Art, die sich in einer Vielzahl von Aktionen konkretisierte. So sollten etwa kirchliche Gebäude erhalten werden, Orgeln weiter erklingen und evangelische Kindergärten Grundausstattungen bekommen. Nicht zuletzt entwickelte sich die Mobilitätshilfe (PKW-Beschaffung über die staatliche Handelsorganisation GENEX). Es wurden theologische Gespräche geführt, soweit möglich Literatur verschickt, das *mutuum colloquium fratrum* gepflegt. Die Träger dieses Miteinanders waren ungezählte Pfarrer, Kirchenälteste und Gemeindeglieder der verbundenen Kirchen. Sie waren die eigentlichen Brückenbauer. So wurde Glauben gestärkt und in Bedrängnissen getröstet. Es wurde Verstehen gestiftet und vielfältig ermutigt im Suchen nach einem glaubwürdigen Weg als Christen in einer atheistischen Diktatur.

Zunehmend begann in den Kirchen in der DDR ein Fragen und Suchen nach einer eigenständigen Gestalt einer Freiwilligkeitskirche. Besonders deutlich wurde das in dem Gespräch des Vorstandes des BEK mit der Partei- und Staatsführung am 6. März 1978, als Bischof Schönherr die Formel von der »Kirche im Sozialismus« prägte. Die Grundfrage war: Welche glaubwürdige Gestalt muss das christliche Zeugnis haben, um die Botschaft des Evangeliums so auszurichten, dass sie die Menschen erreicht und Gemeinde wächst? Immer deutlicher wurde die Suche nach einem Standort in dem politischen System der atheistischen Diktatur.

Bei der Suche nach Identität waren die Gespräche mit den Patengemeinden von großer Bedeutung. Je länger, desto mehr wandelten sich die Patenschaften zu Partnerschaften. Ebenso wie die Partner fragten wir nach Grundorientierungen und waren im Gespräch über christliche Grundwerte. Die konziliare Bewegung formuliert es schlagwortartig mit den Begriffen »Frieden, Gerechtigkeit und Bewahrung der Schöpfung«. So wurden die Begegnungen zum Dialog über den Weg der Kirche und zum Trost in Enttäuschungen und Niederlagen. An vielen Orten hat sich diese gewachsene Partnerschaft auch in den Monaten der friedlichen Revolution bewährt und hatte Bestand über die Vereinigung der beiden deutschen Staaten hinaus.

Das Miteinander über Kirchengrenzen hinweg war eine großartige Erfahrung. Die unterschiedliche Situation in West und Ost, die unterschiedlichen Herausforderungen von Weite und Enge machten die Gespräche überaus fruchtbar. Wir waren beieinander im Gespräch und im Glauben. Wir bemühten uns um theologischen Austausch und um politische Diskussion. Die Unterschiede und auch Gegensätze der Auffassungen und Positionen machten deutlich, dass Kirche immer auch in einem konkreten politischen System existiert, aus dem sich Fragestellungen ergeben, auf die eigene Antworten zu finden sind. Diese Antworten müssen dem Anspruch des Evangeliums genügen und dem Zuspruch des Herrn der Kirche vertrauen.

DIE PARTNERKIRCHEN DER EVANGELISCHEN KIRCHE IN BERLIN-BRANDENBURG (OST)

DIE EVANGELISCHE KIRCHE IN BADEN

Bei allem gemeinsamen Handeln und Planen gab es je eigene Schwerpunkte, die sich aus den Besonderheiten des Partnergebietes ergaben. Der Beauftragte der Badischen Partnerkirche war Kirchenrat Wunderer, Geschäftsführer im Diakonischen Werk Baden. Der Direktor des

Diakonischen Werkes (DW) Baden, Oberkirchenrat Michel, konnte aus politischen Gründen nicht in die DDR einreisen. Kirchenrat Wunderer besuchte uns jedes Jahr mehrfach und organisierte in Baden die Besuchsreisen der Kirchenkreise (Superintendenten und Diakoniepfarrer) und die Hilfen. Über das Diakonische Werk wurden auch – ebenso wie im Rheinland und in Westfalen – die Besuchsreisen finanziert. Auf unserer Seite erfolgte die Planung und Organisation durch das regionale Diakonische Werk, die Vorbereitungen leisteten die Kreisdiakoniepfarrer. Die jährlichen Begegnungstagungen der Superintendenten und Kreisdiakoniepfarrer waren von herausragender Bedeutung. Sie festigten die brüderliche Gemeinschaft, halfen in schwierigen Jahren über Grenzen und Schikanen hinweg, beieinander zu bleiben.

Die Superintendenten und Diakoniepfarrer aus Baden scheuten nicht die Schikanen der Kontrollen – bis hin zu Leibesvisitationen – bei der Einreise in die DDR. Die Kreisdiakoniepfarrer in Brandenburg entwickelten eine kreative Phantasie mit manchmal abenteuerlichen Begründungen bei der Beantragung von Einreisevisa. Allen, die sich immer wieder der Unbill des deutsch-deutschen Grenzüberganges aussetzten, gilt bleibender Dank.

Die jährlichen Begegnungen fanden zunächst in der Stephanus-Stiftung Berlin-Weißensee statt, nach dem März 1978 dann in je einem Kirchenkreis, häufig verbunden mit einem Kreisdiakonietag. Theologische und diakonische Themen wurden erörtert. Wichtig war der freie Gedankenaustausch, und der zuständige Generalsuperintendent gab einen viel beachteten »Bericht zur Lage«. Der thematische rote Faden waren Chancen und Herausforderungen für die gemeindliche und übergemeindliche Diakonie. Deshalb wurden diakonische Einrichtungen und Dienste sowie evangelische Kindergärten besucht.

Die Grundfrage war: Wie können wir in unserer Situation Jesu Liebe zur Tat werden lassen? Oder mit den Worten von Gottfried Winter, dem Diakoniepfarrer des Kirchenkreises Perleberg-Wittenberge: »Wo liegt das Gute, das wir tun können? Wo liegen die Hilfen, die wir bringen können? Wo liegt die Freude, die wir schenken können?«

Bleibende Freundschaften und gegenseitiges Vertrauen entstanden. Nach der friedlichen Revolution konnten die Diakoniepfarrer endlich auch die Partner in Baden besuchen. Es entstanden einige Arbeitsgemeinschaften, um den Strukturwandel zu gestalten und zu reflektieren, sowie um herauszufinden, was von Westseite und was von Ostseite in den Vereinigungsprozess eingebracht werden kann.

Beeindruckend ist die Statistik der Hilfen der Badischen Kirche für ihr Partnergebiet. Ich nenne exemplarisch: 1 Mio. DM für den Bau einer Zentralküche der Hoffbauer-Stiftung in Potsdam-Hermannswerder, die einen wesentlichen Beitrag zum Erhalt der Stiftung darstellte, 18 Mio. DM für den Kirchlichen Bruderdienst, die Lieferung von 250 PKW über den GENEX-Geschenkdienst und ca. 5,5 Mio. DM für Hilfen an Gemeinden.

Die Evangelische Kirche im Rheinland

Eine enge und vertrauensvolle Partnerschaft bestand mit dem Diakonischen Werk im Rheinland, das für die dortige Landeskirche handelte. Zuständig waren Direktor Kirchenrat Gattwinkel mit der Abteilung Partnerhilfe des Geschäftsführers Pfarrer Vermeulen und der Referentin Frau Marianne Scheiffarth. Mehrfach im Jahr besuchte sie uns, wenn das Einreisevisum genehmigt wurde. Gemeinsam mit uns besuchte sie im Rheinischen Partnergebiet Superintendenten, Kreisdiakoniepfarrer und regelmäßig Evangelische Kindergärten und diakonische Einrichtungen. Dadurch hatten »unsere Rheinländer« direkten Kontakt, persönliche Vor-Ort-Kenntnisse und Wissen um die Situation, mit Freuden und Beschwernissen aus erster Hand. Darüber hinaus realisierte das Diakonische Werk im Rheinland viele Hilfen über unsere Geschäftsstelle. Darüber berichte ich in einem späteren Abschnitt.

Höhepunkte des partnerschaftlichen Miteinanders waren die regelmäßigen Treffen der Superintendenten und Kreisdiakoniepfarrer mit den Rheinischen Superintendenten und den Geschäftsführern der regionalen Diakonischen Werke, die in der St. Elisabeth-Stiftung Berlin-Prenzlauer Berg stattfanden. Nach einer Andacht folgten ein theologisches Referat sowie ein Bericht zur diakonischen Arbeit. Der Generalsuperintendent gab einen Bericht zur Lage, dem sich ein intensiver Gedankenaustausch anschloss. Vielfältige Hilfen wurden anschließend verabredet. Auch nach der friedlichen Revolution blieben viele dieser Partnerschaften noch über eine längere Zeit bestehen mit Gesprächen, Hilfen und gegenseitigen Besuchen.

Die Evangelische Kirche von Westfalen

Die Partnerschaft mit der Evangelischen Kirche von Westfalen hatte eine eigene Struktur, da die Partnerkirchenkreise fast alle in Berlin (Ost) lagen. Sie konnten mit Tagesvisum ohne größeren Aufwand an Beantragungsmodalitäten besucht werden. In dem Buch »Stückwerk« ist dies am

Beispiel der Kirchenkreise Berlin Stadt III und dem Kirchenkreis Iserlohn ausführlich dargestellt.[3] Die verantwortlichen Träger und Gastgeber waren auch in Berlin die Superintendenten und Kreisdiakoniepfarrer.

An erster Stelle ist die große Hilfe für das Psychiatrieheim der Berliner Stadtmission (Ost) in Telz zu nennen. Bei einem Besuch in Telz, wo erwachsene Menschen mit einer geistigen Behinderung lebten, ließen die überaus schwierigen Bedingungen und der desolate Zustand des Hauses den Partnern keine Ruhe. Sie ermöglichten Baumaßnahmen, sodass aus Unterbringung Wohnen wurde. Außerdem wurden mehrfach die Erträge der Sammlung »Helfende Hände« für Evangelische Kindergärten zur Verfügung gestellt. So waren auch Kinder für Kinder partnerschaftlich aktiv.

Der Direktor des Diakonischen Werkes von Westfalen, Pfarrer Dr. Schütz, und sein Geschäftsführer für Partnerschaftsangelegenheiten, Pfarrer Finking, vertieften das brüderliche Miteinander durch regelmäßige Besuche und Gespräche. Es bewährte sich auch während und nach der friedlichen Revolution und half den notwendigen Strukturwandel zu bewältigen.

Eine entscheidende Hilfe leistete das DW Westfalen bei der Gründung und Einrichtung einer Beratungsstelle für autistische Kinder sowie bei der Vermittlung fachlicher Fortbildung für Mitarbeiter in diesem damals noch sehr umstrittenen Bereich. Die Gründung des Frauenhauses »Bora« nach der friedlichen Revolution wurde unterstützt und begleitet. Heute ist daraus ein großes Netzwerk der Hilfe für Frauen in Not und deren Kinder geworden.

PARTNERSCHAFTEN DER EINRICHTUNGEN UND FACHVERBÄNDE DER DIAKONIE

Stabile und überaus hilfreiche Partnerschaften wuchsen zwischen den stationären diakonischen Einrichtungen und den entsprechenden Fachverbänden auf regionaler und Bundesebene. Dabei ging es nicht nur um praktische und materielle Hilfen, sondern ebenso um intensiven fachlichen Austausch. Dieser war durch die Isolierung in der DDR und das Fehlen von Fachzeitschriften und Fachliteratur überaus wichtig. Wir konnten teilhaben an den Diskussionen und Entwicklungen in der BRD und Europa, und wir konnten unsere Erfahrungen als geachtete Partner

---

[3] S. o. Anm. 1.

einbringen. Die Partnereinrichtungen organisierten einen regelmäßigen Besuchsdienst, und die Vorstände auf Bundesebene stärkten vielfältig das Miteinander. Dieses besteht zwischen vielen Einrichtungen, Mutterhäusern und Krankenhäusern bis zum heutigen Tag.

Da es in dem Miteinander ganz besonders um fachliche Inhalte ging, bestanden diese Partnerschaften neben den Gemeindepartnerschaften. Die uns besuchenden Partner waren ausgewiesene Experten der Behinderten- und Altenhilfe. Über Fachgespräche hinaus führten sie oft auch Fort- und Weiterbildungen durch. Da sie in der Regel nur auf Privatvisum einreisen durften, wurden die oft umfangreichen Beiträge als »Grußworte« deklariert. Solche waren nicht verboten – und wir ließen sie uns auch nicht verbieten, sehr zum Ärger der DDR-Behörden. Das hatte zwar immer wieder Schikanen bei der Einreise zur Folge, aber unsere Partner nahmen diese Misshelligkeiten auf sich. In diesen Partnerschaften wurden auch mancherlei sehr konkrete Hilfen vermittelt, vor allem durch Gegenstände und Geräte, die dringend benötigt, jedoch in der DDR nicht zu haben waren. Dazu gehörten z. B. Armaturen, Ventile, Bohrmaschinen u.v.m. Nicht zuletzt gehörte dazu auch Bohnenkaffee, mit dessen »Unterstützung« manche Bauleistung eingetauscht werden konnte.

Beispielhaft möchte ich an den Fachverband für Menschen mit Behinderungen erinnern. An den Sitzungen unseres Beirates für Psychiatrie nahmen über Jahre hinweg ein Mitglied des Vorstandes – lange Zeit Rektor Dr. Brandt vom Wittekindshof – und der Geschäftsführer – damals: Erwin Dürr – teil. Sie vermittelten für unsere Fachkonferenzen Dozenten, planten mit uns die zukünftige Zusammenarbeit, schleusten auf einem Kurierweg Fachliteratur und die Verbandszeitschrift »Zur Fortbildung« ein und anderes mehr. Der Theologische Ausschuss des Verbandes tagte mehrfach gemeinsam mit uns in Berlin. Der Werkstattausschuss half uns intensiv, die »geschützte Arbeit« zu entwickeln, obwohl diese der Diakonie untersagt war und Werkstätten für Behinderte in der DDR überhaupt nicht existierten. Dieses Miteinander führte dazu, dass die diakonischen Einrichtungen für Menschen mit Behinderungen nach der friedlichen Revolution sogleich eine größere Anzahl von Werkstätten für Behinderte aufbauten und anerkannt bekamen.

Eine unschätzbare partnerschaftliche Hilfe leistete uns Frau Elisabeth Harmsen von der Hauptgeschäftsstelle des Diakonischen Werkes der EKD in Stuttgart. Unermüdlich unterstützte sie uns beim Aufbau von Hilfen für psychisch kranke Menschen. Daraus erwuchsen das »Psychiatrieseminar«, das später in das Diakonische Qualifizierungszentrum integriert wurde, sowie das Seelsorge-Seminar, das heute in unserer Landeskirche einen unverzichtbaren Dienst leistet.

Einige partnerschaftliche Hilfen, die nach 1989 dazu beitrugen, den Strukturwandel zu bewältigen, seien stichwortartig genannt: Der Wittekindshof half, wie bereits erwähnt, beim Aufbau der Werkstätten für Behinderte. Die Volmarsteiner Anstalten stellten ihr Rechenzentrum zur Verfügung, um die elektronische Bearbeitung von Daten einzuführen und zu ermöglichen. Darüber hinaus begleiteten sie das Oberlin-Haus in Potsdam-Babelsberg bei der Gründung und dem Aufbau des Berufsbildungswerkes für das Land Brandenburg. Die von Bodelschwinghschen Anstalten in Bielefeld halfen mit intensivem personellen und finanziellen Einsatz, die Hoffnungstaler Anstalten in Lobetal neu zu strukturieren, zu modernisieren und den neu geltenden Standards anzupassen. Heute bestehen die Hoffnungstaler Anstalten wieder im Verbund der von Bodelschwinghschen Stiftungen. Sie sind einer der größten Leistungserbringer im Land Brandenburg und in der Bevölkerung – egal ob christlich oder nicht – hoch geachtet.

DIE ROLLE DER GESCHÄFTSSTELLE DES DIAKONISCHEN WERKES »INNERE MISSION UND HILFSWERK DER EVANGELISCHEN KIRCHE IN BERLIN-BRANDENBURG«

Wegen der besonderen politischen Verhältnisse in der DDR entwickelte sich unsere Geschäftsstelle in der Schönhauser Allee 141 immer stärker zu einem Zentrum der Begegnungen und der Hilfen. Auch die über das Diakonische Werk der EKD vermittelten Hilfsprogramme wurden über die Geschäftsstelle abgewickelt. An einige Programme soll an dieser Stelle erinnert werden.

Eine besonders erfolgreiche Aktion war der Vertrieb der seelsorgerlich-missionarischen Zeitschrift »Frohe Botschaft für jedermann«. Lizenzträger in Berlin (Ost) waren Kirchenrat Federlein und Konsistorialpräsident Stolpe. Gedruckt wurde diese Zeitschrift bei der Druckerei Bartos in Berlin-West. Finanziert wurde der Druck von unseren Partnerwerken. Der Erlös aus dem Verkauf kam der diakonischen Arbeit in Berlin-Brandenburg zugute. Die redaktionelle Arbeit leisteten wir in Berlin-Ost. Ein einmaliges Unternehmen!

Für Fortbildungsmaßnahmen, Diakonietage und volksmissionarische Arbeit benötigten wir Programme und Kleinschrifttum. Eine staatliche Druckgenehmigung wurde regelmäßig versagt. Als dann noch der »Elternbrief« unserer immer stärker wachsenden Selbsthilfegruppen »Eltern helfen Eltern« hinzukam, waren die Grenzen unserer schlichten Technik endgültig überschritten. Nach vielen Gesprächen mit den Behörden, Verhandlungen und phantasievollen Einfällen gelang es, die Einfuhrgenehmigung für eine Kleinoffset-Maschine mit der Auflage »ausschließlich für den innerkirchlichen Dienstgebrauch« zu erhalten. Dieses Gerät sowie Zubehör und Papier finanzierten die Partner. Die Partner schenkten uns auch die ersten Kopiergeräte. Für uns damals kostbare Raritäten!

Das Partnerwerk Westfalen ermöglichte ab 1986 eine ganz besondere Hilfe: Für zehn diakonische Einrichtungen und unsere Geschäftsstelle wurden Computer beschafft, Mitarbeiter in der EDV-Technik geschult und der Aufbau einer Leitstelle für EDV und Software-Entwicklung bei unserer Revisions- und Treuhandstelle in Potsdam ermöglicht und unterstützt. Initiator aus dem Diakonischen Werk von Westfalen war der leider viel zu früh verstorbene Dr. Szroka. So arbeiteten nach der friedlichen Revolution diakonische Einrichtungen bereits mit EDV-Technik, was die Neustrukturierung erheblich erleichterte.

Da aus den Gruppen mancher Dienste für und mit alkoholabhängigen Menschen immer wieder der Wunsch nach einer alkoholfreien Abendmahlsfeier geäußert wurde, Traubensaft jedoch nicht zu erhalten war, gelang es schließlich mit Unterstützung des Sekretariates des Bundes der Evangelischen Kirchen in der DDR, Traubensaft »ausschließlich für den gottesdienstlichen Gebrauch« zu beziehen. Die Trauben kaufte der Staat in Ungarn ein, gepresst wurden sie in Salzwedel. Verteilt haben wir den Saft über unsere Geschäftsstelle und die anderen landeskirchlichen Diakonischen Werke.

Unsere Partnerwerke stellten umfangreiche Hilfen für die Evangelischen Kindergärten zur Verfügung – immerhin hatten wir in Berlin-Brandenburg 106 Evangelische Kindergärten und neun Kinderhorte. Nach sorgfältigen Absprachen wurden pädagogisches Material, Fingermalfarben, Ausstattungen, Sanitärkeramik und vieles mehr beschafft.

Über unsere Geschäftsstelle wurden auch die besonderen partnerschaftlichen Hilfen für die Ost-Region unserer Kirche abgewickelt. So z. B. die Beschaffung von PKW für Superintendenten und Gemeindepfarrer in ländlichen Gebieten, Schiefer, Schiefernägel und Baumaterial sowie Gerüste für das Kirchliche Bauamt, dazu Orgeln, Läuteanlagen, Windmotoren und mehr. Alles in präziser Absprache mit unserem Evangelischen Konsistorium.

Die Geschäftsstellen der landeskirchlichen Diakonischen Werke waren auch für die Abwicklung und Abrechnung der meisten zentralen innerdeutschen kirchlichen Hilfsprogramme zuständig. So der »Kirchliche Bruderdienst«, die finanzielle Hilfe für kirchliche Mitarbeiter in DDR-Mark nach Transfer über die Staatsbank der DDR, aus der sich nach 1990 die Evangelische Partnerhilfe entwickelte, die Spendenaktionen für die »Stätten des kirchlich-diakonischen Wiederaufbaus«, die unter anderem der Elisabeth-Stiftung und der Hoffbauer-Stiftung zugute kamen, die verschiedenen Sonder-Bauprogramme für Kirche und Diakonie, ohne die viele Gebäude diakonischer Einrichtungen in Berlin-Brandenburg nicht hätten gebaut werden können, und nicht zuletzt die Lieferung von Medikamenten und medizinischen Hilfsmitteln aus Westdeutschland.

Zum Abschluss will ich unbedingt noch auf eine besonders hilfreiche internationale Partnerschaft eingehen, nämlich jene mit dem »Socialstyrelsen« des Königreiches Dänemark in Kopenhagen. Ab 1976 besuchte uns regelmäßig Oberregierungsrat Elit Berg vom dänischen Sozialministerium und wurde ein großartiger Partner in der Entwicklung der Behindertenhilfe. Er war es auch, der uns die Tür zur internationalen Kommunikation öffnete und Dänemark zu einem Land der Begegnungen, der Fachgespräche und der Konsultationen machte. Gemeinsam mit Oberregierungsrat Berg half unermüdlich und uneigennützig das Diakonissenmutterhaus in Kopenhagen mit seiner Oberin Signe Krogh.

Nicht vergessen sei schließlich eine Zusammenkunft mit allen drei Direktoren der diakonischen Partnerverbände 1990 in Bad Bevensen. Zwei Tage lang besprachen wir intensiv Möglichkeiten zur Bewältigung des Strukturwandels, konkret auch personelle Hilfen. Wir planten für die Zukunft, benannten Probleme und suchten gemeinsam nach möglichen Lösungen. All das war uns eine große Hilfe und eine tiefe Erfahrung gelebter Bruderschaft, für die wir stets dankbar bleiben werden und die nie abgebrochen ist.

DIAKONENTAGE UND DIAKONENHILFE
Partnerschaft zwischen Brüderschaften

Friedrich Bartels

Ulrich Heidenreich, langjähriger Vorsitzender der Deutschen Diakonenschaft (DD), wird das Thema entfalten am Beispiel der Partnerschaft zwischen dem Rauhen Haus in Hamburg und dem Martinshof in Rothenburg/Neiße. Ich werde es im Folgenden auf der Ebene der beiden Diakonenverbände, Deutsche Diakonenschaft und Ev. Diakonenverband in der DDR (EDV), darstellen, dessen Vorsitzender ich zwischen 1984 und 1990 gewesen bin. Da die Erinnerungen sicher persönlich und manchmal verschieden sind, habe ich ehemalige leitende Vertreter der Brüderschaften im EDV gebeten, meine subjektiven Darstellungen zu ergänzen. Ich freue mich, die deutsch-deutsche diakonische Partnerschaft aus Sicht des EDV im Rahmen dieser Tagung dokumentieren zu können.[1]

GEMEINSAME WURZELN DER PARTNERSCHAFT

In den Akten des Ev. Diakonenverbands habe ich meine Erinnerungen an Namen, Daten und Zahlen aufzufrischen versucht, die die Partnerschaftsbeziehungen zur Deutschen Diakonenschaft beschreiben können: Die Aktenlage ist dürftig! Das ist einerseits mit der Vorsicht zu erklären, keine Beziehungen zu dokumentieren, die ideologisch verdächtigt wurden und zeitweise auch strafrechtlich belastend werden konnten (Devisenvergehen, Völkerhetze).

Mehr aber ist diese Fehlanzeige begründet in der Art der Partnerschaft: So, wie in einer Familie die Beziehungen der Mitglieder selten und unzureichend durch Protokolle und Quittungen belegt werden, so

---

[1] Eine ausführlichere schriftliche Dokumentation wurde dem Archiv des Diakonischen Werkes der EKD übergeben. Im Bestand: ADW, GD DDR.

auch in der großen Familie der Diakonenbrüderschaften. Das Wichtige ereignete sich in Begegnungen und Gesprächen. Das Bild der Familie scheint mir zutreffend zu sein; denn die Diakonenschaften Deutschlands hatten sich 1913 zu einem Diakonenverband zusammengeschlossen – mit dem Ziel, berufspolitische Probleme gemeinsam zu lösen, eine gemeinsame Versicherungskasse zu bilden und sozialen Notständen solidarisch zu begegnen. In dieser Tradition fühlten sich die Gemeinschaften verbunden, auch nachdem im Jahr 1951 aufgrund der politischen Verhältnisse (mit Genehmigung des Magistrats von Berlin) eine Zweigstelle Ost in Berlin-Pankow eingerichtet worden war. Diese Verbundenheit blieb auch nach der praktisch vollständigen Trennung aller organisatorischen Verbindungen durch den Mauerbau am 13. August 1961 bestehen. Es bedurfte keiner Proklamation der Partnerschaft, weil – wie zahllose Familien in Deutschland – auch die Familie der Diakonenschaften in Ost- und Westdeutschland zwar getrennt, aber weiter durch eine gemeinsame Geschichte verbunden waren. Nachdem alle Beteiligten erst einmal Zeit brauchten, die Folgen der staatlichen Trennung zu begreifen und anzunehmen und inhaltliche wie organisatorische Ordnungen zu gestalten, wurden alte Verbindungen nach und nach wiederbelebt. Während die DD-West, bedingt durch ihre Größe, auch nach dem Ausscheiden der östlichen Brüderschaften weiter bestand, bildeten sich die Diakonenanstalten Ost 1972 neu zum Evangelischen Diakonenverband in der DDR. Er war beim Bund der Evangelischen Kirchen in der DDR (BEK) als Fachverband angebunden und gehörte dem Diakonischen Werk der Evangelischen Kirchen in der DDR als Fachverband an. Aufgrund dieser Geschichte gibt es kein Gründungsdokument für die Partnerschaft unter den beiden Diakonenverbänden. Auch für die Zuordnung der einzelnen Gemeinschaften zueinander, die um 1970 herum je zwei Gemeinschaften im Westen mit einer Gemeinschaft im Osten verband, haben wir keine Dokumentation gefunden. Die Zuordnung muss durch Beschlussfassung in der DD, vermutlich im Einvernehmen mit den Landeskirchen, nach territorialen bzw. konfessionellen Gesichtspunkten erfolgt sein. Diese Partnerschaften haben ca. 20 Jahre lang bestanden und wurden (bis auf wenige Ausnahmen) intensiv gepflegt.

LEBENDIGE PARTNERSCHAFT

Auf Verbandsebene nenne ich folgende Kriterien für eine lebendige Partnerschaft:

TRADITIONSPFLEGE

Es wurde gemeinsam an der Entwicklung des Berufsbilds »Diakon« gearbeitet. Gemeinsam wurde auch, zunächst zögerlich, an der Geschichte (Drittes Reich) gearbeitet. Aus Anlass des 50. Verbandsjubiläums gab es 1963 einen Diakonentag in Ost-Berlin. Westdeutsche Brüder hatten in Paketen mit Erbsen, Linsen, Speck und Dauerwurst dafür gesorgt, dass die in der Sophienkirche tagenden Teilnehmer in der Adolf-Stoecker-Stiftung in Weißensee beköstigt werden konnten. Das 75. Verbandsjubiläum im Jahr 1988 wurde in gemeinsamer Absprache und mit wechselseitigen Besuchen zu den Feierlichkeiten im Johannesstift Berlin bzw. in Hirschluch und in Berlin-Karlshorst begangen.

BESUCHE

Allein die Dokumentation der wechselseitigen Besuche auf Verbandsebene würde ein ganzes Heft füllen. Die meisten Begegnungen mussten wegen der eingeschränkten Reisegenehmigungen für DDR-Bürger im Osten stattfinden. Am unkompliziertesten waren Treffen in Ost-Berlin, alle ein bis zwei Jahre trafen sich die beiden Vorstände für einen Tag, meist in der Stephanus-Stiftung in Weißensee.[2] Der jeweilige Geschäftsführer der DD besuchte zwischendurch bei sich bietender Gelegenheit den Geschäftsführer des EDV. Diakonentage und Rüstzeiten wurden im Rahmen der Möglichkeiten besucht.

Einreisegenehmigungen für Gruppen in Orte in der DDR waren lange Zeit (bis Juni 1972 – dem Inkrafttreten des Transitabkommens) schwer zu erhalten. Am ehesten gelang das, wenn die Treffen als internationale Veranstaltungen deklariert waren. Punktuell glückte das im Zusammenhang mit Jubiläen oder Amtseinführungen. Auch die Ostseewochen im Bezirk Rostock oder die Messen in Leipzig waren sehr willkommene Gelegenheiten zu Treffen.

---

[2] Die Treffen begannen am späteren Vormittag, nachdem die meisten Teilnehmer die Passkontrollen durchlaufen hatten. Bibelgespräch, Situationsberichte, ein Sachthema und Organisatorisches waren die Inhalte. Abends fand noch bis zur »Sperrstunde« eine Gesprächsrunde in einem der Christlichen Hospize statt.

Mit der Entwicklung der Europäischen Diakonenkonferenz (EDK) ab 1973 zu einem Forum vieler Diakonen- und Diakoninnengemeinschaften in Nord-, West- und Südeuropa weitete sich der Raum für die Vertreter der DDR-Diakonenschaften. An den im Rhythmus von zwei Jahren stattfindenden Konferenzen konnten jeweils vier Vertreter teilnehmen, Geschäftsführer und Vorsitzender sowie zwei weitere Delegierte. Die Reisekosten konnten in Ostmark bezahlt werden, für die Tagungskosten trat die DD ein.

Nachdem eine für 1974 in Eisenach geplante Tagung der Europäischen Diakonenkonferenz wegen staatlicher Vorbehalte abgesagt werden musste, fand im Jahr 1984 in Hirschluch eine Tagung statt und im Herbst 1986 in Züssow eine Europäische Schülerdelegierten-Konferenz.

Eine Fülle von Treffen spezieller Berufsgruppen konnten im Laufe der Jahre in der DDR stattfinden, z.B. Brüderhausvorsteher in Züssow, Görlitz, Moritzburg, Neinstedt, zum letzten Mal am 3. Oktober 1990 (!) in Hubertushöhe-Storkow. Schließlich besuchten einzelne Gemeinschaften und Ausbildungsklassen aus Schweden, Norwegen und aus der Schweiz die Diakonenanstalten in der DDR.

Diese wechselseitigen Besuche waren auf allen Seiten mit langen Vorbereitungen und Unsicherheiten verbunden, mit befürchteten und erlebten Schikanen und mit Unbequemlichkeiten. Trotzdem wurden sie gern wahrgenommen. Die Finanzierung machte keine Schwierigkeiten. Wenige Anträge wurden abgelehnt.

Als problematisch haben wir DDR-Bürger die Inanspruchnahme von Ausreisegenehmigungen empfunden, da diese im Vergleich zur anderen Bevölkerung ein besonderes Privileg darstellten. Darum sahen wir es als unsere Pflicht an, besprochene Sachverhalte in unseren Berichten weiterzuvermitteln und nicht mit Sehnsucht weckenden Reisedias das vorhandene Neidpotenzial zu erhöhen. Wir haben uns geholfen, indem wir tatsächlich die dienstlichen Belange in den Mittelpunkt stellten, Anregungen aufnahmen wie ein Schwamm das Wasser und den privilegierten Personenkreis über die »Verbands-Funktionäre« hinaus ausdehnten. Ich entsinne mich nicht, dass es (mit Ausnahme eines Falles) Konflikte im Zusammenhang mit der Zusammenstellung der Delegationen gegeben hätte.

ERFAHRUNGSAUSTAUSCH UND ANREGUNGEN

Ich nenne an erster Stelle den Austausch von Glaubenserfahrungen und die theologisch-geistliche Vergewisserung über Lebens- und Handlungsgrundsätze im Horizont der Diakonie. Es ist meines Erachtens bemerkenswert, wenn (nicht nur) ich nach 25 Jahren aus den vielen Wortäußerungen einzelne Bibelarbeiten und Mahlfeiern in lebendiger Erinnerung habe.

Es gab bei jedem Treffen ein Fachthema. Hierdurch waren wir im Osten an aktuellen Diskussionen und Planungen innerlich beteiligt. In solchen Gesprächen wurde immer auch die unterschiedliche gesellschaftspolitische Relevanz diskutiert, die von einem in beiden deutschen Staaten unterschiedlichen Menschenbild bestimmt war. Auf der andern Seite stellten wir dar, wie wir aktuelle Aufgaben als Diakon(i)e einer »Kirche im Sozialismus« bearbeiteten. Diesen Austausch habe ich als ermutigend und klärend erlebt. Zwei Aufgabenbereiche möchte ich beispielhaft erwähnen: Ausgehend von der Partnerschaft Wittekindshof/Neinstedt fanden jährlich Arbeitstherapie-Tagungen statt, die sich für andere Gemeinschaften und Einrichtungen öffneten. Sie wurden außerordentlich gut angenommen. Ich nenne mit großem Dank das Engagement der Brüder Louis, Brandt, Eltzner, Heitkamp. Ähnliche Tagungen gab es jährlich zur Behindertenhilfe.

Schließlich möchte ich besonders die Hilfestellung der DD bei der Berufsanerkennung für die Diakone des EDV unmittelbar nach der Wende hervorheben! Die Anerkennung der Berufsabschlüsse sowohl im staatlichen als auch im kirchlichen und diakonischen Bereich erfolgten oft erst nach komplizierten Verhandlungen.

UNTERSCHIEDE

Wie in guten Familien haben wir auch Verschiedenheiten wahrgenommen und akzeptiert. Z.B. war unter den sieben Gemeinschaften im EDV m.E. ein selbstverständlicher Zusammenhalt zu erleben, auch ein höheres Maß an Verbindlichkeit im Blick auf getroffene Absprachen und Vereinbarungen untereinander. Auf Verbandsebene gab es keine Unterschiede in Bezug auf die Wertschätzung und Aufgabenverteilung unter Vorstehern, Brüderältesten und Diakonen. Auch die Größe einer Gemeinschaft bzw. ihre geringe Zahl war bei der Zusammenarbeit kein entscheidendes Kriterium.

Hinsichtlich des Einsatzes von Finanzmitteln habe ich damals Unterschiede festgestellt, die ich erst nachvollziehen konnte, als wir auch in das westliche Finanzierungssystem eingebunden wurden: Wir mussten in unserem Bereich für ein Vorhaben Zuschüsse, Beiträge und Spenden sammeln, konnten dann aber im Rahmen der Zweckbestimmung über den Einsatz der Mittel frei entscheiden.

Im Westen schien dies sowohl beim Einwerben der Mittel als auch beim Verwendungsnachweis viel geordneter und unbeweglicher zu sein, obwohl viel größere Summen zur Verfügung standen.[3]

GESCHENKE / BEIHILFEN

Damit bin ich bei dem Punkt angekommen, an dem oft die Freundschaft aufhört. Das aber habe ich in der Familie der Diakonengemeinschaften und ihrer Verbände anders erlebt. Die Büroarbeiten der Geschäftsstelle des EDV wurden durch Spenden von Papier, Kalendern, Stiften, Pritt, Tankgutscheinen usw. sehr erleichtert. Veranstaltungen wurden durch Kaffee, Obst, Schokolade und Gebäck unterstützt. Einzelne wirtschaftlich schlecht gestellte Diakonenfamilien erhielten Beihilfen für die Anschaffung von Haushaltsgeräten. Bei der Geburt eines Kindes erhielten junge Familien ein Paket mit Windeln, Pflegemitteln usw.

Die Partnergeschenke in umgekehrter Richtung bestanden aus Büchern, Schallplatten und Erzeugnissen der Arbeitstherapie.

Größere Beihilfen erhielt der EDV von der DD jährlich in Höhe von 11.000 DM. Woraus sich dieser Betrag speiste, weiß ich nicht. In den Akten des EDV habe ich über diesen Finanzvorgang nur zwei Notizen gefunden:

Einmal in einem Protokoll des Vorstands des EDV im Herbst 1986: TOP 3: »Obwohl in den letzten beiden Jahren ein erheblicher Teil der zur Verfügung stehenden Mittel abgebaut worden ist, bittet Seyfang [der damalige Geschäftsführer der DD] darum, seitens der Brüderschaften Zurückhaltung aufzugeben und Bedürfnisse und Bedarf echt zu nennen [...] weist auf ein Gespräch mit den Verantwortlichen der DD hin, in dem Prioritäten festgestellt worden sind [...] Prioritäten sind in der Reihenfolge:

1. Einzelhilfe bei Diakonenfamilien in besonderen Notfällen
2. Hilfen für die Gesamt-Brüderschaft
3. Hilfen für das Brüderhaus.«

---

[3]   Indem ich diese Beobachtung benenne, hebe ich die Einsicht hervor, dass wir mit unseren Finanzen überhaupt nur frei umgehen konnten, weil die Brüder und Schwestern aus der BRD unsere Töpfe mit großen Zuschüssen füllten.

Sodann ein kleiner handgeschriebener undatierter Notizzettel mit fünf Zahlen, die offenbar bedeuten, dass in dem betreffenden Jahr 36.000 DM zu Verfügung standen, die für drei Autos für Brüderälteste bzw. Hausvater, zwei Schreibmaschinen, ein Diktiergerät und einen Kopierer bestimmt wurden. Für die größte Brüderschaft wurden in diesen Jahren Beträge angesammelt, die einem größeren Umbau des Brüderhauses zugutekommen sollten.

Diese Aufteilungen wurden durch den sogenannten Verteilerausschuss vorgenommen. Das war ein informelles Gremium des EDV, dem ein Vertreter jeder Brüderschaft (in der Regel der Brüderälteste), der Geschäftsführer und der Vorsitzende angehörten. Er tagte meist in der Mittagspause einer Vorstandssitzung, in der Regel war der Geschäftsführer der DD anwesend.

Da vorwiegend technische Geräte (PKW, Haushaltsgeräte, Werkzeuge, Bau- und Sanitär-Material) beschafft werden sollten, die in der DDR nicht zu kaufen waren, musste die Einfuhr organisiert werden: Dies geschah entweder über das Außenhandelsunternehmen GENEX oder über eine Einfuhrgenehmigung, die das Diakonische Werk bei den staatlichen Behörden beantragte.

Da ich an einer ganzen Reihe von solchen Verteilersitzungen teilgenommen habe, kann ich mir das Urteil erlauben, dass es über die Aufteilung nicht ein einziges Mal Unstimmigkeiten oder Unzufriedenheit gegeben hat. Es bekam der etwas der, der es jetzt am nötigsten brauchte, andere waren im nächsten Jahr an der Reihe. Ich habe es oft mit der Verteilung in der Familie verglichen: Jeder bekommt sein Teil, manchmal einer ein Extra, wenn er es nötig hat, alle können darauf vertrauen, dass niemand zu kurz kommt.

Diese Erinnerung habe ich mir von anderen damals Beteiligten jetzt noch einmal bestätigen lassen, es war kein Beigeschmack von Peinlichkeit oder Unangemessenheit dabei. Da ich mit anderen Verteilergremien in Kirche und Diakonie durchaus andere Erfahrungen gemacht habe, erwähne ich dies mit Dank an die Geber und an die Empfänger.

DAS GUTE ENDE VON DD UND EDV:
EIN NEUER VERBAND VEDD

Schon im Dezember 1989 beschrieb Präsident Neukamm bei der Geschäftsführerkonferenz des Diakonischen Werkes den Weg zur Vereinigung der Diakonischen Werke in Deutschland. Die Landeskirchen beschlossen bald die Einheit in der EKD. Im Vorstand des EDV wurde das erstmals in der Sitzung am 20. und 21. März 1990 artikuliert. Schon länger war ein Vorstandstreffen EDV/DD für den 20. März terminiert. Bei dieser Gelegenheit wurden mögliche Grundlinien diskutiert und gewünschte Ziele benannt: Aus rechtlichen und praktischen Gründen war der Beitritt der Gemeinschaften des EDV zur DD die einfachste Lösung.

Im Unterschied zu den erlebten Anschlüssen auf staatlichem, kirchlichem und diakonischem Gebiet haben wir Vertreter des EDV darum gebeten, vor dem Beitritt einen Gesprächsprozess über die künftigen gemeinsamen Aufgaben zu führen. Dem stimmten die Vertreter der DD bereitwillig zu. Dazu fand vom 9.-11. Mai 1990 in Rummelsberg ein Workshop statt, an dem der erweiterte Geschäftsführende Ausschuss des EDV und eine Arbeitsgruppe der DD teilnahmen. Die hier erarbeiteten Eckpunkte wurden bei einem Delegiertentreffen in Hülsa vom 4.-7. September 1990 in einem breiten Forum (mit über 100 Delegierten aus allen Gemeinschaften) zu einem Vorentwurf für eine neue Satzung eines neuen Diakonenverbands verdichtet. Diese Arbeit wurde in einem gemeinsamen Satzungsausschuss fortgesetzt. Die entscheidende Sitzung beider Verbände mit jeweils verfassungsgemäßer Mehrheit fand vom 13.-15. Mai 1991 in Hirschluch (Storkow/Mark) statt. Nachdem der Bund Ev. Kirchen in der DDR erklärt hatte, dass er keinen Einspruch gegen die Auflösung des EDV erheben wird, stellte jede Diakonengemeinschaft aus dem Osten den Antrag auf Aufnahme in die DD, dem ohne Aussprache stattgegeben wurde. Anschließend gab sich die DD eine neue Satzung und damit auch einen neuen Namen: VEDD (Verband Evangelischer Diakonen- und Diakoninnengemeinschaften in Deutschland). Geschäftsführer blieb der Geschäftsführer der DD, Vorsitzender wurde der Vorsitzende des EDV.

Nach meiner Kenntnis ist dieses Verfahren einmalig gewesen in Kirche und Diakonie. Ich fand und finde es bis heute hilfreich, wenn vor einer Fusion von Kirchen und Verbänden zunächst Verständigung über die zukünftige Arbeit erfolgt und danach über die dafür geeignete Struktur beraten und entschieden wird. Mit diesem Verfahren hat sich die Qualität der jahrzehntelangen Partnerschaft zwischen den Gemeinschaften und zwischen den Verbänden erwiesen. Gewachsene Partnerschaften unter Gemeinschaften und Gremien sind z. T. bis heute erhalten geblieben, andere haben sich gelockert oder aufgelöst, das hängt wesentlich an den beteiligten Verantwortungsträgern.

Vergessen wird die Erfahrung von denen nicht, die diese Partnerschaften erlebt und mitgestaltet haben. Damit sie weiter vermittelt werden kann an kommende Generationen, habe ich mich bereit erklärt, diesen Beitrag hier zu geben mit der Grundaussage: Eine Grenze, die errichtet wurde, alte Verbindungen zu zerstören und neue Kontakte zu verhindern, führte ganz im Gegenteil Menschen erst recht zusammen. Dies ist ein Geheimnis, das hinter politischen und wirtschaftlichen Abgrenzungen untergründig wirkt. Es ist für mein Verständnis das Geheimnis der Führung Gottes, dessen vornehmstes Werk es ist, den Zaun abzubrechen zwischen sich und jedem Menschen und damit auch unter den Menschen in all ihrer Verschiedenheit (Eph 2,14).

Dass wir diese Entwicklung entgegen unseren Berechnungen und Erwartungen erleben konnten, lässt uns dankbar bleiben, auch in Erinnerung an die vorangegangenen Trennungen. Ich persönlich mache meine Erinnerungen fest an einem Geschenk, das die DD dem EDV 1988 zum 75. Jubiläum in Hirschluch gemacht hat: Ein großer Keramikteller und ein großer Krug für das Mahl des Herrn, die Zeichen der wirklichen Partnerschaft in Erinnerung, Hoffnung und Beistand. Wir können nicht anders, als das zu teilen, was der Herr jedem von uns anvertraut hat. Darum sind manche Partnerschaften inzwischen neu entstanden. Ich weiß nicht, was aus dem Geschenk geworden ist, aber ich weiß, welch Reichtum denen zugesagt ist, die von dieser Fülle nehmen und sie teilen.

FACHLICHER AUSTAUSCH
UND PERSÖNLICHE FREUNDSCHAFT
Partnerschaft zwischen Brüderschaften

Ulrich Heidenreich

Als achter Nachfolger Johann Hinrich Wicherns kam ich 1972 in das Rauhe Haus in Hamburg. Schon ein Jahr später wurde ich als »Wichern 9«
von Bruder Gerhard Bosinski zum 125. Jubiläum der Inneren Mission
nach Wittenberg eingeladen und durfte als Vertreter der westdeutschen
Diakonie das Grußwort in der Schlosskirche sprechen, weil die Behörden
der DDR den aus gleichem Anlass in West-Berlin versammelten Diakonikern die Reise nach Wittenberg erst zum Abschlussgottesdienst gestatte-
ten. Viele gute Erinnerungen an diese Tage und bereichernde Begegnungen mit profilierten Frauen und Männern der Diakonie aus der DDR sind
mir geblieben.

Hier – wie auch zu anderen Zeiten und an anderen Orten – habe ich
es in sehr unterschiedlichen Partnerschaftsbeziehungen zwischen West-
und Ostdeutschland erlebt, dass jene Partnerschaften am lebendigsten
waren, bei denen eigene Vorerfahrungen mit der Ost-West-Problematik
das gegenseitige Verstehen erleichterten, oder in denen die konkret handelnden Personen auch persönlich gut harmonierten. Das waren sehr oft
die »Funktionäre« der Gemeinschaften, also die Brüderältesten, Mitglieder der Brüderräte, die Vorsteher, die Leiter der Ausbildungsstätten, aber
auch besonders engagierte Mitglieder der Gemeinschaften in Ost und
West.

Meine eigenen Vorerfahrungen in Sachen Ost-West-Partnerschaft
waren, als ich 1972 in das Rauhe Haus nach Hamburg kam, schon recht
vielfältig. So lebte meine ganze Familie – mit Ausnahme meiner Eltern –
in der DDR, in Mecklenburg und Vorpommern. Meine Frau war bis zu ihrer Übersiedlung nach Schleswig-Holstein in Vorpommern zuhause, und
ihre Angehörigen sind bis heute dort ansässig. In unserer ersten Kirchengemeinde in Dithmarschen (1960–66) bestand eine Patenschaft mit
der Gemeinde Drechow bei Tribsees in Vorpommern. Diese beschränkte

sich aber mit wenigen Ausnahmen auf eine Brief- und Päckchenpaten-
schaft zwischen einzelnen Gemeindegliedern. Als Jugendpastor in Lübeck waren dann für mich die Begegnungen und der Austausch in der
Großstadtjugendpfarrerkonferenz und der Landesjugendpfarrerkonferenz – beide tagten meistens hier in der Stephanus-Stiftung – von besonderer Bedeutung.

Als Leiter des Diakonischen Werks in der damals noch selbständigen Lübecker Landeskirche habe ich dann die vielen Begegnungen mit
den Gemeinden des Kirchenkreises Pasewalk und besonders mit dessen
Superintendenten Gerhard Hein als besondere Bereicherung erlebt. Hier
ging es zwar auch um mancherlei materielle Hilfen, im Mittelpunkt aber
stand immer das Bemühen, voneinander zu lernen und die sich unterschiedlich entwickelnden gesellschaftlichen und kirchlichen Verhältnisse besser zu verstehen.

Und dann kam ich 1972 in das Rauhe Haus. Als ich dort meine Tätigkeit begann, bestanden schon viele Beziehungen zwischen den Brüderschaften des Martinshofs in Rothenburg an der Neiße und des Rauhen
Hauses. Erste Kontakte waren – wie in vielen anderen Partnerschaften –
zwischen einzelnen Brüdern schon früh spontan gewachsen. Dann entwickelte sich über die beiden ähnlich ausgerichteten Ausbildungsstätten ein fachlicher Austausch. Das Rauhe Haus bildete zum Diakon und
Sozialpädagogen mit staatlicher und kirchlicher Anerkennung aus, der
Martinshof zum Sozialdiakon mit kirchlicher Anerkennung.

Als Träger der Ausbildungsstätten in zwar unterschiedlicher Rechts-
form begegneten sich dann fast selbstverständlich auch immer häufiger
die beiden brüderschaftlichen Gemeinschaften. Diese zunächst relativ
spontan entstandenen Beziehungen wurden sinnvollerweise 1975 bei
der Zuordnung der Partnerschaften durch den Evangelischen Diakonenverband der DDR und die Deutsche Diakonenschaft der Bundesrepublik
berücksichtigt und als weitere westdeutsche Gemeinschaft die Brüderschaft des Tannenhofs, die ebenfalls schon viele Kontakte zum Martinshof hatte, in diese Partnerbeziehung mit aufgenommen.

Sehr gerne erinnere ich mich an meinen ersten Besuch auf dem Martinshof im Jahr 1973. Ich war Gast bei dem dortigen Vorsteher Hanns-
Joachim Wollstadt. Dieser seelsorgerlich einfühlsame und kluge Theolo-
ge machte es mir leicht, den besonderen Problemen und Chancen einer
brüderschaftlichen Gemeinschaft, der von ihr getragenen Ausbildung
und einer von ihr verantworteten diakonischen Einrichtung auf die Spur
zu kommen. Bei Bruder Wollstadt lernte ich, wie sich unter schwierigen

politischen Bedingungen die Kraft des Glaubens und die Gemeinschaft derer, die in diesem Glauben gegründet waren, eindrucksvoll bewährte. Viele Gedanken, die er in seiner Promotionsschrift über Herrnhut (»Geordnetes Dienen in der christlichen Gemeinde«) entfaltet hat, wurden mir wichtig. Das offene Gespräch mit ihm war für mich als Neuling in der Leitung einer Brüderschaft und einer »Anstalt der Inneren Mission« nicht nur im Blick auf die Partnerschaft von Bedeutung. Im Rauhen Haus waren kurz vor meinem Amtsantritt die Ausbildungsbrüder aus dem Erziehungsdienst ausgeschieden und durch eine weitgehend kirchenferne Mitarbeiterschaft ersetzt worden. Bei den dadurch erforderlich gewordenen neuen Weichenstellungen und vielerlei Auseinandersetzungen waren die Martinshöfer Erfahrungen zwar nicht direkt übertragbar, aber doch hilfreich und ermutigend.

Aber – bei aller Wertschätzung unseres Amtes – nicht die Vorsteher waren die einzigen Träger der partnerschaftlichen Beziehungen, oft sogar nicht einmal die wichtigsten, sondern viele andere Funktionsträger und Mitglieder unserer Gemeinschaften sorgten dafür, dass die Partnerschaft mit Leben erfüllt wurde. So gab es – um im eigenen Erfahrungsbereich zu bleiben – auch zwischen den beiden Brüderältesten, Horst Reichelt vom Martinshof und Horst Schönrock vom Rauhen Haus, viele Kontakte und intensiven Austausch. Die beiden organisierten so manche Begegnung von Mitgliedern der Brüder- beziehungsweise Ältestenräte.

So verstärkten sich die Verbindungen zwischen den beiden Brüderschaften – ja, zu der Zeit hießen sie noch Brüderschaften – auch als durch die Veränderungen in den Diakonenausbildungen die Beziehungen zwischen den beiden Ausbildungsstätten lockerer wurden. Auch der Vorsteherwechsel im Martinshof änderte nichts an der inzwischen gefestigten Partnerschaft, sondern führte zunächst nur zu zusätzlichen Begegnungen. Die Einführung von Hanns-Joachim Wollstadt in das Görlitzer Bischofsamt und die von Dietmar Beuchel zum neuen Vorsteher des Martinshofs waren dafür schöne Anlässe.

Mit Dietmar Beuchel verband mich bald auch eine persönliche Freundschaft, die bis heute besteht. Das machte vieles sehr viel leichter. Er bereicherte die Begegnungen der Gemeinschaften und manche persönliche Treffen mit seiner umfassenden Kenntnis der Literatur der DDR – auch der politisch weniger wertgeschätzten, der »Bückware« – von der zumindest ich sonst kaum etwas erfahren hätte.

Ein uns ziemlich selbstverständlicher Bestandteil der Partnerschaft der Gemeinschaften war die materielle Unterstützung, aber uns waren die Begegnungen und Gespräche immer besonders wichtig. Da ging es in den »Brüderschaften« um die Rolle der Frauen, die sich nach Abschluss ihrer Diakonenausbildung nicht damit zufrieden geben wollten, »Brüder im Sinne der Ordnung« zu sein. Es ging um die Integration der mit einem neuen Selbstbewusstsein auf die Gemeinschaften zukommenden jungen Männer und Frauen, oder auch um die Verantwortung der Gemeinschaften für die von ihnen geprägten Einrichtungen. Auf die Frage nach der Bedeutung einer brüderschaftlichen Gemeinschaft für die einst von ihr getragene und verantwortete diakonische Einrichtung – und umgekehrt der »Anstalt« für die Gemeinschaft – gab es, auch bedingt durch die unterschiedlichen politischen und kirchlichen Rahmenbedingungen, unterschiedliche Lösungsansätze. Übereinstimmung bestand jedoch immer darin, dass ein kirchlich-diakonischer Ort die ihn prägenden Christenmenschen, am besten also die mit ihm verbundenen Diakoninnen und Diakone, um seines Selbstverständnisses willen braucht, wie andererseits eine diakonische Gemeinschaft nur mühsam ohne den ihr eigenen Ort und eine sie verbindende Aufgabe Bestand haben könnte.

Oft trafen wir uns mit unseren Brüder- beziehungsweise Ältestenräten auch hier in der Stephanus-Stiftung oder an anderen Orten in Ost-Berlin, weil dafür die besonders für größere Gruppen doch recht umständlichen Reiseanträge nicht erforderlich waren. Diese Begegnungen in der »Hauptstadt der DDR« – wehe, man antwortete auf die Frage nach dem Reiseziel mit einem knappen »nach Ost-Berlin« – waren von den durch die Grenzbeamten unterschiedlich gestalteten Einreisezeiten belastet und durch die mitternächtliche Sperrstunde begrenzt. Der Freude am Wiedersehen hat das nicht geschadet, und auch der letzte Grenzgänger aus dem Westen wurde von den Martinshöfern noch mit erleichtertem Jubel empfangen.

Häufiger durfte ich bei solchen Grenzübergängen als sogenanntes »Besuchsorgan« den kontrollierenden Grenzbehörden erklären, was denn ein Diakon sei. Nicht immer hatte ich den Eindruck, verstanden worden zu sein.

Ein Erlebnis aus vielen Grenzerfahrungen will ich hier wiedergeben. Als der Martinshof im Jahr 1981 durch das Hochwasser der Neiße schwer betroffen war,[1] erreichte uns ein Brief von Dietmar Beuchel mit der Schilderung der Schäden und der Bitte um schnelle Hilfe. Für

---

[1]   Vgl. 100 Jahre Martinshof Rothenburg 1898–1998. Hrsg. v. d. Brüder- und Schwesternschaft Martinshof e.V., Rothenburg 1998 (Sign. BDW: M I b 226).

das Rauhe Haus tätige Firmen waren schnell bereit, dringend benötigte Dinge zur Verfügung zu stellen. Um die langwierigen Einreise- und Einfuhranträge zu vermeiden, verabredeten wir einen Übergabetermin in Berlin. Doch da gab es dann das Problem: Beim Übergang an der Bornholmer Straße konnte ich trotz Vorlegen des Briefes aus dem Martinshof und der persönlichen Schilderung der dortigen Notlage lernen, wie lang Tapetenrollen sind – sie sind sehr lang, wenn man sie ab- und aufrollen muss – und dann waren noch hohe Einfuhrgebühren zu entrichten. Nur gut, dass die Martinshöfer lange genug gewartet hatten.

Hier nun doch noch ein Wort zur materiellen Seite der Partnerschaft: Für uns waren diese Unterstützungen, soweit sie uns denn möglich waren, eigentlich selbstverständlich. Aber die gerade in der Anfangszeit oft allzu sehr gezeigte und überschwänglich geäußerte Dankbarkeit hatte für uns etwas Belastendes: Sie brachte uns zu sehr in die Rolle von Almosengebern. Das wollten wir nicht sein. Erst mit der Zeit und auch mit einem Generationenwechsel verbunden, wurde dieser Teil gemeinsamer Verantwortung entkrampfter und damit unkomplizierter.

Mit dem Weggang von Dietmar Beuchel aus dem Martinshof kam eine zunächst schwierigere Zeit für unser partnerschaftliches Miteinander. In den dort entstandenen Strukturdiskussionen, die für uns in ihren auch persönlichen Verflechtungen nur schwer zu beurteilen waren, wurden wir um Beratung gebeten. Unser Eindruck war jedoch, dass beabsichtigte Veränderungen in der Leitungsstruktur nicht infrage gestellt werden sollten, dass also zum ersten Mal in unserem Miteinander ein vorurteilsfreies, offenes Gespräch nicht möglich war.

Nur gut, dass sich die persönlichen Beziehungen zwischen den Brüderältesten und anderen verantwortlichen Brüdern als tragfähig erwiesen. Die auch persönliche Freundschaft zwischen Horst Schönrock aus dem Rauhen Haus und Peter Goldammer vom Martinshof war in dieser Zeit besonders wichtig, und das Bemühen des neuen theologischen Leiters des Martinshofs, Reinhard Leue, um ein gutes Miteinander ließ auch uns Vorsteher wieder zusammenfinden.

Seit dem Jahr 1987 kam es auch wieder zwischen den beiden Ausbildungsstätten zu intensiveren Begegnungen und fachlichem Austausch. Doch ein nur sehr eingeschränktes Interesse der Studierenden an den gemeinsamen Veranstaltungen ließ diesen neuen Versuch wieder versiegen. Unter denjenigen allerdings, die in dieser Zeit dabei waren, sind viele Kontakte bis heute erhalten geblieben.

Und dann kam die Wende. Der Wegfall der innerdeutschen Grenze blieb natürlich auch für die Partnerschaften zwischen den Gemeinschaften und den Ausbildungsstätten nicht ohne Folgen. Für das Rauhe Haus ergab sich durch die Gründung der Evangelischen Hochschule für Soziale Arbeit in Dresden neben dem Martinshof ein neues Miteinander mit Moritzburg und dessen Ausbildung – für mich fest verbunden mit den Namen Roland Adolph und Folkert Ihmels. Aber das wäre ein anderes Thema.

Die Grenze war ein wesentlicher Grund dieser besonderen partnerschaftlichen Zuordnungen. Die zahllosen Begegnungen hielten bei allen, die daran beteiligt waren – und das waren im Lauf der Jahre sehr viele – das Bewusstsein wach, zueinander zu gehören und füreinander verantwortlich zu sein. Jetzt ging die Zeit dieser besonderen Partnerschaften zu Ende. Das ging bei den einzelnen Gemeinschaften unterschiedlich schnell. Wenn aber das nun oft trennende Ost-West-Denken überwunden werden sollte, war es gut, die besonderen Partnerschaften in die Normalität der Partnerschaft aller diakonischen Gemeinschaften zu überführen. Dazu sind wir auf einem guten Weg, der durch den Generationenwechsel in den Gemeinschaften zusätzlich befördert wird.

Geblieben sind die vielen persönlichen Freundschaften, die in den besonderen Partnerschaften entstanden sind, geblieben ist die Dankbarkeit für die Begegnungen, die Gespräche, das gemeinsame Singen und Beten und Nachsinnen über Gottes Wort, die uns zusammengehalten haben und uns verstehen ließen, was es bedeutet, sich als Christenmensch in dieser Welt zu bewähren – ganz gleich, wie sich diese Welt in ihrer jeweiligen politischen Ausformung zu uns verhält.

»AN DIE EINHEIT DEUTSCHLANDS HABEN WIR NIE GEDACHT.«

Partnerschaft im Bereich der

Kaiserswerther Mutterhausdiakonie

Werner Fink

Der »Kaiserswerther Verband deutscher Diakonissenmutterhäuser e. V.« hatte dafür gesorgt, dass die aus Ostpreußen, Pommern und Schlesien geflohenen Schwesternschaften eine neue Heimat und Arbeitsgebiete diesseits von Oder und Neiße fanden. Die Verbandsoberin Schwester Auguste Mohrmann reiste unermüdlich zu den Mutterhäusern in der damaligen Ostzone und baute die Kontakte zu den Mutterhäusern in den westlichen Besatzungszonen und zur Geschäftsstelle des Kaiserswerther Verbandes neu auf.

Schon vor der Gründung der beiden deutschen Staaten 1949 entstanden die Patenschaften – später »Partnerschaften« genannt – zwischen den Mutterhäusern in der BRD und der DDR. Jedes westdeutsche Mutterhaus übernahm die Patenschaft für ein oder zwei ostdeutsche Mutterhäuser. Bereits bestehende Patenschaften – z. B. die zwischen Dresden und Neuendettelsau – wurden weitergeführt. Von Anfang an war daran gedacht, nicht nur eine Verbindung zwischen den Leitungsgremien zu schaffen, sondern auch die Schwestern in den Austausch einzubeziehen.

Die Mutterhäuser in der DDR waren in diesen Beziehungen in der Regel die Empfangenden: Wir empfingen viele notwendige Dinge für den Betrieb im Mutterhaus und für das Krankenhaus: Kleiderstoffe für die Tracht der Diakonissen, Hauben und brauchbare Stärke, sie nach der Wäsche in Form zu bringen, Handwerkzeuge für Küche und Werkstätten, Pipetten für das Labor, Einwegspritzen und viele andere Dinge. Wir baten um einen Vervielfältigungsapparat und eine elektrische Schreibmaschine, bekamen über »GENEX« die dringend benötigten Dienstfahrzeuge. Erst nach der Wende erfuhren wir, dass manches Geschenk auch dieser Art – abgesehen von den großen Investitionen, z. B. Medizintechnik und Heizungsanlagen – von der Geschäftsstelle des Diakonischen Werkes in Stuttgart finanziert und über das Patenmutterhaus geliefert worden war.

Nachdem die Diakonissen die »Kirchliche Bruderhilfe« – eine Zuwendung für Mitarbeiter in Kirche und Diakonie, die nach kirchlichem Tarif entlohnt wurden – empfingen, organisierten die Mutterhäuser Patenschaften zwischen einzelnen Schwestern, die oft zu herzlicher Freundschaft führten.

Die Mutterhäuser in der DDR waren mit beteiligt an den Veränderungen im Kaiserswerther Verband, z. B. an den Vorbereitungen, Ergebnissen und praktischen Konsequenzen der Theologischen Konferenz 1968 in Freudenstadt. So war es auch ihnen möglich, die neue Lebensordnung der Diakonissen mit zu vollziehen und die Entwicklung der Verbandsschwesternschaft zur Diakonischen Schwesternschaft mit starken Impulsen voranzubringen. Der Name »Diakonische Schwesternschaft« wurde in der »Konferenz Kaiserswerther Diakonissenhäuser und Diakoniewerke in der DDR«, wie die Ostkonferenz nach der juristischen Trennung vom Kaiserswerther Verband hieß, gefunden und eingeführt, um Nachfragen der Regierung, um welchen »Verband« – etwa den Kaiserswerther? – es sich handele, zu entgehen. Auch törichte Nachfragen, ob »Verbandsschwestern« Spezialisten beim Anlegen von Verbänden wären, wollten wir endlich verhindern. Der Kaiserswerther Verband übernahm den neuen Namen für die Mutterhäuser in der BRD.

Die monatliche Fürbittstunde in den Mutterhäusern ist bis heute Ausdruck enger Gemeinschaft geblieben. Nachrichten aus der Geschäftsstelle und den Mutterhäusern wurden und werden weitergegeben. Die Schwestern- und Bruderschaften beten füreinander. Wir halten das Gebet über bestehende Grenzen hinweg für ein starkes Bindeglied der Gemeinschaft.

So wussten wir in den Mutterhäusern in der DDR Bescheid und konnten unsere Erfahrungen und Überlegungen in die Arbeit des Kaiserswerther Verbandes einbringen. Berlin-Ost (Stephanus-Stiftung und Königin-Elisabeth-Hospital) und während der Leipziger Messe die Diakonissenhäuser in Leipzig und Borsdorf blieben Orte der Begegnung. Darüber hinaus erteilte das Staatssekretariat für Kirchenfragen beim Ministerium des Inneren der DDR – wenn auch nur zaghaft – Ein- und Ausreisegenehmigungen für leitende Leute zu Konferenzen in Ost und West.

Nicht hoch genug können die Aktivitäten der Geschäftsstelle des Kaiserswerther Verbandes in Bonn-Bad Godesberg zur Einheit der Kaiserswerther Mutterhausdiakonie eingeschätzt werden. Verbandsdirektor Günther Freytag und Verbandsoberin Helga Mantels scheuten keine Mühen und Schikanen an der innerdeutschen Grenze, besuchten uns oft in den Mutterhäusern und zu unseren Konferenzen. Ich erinnere mich, dass sie an jeder »Ostkonferenz« und allen Oberinnen- beziehungsweise Rektorenkonferenzen teilnahmen, um uns zu informieren, Informationen von der Entwicklung der Mutterhausdiakonie in der DDR mitzunehmen und uns zu raten, wenn wir um Rat fragten.

Bei allen unseren Bemühungen um die Einheit der Kaiserswerther Mutterhausdiakonie haben wir nie an die Einheit Deutschlands gedacht. Wir hielten sie nicht für möglich. Einen anderen Gedanken hatten wir allerdings immer präsent: Es wird den Genossen nicht gelingen, die Gemeinschaft der Schwestern und Brüder diesseits und jenseits der innerdeutschen Grenze zu unterbinden.

Eine weitere Möglichkeit der Begegnung zwischen den Leitungen der Mutterhäuser und Diakoniewerke in Ost und West brachten die Tagungen der Kaiserswerther Generalkonferenz, die alle drei Jahre stattfinden. Zur Teilnahme erteilte das Staatssekretariat für Kirchenfragen in Berlin Reisegenehmigungen nach Prüfung der Antragsteller. Zustimmung und Ablehnung der Reise behielt sich der Staatssekretär vor.

Zwei Tagungen der Kaiserswerther Generalkonferenz fanden in Einrichtungen in der DDR statt: Im Jahr 1979 in der Diakonissenanstalt Dresden. Zu ihr war während der Konferenz 1977 in Nyborg/Dänemark eingeladen worden. Die Mitglieder des Präsidiums bezweifelten, dass das Vorhaben gelingen könnte. Deshalb wurde, abweichend vom üblichen dreijährigen Turnus, der Termin im Jahr 1979 vorgesehen, damit man, wenn es nötig wäre, ein Jahr Zeit hätte, eine Konferenz außerhalb der DDR zu organisieren. Doch die Konferenz fand statt und hinterließ einen tiefen Eindruck von der Einheit der Kaiserswerther Mutterhausdiakonie. Vertreter aus den skandinavischen Diakonissenhäusern waren mit der Überlegung gekommen, ob sie die in der Hitlerzeit aufgegebene Gemeinschaft erneuern sollten, was kurze Zeit danach auch geschah. Die Regierung der DDR zeigte sich zu diesem Anlass von der noblen Seite: Alle Reiseanträge aus den Mutterhäusern in und außerhalb der BRD waren genehmigt worden. An den Grenzen verzichtete man auf Gepäckkontrollen. In der Einrichtung war ein Nachmittag für Begegnungen der Konferenzteilnehmer mit den Mitarbeitern freigehalten, damit auch sie nach der langen Zeit der Berichte nun selbst etwas von der Weite der Kaiserswerther Mutterhausdiakonie erlebten. Die Tagung schloss mit einem Sterntreffen, zu dem Schwestern, Brüder und Mitarbeiter aus anderen Mutterhäusern und Diakoniewerken in der DDR anreisten. Die von der Kaiserswerther Generalkonferenz erbetene »Stellungnahme des

Bischofskonventes zur Mutterhausdiakonie«, verfasst von den Bischöfen im »Bund der Evangelischen Kirchen in der DDR« wurde von allen Teilnehmern mit großem Interesse aufgenommen.[1]

Im Jahr 1989 tagte die Generalkonferenz in den Pfeifferschen Stiftungen in Magdeburg mit ähnlichen Erlebnissen und Erfahrungen. Anlässlich dieser Begegnung konnte ein neues Küchenhaus eingeweiht werden.

Das alles war möglich, weil die Vertreter des Diakonischen Werkes der EKD und des Diakonischen Werkes der Evangelischen Kirchen in der DDR unsere Anliegen aufnahmen und bei den Regierungen der Bundesrepublik und der Deutschen Demokratischen Republik für uns verhandelten. Dankbar erinnern wir uns an die Besuche aus der Geschäftsstelle des Kaiserswerther Verbandes und der Dienste der Brüder Dr. Schober und Dr. Neukamm in Stuttgart und Dr. Bosinski und Dr. Petzold in Berlin und ihrer Mitarbeiter. Ohne ihren Einsatz wären viele Vorhaben nicht realisiert, das Dresdener Diakonissenhaus wegen seiner Ruinen und der veralteten Technik wahrscheinlich aufgegeben worden.

---

[1]   In: Präsidium der Kaiserswerther Generalkonferenz Bonn (Hrsg.), »Nur eine Handvoll Menschen – Schwesternschaft lebt«, Bericht von der 30. Tagung der Kaiserswerther Generalkonferenz vom 8. bis 14. Oktober, Bonn 1979.

»Wir teilten das Schicksal unseres geteilten Landes.«

Partnerschaft im Bereich

freikirchlicher Diakonissen-Mutterhäuser

Mechtild Schröder

Bei Kriegsende hatten die freikirchlichen Mutterhäuser in Berlin-West und der späteren BRD Arbeitsbereiche und damit auch Diakonissen und Verbandsschwestern in der Sowjetischen Besatzungszone, die zunächst – so lange es möglich blieb – von den Mutterhäusern Berlin, Hamburg und Nürnberg versorgt wurden. Doch bald zeichnete sich ab, dass dieser Zustand nicht von Dauer sein konnte. Noch bevor die Trennung durch den Mauerbau definitiv geworden war, wurden deshalb die Arbeitsbereiche und die Fürsorge für die Schwestern zunächst treuhänderisch, und dann endgültig an die entsprechenden Freikirchen in der DDR übertragen. Das führte zur Gründung von Zweiganstalten in Ostdeutschland. Seitdem gab es also zum Beispiel ein Mutterhaus Bethel in Berlin-West und ein Mutterhaus Bethel in Buckow in der Märkischen Schweiz. Die Methodistische Kirche gründete Mutterhäuser in Plauen, Leipzig und Halle. So teilten diese räumlich getrennten Mutterhäuser das Schicksal unseres Volkes und Landes.

Allerdings scheint sich hier ein Unterschied zu den im Bereich der Landeskirchen bestehenden Diakonissenhäusern herauszustellen: Die von den freikichlichen Mutterhäusern gepflegten Partnerschaften bezogen sich in erster Linie auf die »eigenen« Mutterhäuser. Im Folgenden möchte ich nun das Beispiel des Mutterhauses Bethel beleuchten, da hier meine eigene Erfahrung mitsprechen kann.

Das Mutterhaus in Berlin-Dahlem blieb nach 1945 Zentrale für Schwesternschaft und Werk. Aufgrund der Unsicherheit des politischen Status Berlins wurde in Stuttgart ein Zweigmutterhaus gegründet. Im Jahr 1958 wurde das Mutterhaus Ost in die Hände der Leitung des Bundes Evangelisch-Freikirchlicher Gemeinden gelegt. Das Diakonissenhaus Bethel/DDR entstand. Sein Standort wurde das ehemalige Ferienhaus der Bethelschwestern in Buckow/Märkische Schweiz. Die Leitung in der

DDR wurde Pastor Rolf Dammann, Herrn Herbert Weist und Diakonisse Hildegard Krusemark übertragen. Somit hatte das Diakonissenhaus Bethel in Berlin und Stuttgart primär die Aufgabe, Partner für die Bethel-Diakonie und den Bund Evangelisch-Freikirchlicher Gemeinden in der DDR zu sein. Dafür wurde im Mutterhaus in Berlin-Dahlem die Zentralstelle für die Bruderhilfe Ost eingerichtet. Von hier aus wurden Hilfsgüter aller Art in den »Osten« geschafft, die teilweise von Amerika, später vom Bund Evangelisch-Freikirchlicher Gemeinden (West) und dem Diakonischen Werk der EKD mitfinanziert wurden. Diese Aktion konnte, wenn auch in abgewandelter Form, bis 1990 fortgeführt werden.

Die Pflege der Gemeinschaft mit den Schwestern in der DDR wurde mit Begegnungswochen, Weihnachtsfeiern in Berlin-Weißensee und durch monatliche Treffen im Haus der Geschäftsstelle oder in der Dammannschen Wohnung in der Gubener Str. 10 gestaltet. Als die Schwestern aus West-Berlin nach dem Mauerbau keine Möglichkeiten mehr hatten, in den Ostsektor zu gelangen, meldete sich eine größere Anzahl von Berlin nach Stuttgart um, denn mit einem »West-Pass« konnte man weiterhin in die DDR und nach Berlin-Ost einreisen. So wurden die »Grenzgänger der Liebe« zunehmend wichtiger, die stets ohne schriftliche Notizen, aber mit »Gedanken-Merkzetteln« von West nach Ost kamen, um mit Antworten, Fragen oder Bitten wieder zurückzugehen. Wichtig waren darüber hinaus natürlich die ungezählten persönlichen Besuche, die keine Kontrollen und Grenzschwierigkeiten scheuten.

In Bethel/DDR fanden auch die in der DDR arbeitenden Schwestern aus den anderen Evangelisch-Freikirchlichen Mutterhäusern, wie von Tabea/Hamburg und die im Gemeindedienst stehenden »freien« Schwestern, ein gleichberechtigtes Zuhause. Im Jahr 1962 gehörten insgesamt 44 Schwestern zur Bethel-Gemeinschaft; davon waren 31 eigentliche Bethel-Diakonissen und -Verbandsschwestern, die in verschiedenen Arbeitsbereichen des Bundes Evangelisch-Freikirchlicher Gemeinden arbeiteten.

Neben diesen Partnerschaften der ostdeutschen Schwestern mit Bethel-West gab es aber auch Partnerschaften mit dem Kaiserswerther Verband: Im Mutterhaus in Leipzig absolvierten Bethel-Diakonissen die Krankenpflegeausbildung, später fand diese im Königin-Elisabeth-Hospital in Berlin statt, wo die Bethel-Schwestern gern und gut aufgenommen wurden. Der Kaiserswerther Verband bezog die Bethel-Diakonissen auch in das Rentenaufbauprogramm ein, wofür diese bis heute dankbar sind.

Im Jahr 1973 änderte der in Westdeutschland beheimatete »Verband Freikirchlicher Diakoniewerke« seinen Namen in »Europäischer Verband

Freikirchlicher Diakoniewerke«, um den freikirchlichen Mutterhäusern in der DDR partnerschaftliche Teilnahme an den Konferenzen zu ermöglichen.

Erwähnt werden muss in diesem Zusammenhang die partnerschaftliche Zusammenarbeit zwischen der Bethel-Diakonie (Ost) und dem Bund Evangelisch-Freikirchlicher Gemeinden in der DDR: Die Schwestern stellten das Mutterhaus in Buckow als Theologisches Seminar zur Verfügung und lebten von 1959 bis 1987 mit und für die Theologiestudenten.

Die Vereinigung der Diakonissenhäuser Bethel in Ost- und Westdeutschland fand am 1. Januar 1991 statt. Dieses Fest konnte am Gründungsort des Diakonissenhauses Bethel, in der Bethel-Gemeinde in Berlin-Friedrichshain, stattfinden. Dort war das Mutterhaus 1887 als Antwort auf die Nöte in Berlins ärmstem Arbeiterbezirk entstanden. Das Gebäude des Mutterhauses Bethel in Stuttgart wurde inzwischen an das Diakonische Werk der EKD verkauft und es gibt nun wieder nur eine Zentrale in Berlin. Die methodistischen Diakonissenhäuser wurden ebenfalls an die ursprünglichen Orte zurückgeführt.

Im Rückblick auf das Erleben in der »geteilten« Diakonie in unserem Land darf auch ich feststellen: Diakonie als Lebensäußerung der christlichen Gemeinde kann auch durch politischen Willen nicht getrennt werden. Deshalb schließe ich gern mit dem (abgewandelten) Wort von Dag Hammarskjöld: Für das Vergangene treue Füreinander: Dank. Für das Kommende: Ja.

ÖKUMENISCHE DIAKONIE

Die Ausweitung der Partnerschaftsarbeit nach Osteuropa

Jens-Hinrich Pörksen

Die flächendeckenden Partnerschaften zwischen Gemeinden, Kirche und Diakonie aus Ost- und Westdeutschland wurden in den 1970er und 1980er Jahren erweitert durch ökumenische Partnerschaften zwischen westdeutschen Gemeinden, Gruppen und Kirchenkreisen mit Christen und Kirchen in Übersee.

Die Vollversammlung des Weltkirchenrates 1968 in Schweden inspirierte die EKD zur Gründung des »Kirchlichen Entwicklungsdienstes« (KED). Die Synode der EKD beschloss 1968, dass alle Landeskirchen pro Jahr mindestens 2 % der Kirchensteuereinnahmen für kirchliche Entwicklungsvorhaben in Übersee bereitstellen. Die positiven Erfahrungen durch die Partnerschaften mit Ostdeutschland ermutigten nun viele Gemeinden und Gruppen, selber aktiv zu werden und Beziehungen zu Gemeinden und Kirchen in Übersee aufzunehmen, Begegnungen zu organisieren, gemeinsam Entwicklungsprojekte durchzuführen und auf längere Sicht zu unterstützen. In der Nordelbischen Kirche schufen wir im KED-Haushalt den Titel »Projekte mit Kirchenkreisen«. Aus diesem Titel erhielten Kirchenkreise, die z. B. 10.000 DM an Spenden für ein Projekt in Übersee sammelten, noch einmal den gleichen Betrag aus den KED-Mitteln der Landeskirche für ihr Partnerprojekt in Übersee. Auch mit Hilfe dieses Programms entwickelten sich in den siebziger und achtziger Jahren in der Nordelbischen Kirche über 100 ökumenische Partnerschaften mit Gemeinden und Institutionen der Kirchen in Übersee. Ähnliches entwickelte sich in anderen Landeskirchen.

Als Ende 1989 das Kommunistische Herrschaftssystem auseinanderbrach, die Mauer fiel und die Grenzen nach Osteuropa sich öffneten, kam es in unseren Kirchengemeinden – ohne jede Planung von oben, von Landeskirche oder Diakonischem Werk – zum spontanen Aufbruch

von Hilfsaktionen ins Baltikum. Durch die Erfahrungen mit den Partnerschaften zu den ostdeutschen Gemeinden und zu den Christen in
Übersee waren unsere Gemeinden in dieser Situation sensibilisiert für
die Notlagen der protestantischen Christen in den kleinen Minderheitenkirchen Osteuropas. Jetzt konnte man helfen. Viele Gemeinden machten
sich im harten Winter 1989/90 umgehend auf den Weg mit Lastwagen
und Lieferwagen, voll beladen mit Lebensmitteln und warmer Kleidung,
nach Estland, Lettland und Litauen. Wir im Diakonischen Werk riefen die
Gemeinden zum Erfahrungsaustausch zusammen, unterstützten sie bei
der Organisation und beim Transport von Hilfssendungen und vermittelten interessierten Gemeinden und Einrichtungen bei uns Kontakte zu
Gemeinden und Kirchenkreisen im Baltikum.

Innerhalb von drei Jahren entstanden 13 Kirchenkreispartnerschaften mit einer Region in Estland, fünf Kirchenkreispartnerschaften mit
einer Region in Lettland, drei mit einer Region in Litauen und zwei Partnerschaften mit Nord-Polen. In den ersten ca. zehn besonders schwierigen Jahren nach der Öffnung der Ostgrenzen sind durch unsere Kirchenkreise und Gemeinden umfangreiche Hilfsaktionen für die Gemeinden,
insbesondere für notleidende Familien mit Kindern und für hungernde,
frierende ältere Menschen im Baltikum durchgeführt worden. Landeskirchen und Diakonische Werke, Gemeinden und diakonische Einrichtungen in Ostdeutschland begründeten Partnerschaften mit Christen in
Polen, in der Sowjetunion (z. B. Kaliningrad), in Rumänien usw. Sie, die
jahrelang aus dem Westen viel Hilfe erfahren hatten, konnten nun selber
reisen und Hilfe nach Osteuropa bringen.

Einen besonderen Akzent setzte unmittelbar nach der Öffnung der
Ostgrenzen die Hamburger Diakonie. Sie nutzte die Städtepartnerschaft
Hamburgs mit Leningrad dazu, die Hamburger Gemeinden zusammen
mit der Hamburger Öffentlichkeit für umfangreiche Hilfslieferungen
nach St. Petersburg zu mobilisieren. Partner in Petersburg war natürlich
die kleine lutherische Gemeinde aber darüber hinaus vor allem die or-
thodoxe Kirche und weitere NGOs.

So entstand eine einmalige Verbundenheit der lutherischen Kirche
in Hamburg mit der orthodoxen Kirche in Russland. Als wir vor einigen
Monaten in einem kleinen Kreis von Theologen in Lübeck darüber dis-
kutierten, woran es liegt, dass die orthodoxen Kirchen sich vom Welt-
rat der Kirchen entfernt haben, sagte der in Lübeck lebende ehemalige
Generalsekretär des Weltkirchenrates Philip Potter: »Vielleicht liegt es
auch daran, dass wir westlichen Kirchen den orthodoxen Kirchen nach

dem Zusammenbruch ihrer Wirtschaft und ihres politischen Systems zu wenig geholfen haben.«

Am Rande der Diakonischen Konferenz im Herbst 1989 fassten Professor Theodor Strohm und ich gemeinsam den Plan, verantwortliche Vertreter der Kirchen, der Diakonie und der Sozialwissenschaft aus den lutherischen Kirchen Skandinaviens und dem Baltikum zu einer Diakonie-Ostseekonferenz nach Schleswig-Holstein einzuladen. Das Diakoniewissenschaftliche Institut Heidelberg hatte unter der Leitung von Professor Strohm, der damals zugleich Vorsitzender der Sozialkammer der EKD war, in den achtziger Jahren Länderstudien zur Entwicklung der Diakonie in den lutherischen Kirchen Skandinaviens durchgeführt und neue Beziehungen der Diakonie zu Skandinavien aufgebaut. Die Öffnung der Grenzen nach Osteuropa beschleunigte unseren Plan. Uns war klar, dass eine Hilfe zum Wiederaufbau kirchlich-diakonischer Strukturen in den lutherischen Kirchen Osteuropas, um die der Lutherische Weltbund (LWB) unter anderen speziell die Nordelbische Kirche bat, nur in enger Zusammenarbeit mit den lutherischen Kirchen Skandinaviens erfolgen sollte.

So fand die erste Diakonie-Ostseekonferenz vom 30.9. bis 3.10.1990 in Rendsburg in Schleswig-Holstein statt. Hochrangig vertreten mit Kirchenleuten, Diakonikern, Sozialwissenschaftlern waren die lutherischen Kirchen aus Finnland, Schweden, Norwegen, Dänemark, Estland, Lettland, Litauen, Nordpolen. Aus Deutschland waren vertreten: Pommern, Mecklenburg, die EKD mit Präsident Neukamm und Professor Strohm und als Gastgeber die Nordelbische Kirche. Die Konferenz schloss am 3. Oktober 1990, dem Tag der Vereinigung Deutschlands, mit einem nordeuropäisch gestalteten Festgottesdienst in der Marienkirche in Rendsburg, in dem Erzbischof Pajula aus Estland, Bischof Lislerud aus Norwegen, Landespastor Springborn aus Pommern und der Rendsburger Pastor Holborn eine Kurzpredigt hielten. Wir wollten die Wiedervereinigung Deutschlands in Kirche und Diakonie einbetten in eine gesamteuropäische Zukunftsentwicklung.

In seinem Einführungsvortrag auf der Konferenz: »Perspektiven christlich-sozialer Arbeit im Prozess gegenwärtiger europäischer Entwicklung« behandelte Prof. Strohm folgende drei Fragekomplexe:

Welche Herausforderungen richten die dramatischen Entwicklungen in Europa an den Dienst der Kirchen? Haben wir ein Konzept für die Sozialgestalt Europas?

Wo liegen die wichtigsten Aufgaben für die Diakonie der Kirchen?
Welche gemeinsamen Aufgaben sind in unserer Region vordringlich?
Wie verhalten sich die Aufträge zur Mission, zur Diakonie, zur welt-
weiten Entwicklung?

Die zweite Diakonie-Ostsee-Konferenz fand vom 27. bis 30. September 1992 in Tallinn in Estland statt, die dritte vom 23. bis 25. September 1994 in Kopenhagen in Dänemark, die letzte 1997 in Stettin in Nordpolen.

Die Zusammenarbeit der Diakonie im Ostseeraum beschränkte sich nicht nur auf Partnerschaften zwischen Gemeinden und Kirchenkreisen und internationale Konferenzen. Am 3. Dezember 1993 wurde in Tallinn von Erzbischof Pajula (Estland), Bischof Sihvonen (Finnland) und von Bischof Kohlwage (Nordelbien) eine Dreiecksvereinbarung unterschrieben, in der die drei Partner sich für sieben Jahre zu enger Koordination und Zusammenarbeit beim Aufbau einer selbständigen, unabhängigen Diakonie in Estland verpflichteten. Darüber hinaus stellte die Nordelbische Kirche den mit seiner Familie aus Estland stammenden Pastor Paul Gerhard von Hoerschelmann für einige Jahre frei, um die Vikarsausbildung und das Predigerseminar in Estland neu aufzubauen. Die finnische Diakonie begann mit einer zweijährigen Ausbildung von Diakonen und Diakonissen in Estland. Das nordelbische Kirchenamt stellte seinen juristischen Vizepräsidenten und den Baudezernenten wiederholt für einige Wochen frei, um z. B. bei der Rückgabe und Renovierung von Kirchen und bei der Lösung rechtlicher Probleme zu helfen.

Eine zweite Dreiecksvereinbarung für eine dreijährige Zusammenarbeit in der Ausbildung von Ehrenamtlichen in der Diakonie Lettlands wurde im Dezember 1993 unterschrieben von dem lettischen Erzbischof Vanags und den Leitern der Diakonie in Norwegen und in Schleswig-Holstein. Als ich den theologisch-kirchlich konservativen, zugleich aber für die Gemeindediakonie sehr aufgeschlossenen, engagierten Erzbischof Vanags fragte, was er eigentlich zentral von den Skandinaviern und von uns Deutschen als Hilfe für den Aufbau der Diakonie in Lettland erwarte, sagte er mir: »Was ich vor allem anderen für die Diakonie in Lettland brauche: Die Hilfe zum Aufbau einer spirituellen, christlich profilierten, engagierten, ehrenamtlichen Gemeindediakonie, das kann ich zur Zeit leider weder aus Skandinavien noch aus Deutschland bekommen. Das muss ich mir anderswo suchen (z. B. in Amerika). Von den Lutheranern in Skandinavien lerne ich viel für die Liturgie, für das Bischofsamt, für das Kirchenverständnis und für soziales Fachwissen. Von Euch in Deutschland lerne ich viel für die Organisation und die Wirtschaftlichkeit der Diakonie und für die Beziehungen der Kirche zum Staat. Und aus Skandinavien wie aus Deutschland brauchen wir für den Neuaufbau dringend eure finanzielle Unterstützung.«

In der Aufbauhilfe für die Diakonie in den lutherischen Kirchen in Estland, in Lettland und den versprengten einzelnen lutherischen Gemeinden im katholischen Litauen sind mir schmerzlich die Defizite unserer eigenen Kirche bewusst geworden, vor allem das Defizit einer ortsnahen, ehrenamtlichen, spirituell motivierten, sozial engagierten aktiven Gemeindediakonie. Darum haben wir den baltischen Kirchen beim Aufbau ihrer Diakonie nur begrenzt helfen können. Besonders notwendig und hilfreich waren in den ersten zehn Jahren nach Öffnung der Grenzen unsere umfangreichen Hilfslieferungen mit Lebensmitteln und warmer Kleidung, das Bereitstellen von PKWs, die Ausrüstung von Diakoniestationen und von Gruppen der Ehrenamtlichen, die Gelder für die Renovierung der Kirchen, der Pastorate und der vom Staat zurückgegebenen Gebäude.

In diesen Jahren haben wir in der Diakonie Schleswig-Holstein sehr profitiert von der Zusammenarbeit mit der Diakonie in den lutherischen Kirchen der nordischen Länder, insbesondere von der sehr gemeindebezogen arbeitenden Diakonie Finnlands, z. B. von ihrem Konzept der Freiwilligenzentren in größeren Städten, das wir teilweise übernommen haben oder von ihrer Hospizarbeit, mit der zusammen wir jährlich nordische Hospiztage in Schleswig-Holstein durchgeführt haben. Leider ist es nicht zu der dauerhaften engen diakonischen Zusammenarbeit unter den lutherischen Kirchen im Ostseeraum gekommen, die wir mit der Gründung einer Diakonie-Ostseekonferenz im Sinn hatten.

Abschließend ist die Bruderhilfe hervorzuheben, die monatliche finanzielle Unterstützung der Pastoren und Mitarbeiter in den ostdeutschen Landeskirchen in der Zeit der Teilung durch die Spenden der Pastoren in den westdeutschen Landeskirchen. Es war uns allen klar, dass der nach der Vereinigung auszuhandelnde Finanzausgleich zwischen den westdeutschen und den ostdeutschen Landeskirchen diese Spendenaktion ablösen würde. In der neuen vereinigten EKD-Synode setzte sich durch Initiative der ostdeutschen Synodalen aber sehr bald die Überzeugung durch, die Spendenaktion Bruderhilfe nicht aufzulösen, sondern sie fortzuführen mit neuer Zweckbestimmung. Nach Öffnung der Ostgrenzen galt es nun, die Pastoren und Mitarbeiter in den kleinen, durch Jahrzehnte geschwächten, notleidenden Kirchen in Osteuropa beim Neuaufbau ihrer Gemeinden und Kirchen in den Jahren nach der Grenzöffnung finanziell zu unterstützen. Dazu mussten zunächst die Spender der Bruderhilfe informiert und um ihre Zustimmung gebeten werden. So kam es 1992 zur Umwidmung der bisherigen Bruderhilfe in die »Evangelische Partnerhilfe« für die Pastoren und Mitarbeiter in den kleinen evangelischen Minderheitenkirchen in den Ländern Osteuropas. 2007 feierte die Ev. Partnerhilfe ihr 15jähriges Bestehen und gab dabei bekannt, dass in den 15 Jahren ihres Bestehens mehr als 50 Millionen Euro von den Pastoren in West- und Ostdeutschland als Finanzhilfe in die evangelischen Kirchen nach Osteuropa geflossen sind.

Die kirchlich-diakonische Arbeit in der zweiten Hälfte des vorigen Jahrhunderts ist im Deutschland der Nachkriegszeit, in Jahrzehnten ständig wachsenden Wohlstands in besonderer Weise bestimmt und geprägt gewesen von intensiven Hilfsaktionen und langjährigen Partnerschaften – zunächst zwischen einzelnen Christen, Gemeinden, Einrichtungen, Diakonischen Werken und Landeskirchen im geteilten Deutschland – von 1970 an zusätzlich durch zunehmende ökumenische Beziehungen und Partnerschaften mit Christen, Gemeinden und Entwicklungsprojekten in Übersee und nach 1990 durch Finanzhilfen und Partnerschaften mit Gemeinden und Kirchen in Osteuropa. Die an der Basis, in den Ortsgemeinden verankerten Partnerschaften haben unsere Glaubenserfahrungen erweitert und vertieft und unser kirchliches Leben dadurch positiv verändert, dass sie die fernen Christen in anderen Ländern und Kontinenten und die Armen überall auf der Welt in unser Denken und Handeln einbezogen haben. Die letzten 50 Jahre unserer Kirche waren in besonderer Weise geprägt durch die ökumenische Diakonie.

Partnerschaft im Bereich der Evangelischen Freikirchen

Rolf Dammann

Vom Bund der Evangelischen Kirchen in der DDR habe ich die Absicht gelernt, »Zusammenwachsen durch Zusammenarbeiten« zu erreichen. Das ist im Hinblick auf die Landeskirchen und Freikirchen die gute Erfahrung nach 1945. Wesentlich hat dazu die Aktion »Brot für die Welt« beigetragen, die von Anfang an eine gemeinsame Aktion gewesen ist. Aber welches Gewicht hatten die Freikirchen mit ihren insgesamt etwa 150.000 Mitgliedern gegenüber den Mitgliedern der Landeskirchen, wovon beispielsweise allein die Sächsische Landeskirche oder die Berlin-Brandenburgische Landeskirche ihre Mitglieder nach Millionen zählten? Die Freikirchen brachten es auf 1–2 % der evangelischen Christen in der DDR. Es löste deshalb Verwunderung aus, dass die Freikirchen etwa 8–9 % zum Gesamtaufkommen beitrugen. Von daher war es selbstverständlich, dass die Freikirchen einen Platz im Verteilerausschuss hatten. Es war eine vertrauensvolle Zusammenarbeit. Bei den zu beratenden Projekten wurde nicht nach den Kirchen in der DDR gefragt, sondern nur nach dem Bedarf der Empfänger. Deshalb waren die politischen Beziehungen zwischen der DDR und die Möglichkeit der Beschaffung der Hilfssendungen wesentlich. Der Verteilerausschuss hätte es wohl gern gesehen, wenn die Freikirchen mehr Vorschläge gemacht hätten.

Ich war einige Jahre der Stellvertreter von Bruder Günther Otto, dem Bevollmächtigten der Aktion und erinnere mich gern der vertrauensvollen Zusammenarbeit. Eines Tages rief er mich an und fragte, ob ich gut sitzen würde. Das bejahte ich. Dann sagte er, dass in Anbetracht der Dürrekatastrophe in der Sahelzone Honecker vier Hilfssendungen in die dortigen Staaten genehmigt hätte. Er fragte mich, ob ich die Sendung nach Mali begleiten könne, er selbst würde andere Sendungen begleiten. Uns war an einer Begleitung und Übergabe der Sendungen sehr gelegen. Dann ging alles sehr schnell. Das Solidaritätskomitee beschaffte den

»Grünen Pass« und wohl auch die Hilfsgüter: Brühpulver, Eipulver und Trockenmilch, insgesamt etwa 10 Tonnen. Bei der Übergabe überreichte ich ein Schreiben der Aktion, unterschrieben von Bischof D. Schönherr für den Bund der Evangelischen Kirchen, von dem Vorsitzenden der Vereinigung Evangelischer Freikirchen, Prediger Johannes Schmidt, und von Bruder Otto als Bevollmächtigtem. Außerdem übergab ich ein Schreiben des Solidaritätskomitees.

Die Freikirchen waren ein Teil des Diakonischen Werkes der Evangelischen Kirchen in der DDR. Sie waren in den einzelnen Gremien vertreten, z. B. im Hauptausschuss und in der Hauptversammlung. Sie partizipierten an den einzelnen Programmen, sie nutzten die Schulungsprogramme, beteiligten sich an der Sammlung für das Kinderkrankenhaus in Warschau usw. Deshalb legten sie Wert darauf, dass als Bezeichnung des Werkes »Diakonisches Werk der evangelischen Kirchen« verwendet wurde, also evangelisch klein geschrieben und Kirchen im Plural.

Wenn jetzt Bruder Neukamm angeregt hat, die Geschichte der diakonischen Partnerschaften im geteilten Deutschland aufzuarbeiten, so kann ich das nur begrüßen. Dazu gehören auch das Zusammenwachsen und die Zusammenarbeit von Landeskirchen und Freikirchen. Es sind froh machende Erfahrungen, die bewahrt und weitergegeben werden sollten.

Partnerschaft im Bereich der Gemeinschaftsdiakonie

Renate Peetz

Nach der Gründung des ersten sozialistischen Staates in Deutschland am 7.10.1949, begann das Leben für Kirche und Diakonie zunehmend schwieriger zu werden. Wir erlebten auch im Diakonissen-Mutterhaus »Neuvandsburg« in Elbingerode Schritt für Schritt Veränderungen, Begrenzungen und Ausgrenzungen. Im Laufe der Zeit sind wir zu einer Art »Gegenstaat« geworden, den man bis zum Ende der DDR halbwegs duldete. Durch die politische Situation war die Elbingeröder Schwesternschaft vom Deutschen Gemeinschafts-Diakonieverband (DGD) getrennt. Zunächst wurde von der Leitung des DGD in Berlin-West eine Verbindungsstelle zum Elbingeröder Mutterhaus eingerichtet. Allerdings stellte uns dann die Realität des Mauerbaues am 13.08.1961 erneut vor die Frage: Wie soll es weitergehen? Offiziell war das Mutterhaus in Elbingerode nun endgültig von der Zentrale des DGD in Marburg und von den anderen Mutterhäusern getrennt.

Wir mussten uns »selbständig machen« und das erfolgte durch Leitungsgremien, wie Vorstand, Schwesternrat, Kuratorium und eigene Verwaltung. Dankenswerter Weise fand man einen Weg für unser Mutterhaus, so dass wir juristisch mit allen Immobilien und den bestehenden Tochterarbeiten in die Landeskirche der »Kirchenprovinz Sachsen« mit Sitz in Magdeburg, eingegliedert werden konnten. Der Bischof, Herr Dr. Krusche, wurde unser Schirmherr, und er ist ein Freund unseres Hauses geworden und stand uns in selbstloser Weise mit Rat und Tat zur Seite.

Ebenso sind die Namen von Herrn Pfarrer Johannes Glaß, der seinerzeit die Direktorenstelle in unserem Mutterhaus verantwortete, und von Herrn Propst Brinksmeier, der uns über die aktuelle Lage in Kirche und Politik anschaulich informierte, zu erwähnen. Außerdem hatten wir eine gute Verbindung zum Gnadauer Gemeinschaftswerk und dem Kaiserswerther Verband, in dem wir als DGD-Mutterhaus einen Gaststatus innehatten.

So erlebten wir mit verschiedenen Einrichtungen in unserem Staat Gemeinde Jesu. Trotz strenger Gesetze und Grenzen konnte die Verbindung mit den anderen DGD-Mutterhäusern und zur Zentrale des DGD nicht vollends unterbrochen werden. Neben der Diakonie-Ost in Berlin, in der Schönhauser Allee, die sich für die »medizinischen Hilfsprogramme« in dieser Zeit verantwortlich zeigte, wurde auch seitens des DGD in Marburg ein Hilfsprogramm entwickelt. Dank dieser Möglichkeiten in den Jahren 1965–1990 sind wir in unserem konfessionellen Krankenhaus medizintechnisch besser ausgerüstet gewesen als manche staatliche Einrichtung in unserer Umgebung.

Aufgrund der Struktur unseres Mutterhauses und Krankenhauses in Elbingerode, gemeinsame Räumlichkeiten, einen Verwaltungstrakt, gemeinsame Technik und Versorgung vorzuhalten, sind wir bis zur Wende als ein »Komplexbetrieb« anerkannt gewesen. Staatliche Vorschriften und Gesetze wurden für uns härter, und die vorgegebenen Normen mussten eingehalten werden. So wurde es uns zur Pflicht gemacht, dass wir jede Veranstaltung des Hauses bei den Behörden melden mussten, und wir waren uns bewusst, dass wir beobachtet wurden. Besuchten uns Brüder und Schwestern des DGD, so durften sie sich in christlichen Veranstaltungen »nur« über ein Grußwort beteiligen. Trotzdem haben wir im gegenseitigen Austausch über anstehende Probleme und nicht zuletzt aus dem Wort Gottes in den Andachten Stärkungen im Glauben erfahren.

Bedingt durch die harten Grenzmaßnahmen entstand zwischen den Schwestern und Brüdern des DGD ein reger Briefwechsel, aber auch hier kontrollierte man durch Öffnen und Durchleuchten der Briefe und Päckchen die Inhalte und Kontakte. Telefonate konnten nur selten geführt werden, und sie sind zum großen Teil abgehört worden.

Erstaunlich war es, dass es uns und anderen kirchlichen Einrichtungen in der DDR genehmigt wurde, junge Christen nach den Ausbildungsgesetzen unseres Staates in den Krankenpflegeschulen ausbilden zu dürfen. Ab 1975 war die Trägerschaft der Krankenpflegeausbildungen in den diakonischen Einrichtungen an medizinische Fachschulen des Staates delegiert worden. Durch verschiedene Vereinbarungen mit den staatlichen Organen ist uns diese Ausbildungsform in der DDR jedoch erhalten geblieben. Der Staat hatte sich einige Unterrichtsinhalte wie z. B. ML (Marxistisch-Leninistischer Unterricht), Betriebsökonomie u. a. vorbehalten. Außerdem sind wir verpflichtet gewesen, der dreijährigen Ausbildung das »Pflegerische Vorjahr« vorzuschalten. So dauerte die Ausbildung auch in unserer Krankenpflegeschule in Elbingerode vier Jahre.

Die Ausbildung zum/zur examinierten Krankenpfleger/schwester an einer konfessionellen Schule bedeutete für christlich engagierte junge Menschen, die nicht in den Jungen Pionieren und der Freien Deutschen Jugend (FDJ) organisiert gewesen sind und die Jugendweihe ablehnten, die Möglichkeit, eine staatlich anerkannte und vom Glauben geprägte Berufsausbildung zu erhalten.

Gott bewirkte es, dass am 9. November 1989 der Volksaufstand aus den Kirchen heraus zu einer friedlichen Revolution führte: »Wir sind das Volk!« Die Mauer in Berlin wurde geöffnet. Spontane erste Besuche von Schwestern und Brüdern aus den DGD-Mutterhäusern und dem Brüderhaus in Marburg sowie aus dem Gemeinschaftsmutterhaus in Bad Harzburg fanden statt. Nur ein Vierteljahr nach dem Tag der Deutschen Einheit am 3. Oktober 1990 konnte am 1. Januar 1991 mit der Reintegration des Diakonissen-Mutterhauses in Elbingerode auch im DGD die »Wiedervereinigung« gefeiert werden.

Unmittelbar nach der Öffnung der Mauer, hatte die Bevölkerung hier im Harz, kurz vor Bad Harzburg, in den Bäumen ein Banner befestigt mit der Aufschrift: »Nun danket alle Gott.« Diese Liedzeile sagt aus, was wir DDR-Bürger in und nach der Wende empfunden haben. Trotz noch bestehender Irritationen in den Aussagen der Bevölkerung in Ost und West, empfinden wir heute noch einen großen Dank für die Öffnung der Grenzen und den Fall der Mauer.

Kirche und Diakonie haben während der Spaltung Deutschlands bewiesen, dass Bruderschaft und Schwesternschaft und vor allem Gottes Sache nicht untergegangen sind. Zukunftsorientiert bedeutet das: Gottes Sache, gegründet im Wort Gottes, hat in Kirche und Diakonie Zukunft! Gott lässt seine Gemeinde nicht untergehen!

»Das sind Sachen, die sind eigentlich nicht zu schreiben.«

Partnerschaft aus Perspektive der österreichischen Diakonie

Maria Katharina Moser im Gespräch mit
Ernst Gläser und Helga Erhardt

Begegnung und voneinander Lernen – so lässt sich das Verhältnis zwischen der Diakonie in Österreich und in der DDR charakterisieren. Die Geschichte dieser Begegnung und dieses voneinander Lernens ist auf österreichischer Seite eng mit den Namen Ernst Gläser und Helga Erhardt verbunden. Pfarrer Ernst Gläser war von 1969 bis 1994 Direktor, Sr. Helga Erhardt von 1971 bis 1994 Referentin für Soziale Dienste des Diakonischen Werkes Österreich. Gemeinsam haben Ernst Gläser und Helga Erhardt die Kontakte zur Diakonie in der DDR aufgebaut und gepflegt: Mitarbeiter und Mitarbeiterinnen der Diakonie in der DDR nach Österreich eingeladen, an diakonischen Tagungen in der DDR teilgenommen, Austauschprojekte organisiert.

Die gemeinsame Geschichte der Diakonie in Österreich und in der DDR lässt sich schwer in einer Dokumentation von Daten und Fakten fassen. Nicht nur, weil sich vieles, was passiert ist, nicht in Akten oder Protokollen findet. Auch weil sie eine Geschichte der persönlichen Begegnung, der Freundschaft und des Dialogs ist – eine Geschichte, die sich besser erzählen als schreiben lässt. Im Interview mit Maria Katharina Moser (MKM) erzählen Pfarrer Ernst Gläser (EG) und Sr. Helga Erhardt (HE) diese Geschichte: Sie erzählen über den Begegnungsraum Österreich, das als neutraler Staat Gäste aus der DDR einladen konnte; über die Diaspora-Situation der evangelischen Kirche und der Diakonie in Österreich und in der DDR; über Gemeindediakonie; über Austausch, Lernerfahrungen und Partnerschaft.

Begegnungsraum Österreich

MKM: 20 Jahre Mauerfall – ein Anlass, um auch auf die Geschichte der Diakonie Österreich mit der Diakonie in der DDR zurückzublicken. Was haben Sie als Diakonie Österreich in der DDR gemacht?

EG: Herzlich wenig. Außer, dass wir Österreicher waren. Das klingt seltsam. Aber das trifft am besten, was mir im Rückblick wichtig erscheint. Und auch anderen. Es hat sich jetzt, bei der Tagung »Diakonische Partnerschaften im geteilten Deutschland« 2009 in Berlin, wieder herausgestellt, dass Leute gesagt haben: War das schön, wie ich vor 25 oder 30 Jahren bei dir zu Hause im Wohnzimmer gesessen bin beim Kaffee und wir miteinander geplaudert haben. Eine Mitarbeiterin des Fürsorgerischen Fernunterrichts im Diakonischen Qualifizierungszentrum, das es in der DDR gab, zum Beispiel. Die habe ich jetzt in Berlin wieder gesehen, und sie ist auf mich zugekommen und hat gesagt: Herr Gläser, schön Sie wieder zu sehen! Ist Ihre Frau mitgekommen? Nein? Bitte sagen Sie ihr einen schönen Gruß. Jahrelang hab ich den Geschmack von ihrem guten Kaffee im Mund gehabt. Ich hab prinzipiell, wenn es irgendwie ging, unsere Gäste aus der DDR zu mir nach Hause eingeladen. Wenn sie am Franz-Josef-Bahnhof in Wien angekommen sind, müde und verschwitzt von der Reise, hab ich sie mal nach Hause mitgenommen zum Abendessen, Mittagessen oder zumindest zum Kaffee.

MKM: Und wer saß da bei Ihnen im Wohnzimmer?

EG: Mitarbeiter und Mitarbeiterinnen verschiedener diakonischer Einrichtungen aus der DDR – Ärzte, Krankenschwestern, Pfleger, Diakone, Pfarrer. Wir haben in Österreich jedes Jahr eine Tagung für die Mitarbeiterinnen und Mitarbeiter der Krankenhäuser der Diakonie gemacht. Zu der haben wir auch Leute aus der DDR eingeladen. Wenn es eine Tagung zu einem bestimmten Thema gegeben hat und z. B. ein Arzt aus der DDR hat sich dafür interessiert, dann haben wir den eingeladen. Oder die Diakonenschule in Waiern[1] hat Leute eingeladen. Ich hab gewusst, der Leiter einer Diakonenanstalt in Berlin würde gerne einmal schauen, wie in dieser Schule gearbeitet wird. Also hab ich mit dem Rektor in Waiern gesprochen und gesagt: Du, wenn sich mal eine Gelegenheit ergibt, sag's mir, ich tät gern versuchen, den einzuladen. Das war unsere Stärke, dass wir einzelne Leute eingeladen haben nach Österreich.

HE: Leute aus der DDR zu Veranstaltungen einzuladen, war eine Möglichkeit, die wir in Österreich hatten, die Westdeutschland so nicht hatte. Diese Einladungen waren auch der Boden, auf dem unsere Kontakte ge-

---

[1]   Martin-Luther-Kolleg der Diakonie Waiern in Feldkirchen/Kärnten.

wachsen sind. Das hat sich Schritt für Schritt ergeben. Man hat jemanden eingeladen, eine Gegeneinladung wurde gemacht bzw. generell kann man sagen, dass die Kontakte dichter geworden sind. Sodass bei uns manchmal auch der Treffpunkt war für Mitarbeiter aus Ostdeutschland und aus Westdeutschland. Und die österreichische Diakonie hat gemerkt, dass sie von der Diakonie in der DDR viel profitieren oder lernen oder übernehmen kann, weil die – aus anderen Gründen – unter ähnlichen Bedingungen der Diaspora arbeiten mussten wie wir.

MKM: Wie viele Leute aus der DDR haben Sie im Lauf der Jahre eingeladen?

EG: Das weiß ich eben nicht mehr. Sowohl wir in der Geschäftsstelle als auch die Mitgliedsorganisationen der Diakonie in Österreich waren an den Einladungen beteiligt. Zahlen haben wir nie festgehalten. Darüber haben wir kein Protokoll geführt. Aber wenn Sie jemanden fragen aus der Zeit, die wissen das alles.

MKM: Und es sind, wenn ich Sie richtig verstehe, vor allem die persönlichen Kontakte, die in Erinnerung geblieben sind. Wichtiger als Sitzungen, um Projekte zu planen oder Finanzhilfen zu vergeben, waren Begegnungen.

EG: Ja. Als es darum ging, etwas für dieses Buch zu schreiben, hatte ich das Gefühl: Ich weiß nicht, was ich schreiben soll. Das sind Sachen, die sind eigentlich nicht zu schreiben. Wenn ich diese Geschichten erzähle, fühle ich mich, als würde ich intime Dinge ausplaudern. So geht es mir mit dem nächsten Beispiel: Die Gäste aus der DDR waren alle junge Väter. So wie ich einer war. Bei einer Tagung in Bad Hall 1973[2] hat mich ein Teilnehmer aus der DDR gefragt, ob man in Bad Hall Matchboxautos bekommt. Sein Sohn habe ihn gefragt, ob er ihm ein Matchboxauto mitbringen kann. Bevor ich zur Tagung gefahren bin, hat mein Sohn gesagt: Jetzt räum' ich meine Matchboxautos weg. Eigentlich bin ich schon zu groß. Also hab ich meinen Sohn angerufen, hab gesagt: Helmut, tu' deine Matchboxautos in eine Schuhschachtel, setz dich in den Zug, komm her

---

[2]   1973 fand die Tagung des Internationalen Verbands für Innere Mission und Diakonie im österreichischen Bad Hall statt. Mehr über den Verband und die Tagungen s. u.

und bring die Matchboxautos. Und er hat auch noch die Matchboxautos von ein paar Schulfreunden mitgebracht. Jetzt, bei der Tagung in Berlin, wurde ich wieder an diese und ähnliche Geschichten erinnert. Im Nachhinein betrachtet sind es einfach diese kleinen Dinge und die persönlichen Erinnerungen … Und wir haben das Riesenglück gehabt, dass diese Leute, die wir eingeladen haben, wirklich alle wieder in die DDR zurückgekehrt sind. Wir hatten unverschämtes Glück, muss ich jetzt nachträglich sagen, dass keiner hier geblieben ist.

MKM: Was wäre passiert, wenn jemand nicht zurückgegangen wäre?

EG: Dann hätten wir nie mehr die Erlaubnis bekommen, jemanden einzuladen. Unsere Gäste hätten keine Visa mehr bekommen. Bei der DDR-Botschaft hier in Wien war ich schon amtsbekannt, die haben mich immer begrüßt mit: Guten Tag, Herr Pfarrer, was haben wir heut?

MKM: Sie haben es vorher schon kurz angesprochen: Es gab auch Gegeneinladungen. Es sind also nicht nur Leute aus der DDR nach Österreich gekommen, sondern auch Leute aus Österreich in die DDR gereist.

AUF PRAKTIKUM IN DER DDR

HE: Im Diakonischen Werk der DDR gab es ein Diakonisches Qualifizierungszentrum. Man war sehr interessiert daran, dass die Leute, die in sozialen Einrichtungen arbeiten, nicht nur fachliche Weiterbildung erhalten, sondern auch den christlichen Gedanken vermitteln können. Dieses Diakonische Qualifizierungszentrum hatte verschiedene Ausbildungsstränge, einer war ein Fernunterricht für Gemeindediakonie. Das war das, was uns interessiert hat oder wo wir gedacht haben, davon könnten wir sehr profitieren. Altenarbeit oder Behindertenarbeit, das war eine andere Richtung. Ich wurde dann sowohl von dort eingeladen als auch von hier geschickt und habe den Fürsorgerischen Fernunterricht – so hat sich das genannt – mit begleitet. Das war 1979 bis zur Wende. In diesem Zusammenhang ist dann die Idee entstanden, Schülerinnen der Evangelischen Frauenschule[3] in Österreich vier Wochen für ein Prakti-

---

3   Die Evangelische Frauenschule für kirchliche und soziale Dienste war eine Ausbildungsstätte für Gemeindeschwestern und Religionslehrerinnen. 1990 wurde sie in

kum in eine Pfarrgemeinde in der DDR zu schicken. In der Frauenschule wurden Frauen sowohl zu Religionslehrerinnen ausgebildet als auch für die Arbeit in der Gemeinde. Von daher war es uns ein Anliegen, dass die Schülerinnen Praktika machen. Und in der DDR sollten sie vor allem die diakonische Arbeit in der Gemeinde kennenlernen.

Das war natürlich auch politisch wichtig, dass wir deklarieren konnten: Wir schicken unsere Leute auch zum Lernen in die DDR, schickt Ihr uns Eure Leute. Also die ganze Geschichte mit Visa und Einladungen – da war schon auch ein Hintergedanke in Richtung Staat dabei. Der ganze Austausch ging nicht ohne staatliche Zustimmung, wir haben das ja alles über Dienstvisa machen müssen, sowohl unsere Reisen als auch die von DDR-Bürgern und Bürgerinnen.

EG: Damals war Klaus Gysi Staatssekretär und für Kirchenfragen zuständig. Gysi war total von den Socken, dass wir Praktikantinnen in die DDR zum Gemeindepraktikum schicken wollten. Er hat bis zum Schluss gefragt: Warum schicken Sie die ausgerechnet in die DDR? Gerade, dass er nicht gesagt hat: Was sollen die denn da? Wir haben gesagt: Gerade zu Ihnen! Ihre Situation hier ähnelt unserer. Das ist eine Diasporakirche. In Westdeutschland können die Praktikantinnen nicht so viel lernen für den praktischen Dienst. Wenn sie dort in irgendeiner Supergemeinde ihr Praktikum machen, werden sie bloß frustriert und sagen: Was fang ich damit in Österreich an?

HE: Die Schülerinnen sind mit unterschiedlichen Erfahrungen zurückgekommen. Nur in einer Gemeinde waren zwei Mal Praktikantinnen, sonst waren es immer andere Gemeinden, die jemanden genommen haben. Die waren sehr begeistert von den Österreicherinnen. Manche Schülerinnen – obwohl wir versucht haben, sie vorher vorzubereiten – waren schon geschockt von den Verhältnissen, in denen die Menschen in der DDR gelebt haben, wie arm die Leute dort sind. Aber die meisten Praktikantinnen sind zurückgekommen voll Begeisterung, wie das halt so ist mit 18, 19 Jahren. Sie hatten viele Pläne, wie sie sich einsetzen werden und was sie voranbringen wollen. Und ich glaub dieser Kick: Man kann etwas zustande bringen mit ganz wenigen Mitteln und auch in einer von außen

---

die Evangelische Religionspädagogische Akademie umgewandelt. Sr. Helga Erhardt unterrichtete an der Evangelischen Frauenschule Jugendarbeit, Diakonie und Gruppenpädagogik.

sehr bedrückenden Situation – das war für viele schon sehr eindrücklich und lehrreich.

EG: Ja, sich nicht so von den Finanzen abhängig zu machen, das haben sie gelernt. Dass man viel improvisieren muss. Mit wenig Geld viel tun. Dass man vielseitig sein muss, nicht zu spezialisiert.

HE: Auch für mich persönlich war das enorm wichtig zu sehen. In einem Kurs im Fürsorgerischen Fernunterricht waren 25 Frauen und Männer aus dem ganzen Gebiet der DDR, und natürlich kommt man sich auch näher, wenn man eine Zeit lang immer wieder eine Woche miteinander arbeitet. Das war für mich wirklich eindrücklich, wie man mit wenig Mitteln – denn sehr viel hatten sie nicht – viel erreichen und ein enormes Maß an Anerkennung innerhalb der Gemeinden bekommen kann.

GEMEINSAMKEIT: DIASPORASITUATION

MKM: Gab es noch andere Motivationen, Praktikantinnen in die DDR zu schicken, andere Lernchancen für die Praktikantinnen in der DDR?

HE: Stichwort Diasporasituation. Die Evangelischen in Österreich haben damals noch viel stärker als heute unter einem übermächtigen katholischen Verhältnis von Diakonie und Caritas gelitten – gelitten ist vielleicht zu viel gesagt, aber in diesem Umfeld arbeiten müssen. Auch durch die Kleinheit der Diakonie in Österreich ist eine Diasporasituation entstanden gegenüber einer übermächtigen Caritas und überhaupt einer übermächtigen katholischen Kirche. Was noch nichts über die Kontakte sagt, die zwischen evangelischer und katholischer Kirche, zwischen Diakonie und Caritas gelaufen sind. Aber rein größenmäßig. In der DDR war die evangelische Kirche sehr viel stärker als die katholische. Da hat die Diasporasituation für die Evangelischen anders ausgeschaut, weil die Kirche als solche nicht agieren konnte oder nur sehr eingeschränkt agieren konnte. Ich denke, das war auch eine Schiene, wo wir uns gefunden haben in all den Gesprächen: Wie kann man die eigenen Ziele, die eigenen Anliegen durchbringen? Obwohl es natürlich andere Voraussetzungen waren. Dort war es eher die politische Situation, wo's bei uns das Größenverhältnis katholisch-evangelisch war. Gleichzeitig haben unsere Schülerinnen in der DDR geschlossene evangelische Gemeinden kennengelernt. Natürlich gab es die Diasporasituation Christen gegen Nichtchristen. Aber die evangelischen Gemeinden, die es gab, das waren geschlossenere Gemeinden und viel größere Gemeinden als bei uns. Die Gemeinden waren auch ein Gegenpart zum Staat. Sie haben zusammengehalten und waren daher für diesen gefährlich. Man hat sie schon gefürchtet, die Macht und die Stärke dieses Körpers Kirche. Auch, weil der Einzelne und auch die Kirche sich nicht angepasst haben. Man hat sie nicht untergekriegt. Man ist zur Konfirmation gegangen, man hätte ja zur Jugendweihe gehen sollen. Manche sind zu beidem gegangen.

MKM: In Westdeutschland waren evangelische Kirche und Diakonie nicht mit vergleichbaren Anfechtungen von außen konfrontiert.

HE: Diese Anfechtungen von politischer und wirtschaftlicher Seite haben dazu geführt, dass die Diakonie und generell die Kirche in der DDR sich mehr auf ihre Wurzeln und ihre Zielsetzung konzentriert haben. Im Westen hat man viele Möglichkeiten gehabt, hat zu der Zeit viel Geld gehabt, hat unwahrscheinlich viele Mitarbeiter gehabt: für Altenarbeit einen Hauptamtlichen, einen Hauptamtlichen da, einen Hauptamtlichen dort. Das haben die Diakonie und die evangelische Kirche in Österreich nie haben können. Unsere Schülerinnen haben in der DDR gesehen und gelernt: Man muss nicht für alles einen Hauptamtlichen haben.

EG: Die eigenen Wurzeln, das ist ja die ewige Frage in diakonischen Einrichtungen, Krankenhäusern, Altenheimen. Natürlich will man ordentlich qualifiziertes Personal haben und träumt davon, dass man doppelt qualifizierte Mitarbeiter und Mitarbeiterinnen hat: Leute, die fachlich qualifiziert sind und die sich als Christen bewähren. Und das ist das Schwierige. Wo das Gesetz uns zwingt, z. B. einen Chefarztposten öffentlich auszuschreiben. Da darf man nicht reinschreiben: Er muss evangelisch sein. Solche Sachen hat man in der DDR zwar nicht offiziell lernen können, aber doch fragen: Wie bewältigt Ihr das?

MKM: Was haben Sie da gelernt?

EG: Naja, man konnte sich austauschen: Wie könnt Ihr solche Probleme unterlaufen, wie geht Ihr vor? Wie lange sucht Ihr im Vorhinein? Oder wie bildet Ihr die Schwestern und Pfleger, die am Bett Dienst machen, in dieser Hinsicht weiter?

HE: Die diakonischen Krankenanstalten in der DDR haben ja ihr Christsein sehr viel mehr propagiert, als das oft bei uns in geistlichen Spitälern der Fall war. Für unsere Schülerinnen war es auch wichtig zu sehen: Es gibt Mitarbeiterinnen, die in irgendeinem Betrieb sind, z. B. in einem sozialistischen Kindergarten, und trotzdem ihr Christsein leben. Ich denke, da ist sehr viel auf persönlicher Ebene gelaufen im Lernprozess. Und für die Schülerinnen aus Österreich war Diakonie immer mit diakonischen Einrichtungen, damals hat man noch von Anstalten gesprochen, verbunden. In der DDR haben sie lernen können, dass die Gemeinden eigenständig was machen in Sachen Diakonie.

EIN WEITERES VERSTÄNDNIS VON DIAKONIE

MKM: Würden Sie sagen, der Austausch mit der Diakonie in der DDR hat auch das Verständnis dessen, was Diakonie bedeutet, in Österreich beeinflusst?

EG: Ich würde schon sagen, dass wir da von der DDR gelernt haben. Gerade was den Wechsel von Innerer Mission zu Diakonie angeht. In Österreich wurde lange mit dem Begriff Innere Mission gearbeitet. Innere Mission hat so den Beigeschmack gehabt: Hier werden uns Leute ausgeliefert, die missioniert werden. Jetzt können sie sich nicht wehren, jetzt sind sie krank oder was immer, jetzt liegen sie da im Bett und jetzt werden sie missioniert – auch wenn das nicht das ursprüngliche Verständnis von Innerer Mission war.

HE: Im Sprachgebrauch der Deutschen war der Begriff Diakonie schon viel länger verankert, in West und Ost. Innere Mission und dieses etwas süßliche Christentum, das manchmal mit Innerer Mission verbunden worden ist, hab ich draußen dann gar nicht mehr kennengelernt. Wir in Österreich haben diesen Begriff Diakonie überhaupt erst einmal füllen müssen – auch in Abgrenzung zur katholischen Kirche, weil z. B. der Begriff Diakon dort einen ganz anderen Stellenwert und eine ganz andere Bedeutung hat als bei uns.

MKM: Und da haben die Kontakte in die DDR geholfen?

HE: Die Kontakte haben geholfen, den Begriff zu füllen. Diakonie hat für mich dadurch einen viel größeren Horizont bekommen als der Begriff Innere Mission. Innere Mission war immer sehr – das ist jetzt meine Sicht – verbunden mit Anstaltendiakonie: mit Heimen, mit Einrichtungen. Während Diakonie in der DDR sehr stark in den Pfarrgemeinden verankert und eigentlich nur über die Pfarrgemeinden zu praktizieren war. Das ist für mich wichtig geworden, dass Diakonie in den verschiedenen Ausformungen in den Gemeinden verankert wird. Das war für mich persönlich der Lernprozess und damit auch für die Fachgruppen in der Diakonie in Österreich, die ich geleitet habe.

MKM: Hat diese Perspektivenerweiterung von der, wie Sie sagen, »Anstalten-« zur Gemeindediakonie auch innerkirchliche Diskussionen in Österreich ausgelöst?

EG: Wir haben immer von drei Säulen gesprochen in der Diakonie: Anstaltendiakonie, Gemeindediakonie und ökumenische Diakonie. Die Kirchenleitung zu der Zeit hat uns immer wieder vor den Kopf geworfen: die Anstaltendiakonie ist wichtig. Das andere geht von selbst. Wo der Geist Gottes weht, passiert Gemeindediakonie. Das haben wir oft gehört. Dass man das Pferd auch umgekehrt aufzäumen kann und dass man gerade bei der Gemeindediakonie ansetzen kann, war wenig im Blick.

HE: Für die Diakonie in Österreich war wichtig, dass in dieser Zeit in den Pfarrgemeinden die Ehrenamtlichenarbeit gestärkt worden ist bzw. strukturiert worden ist. Und da haben wir sehr von den Erfahrungen und dem Wissen in der DDR profitieren können. Das waren eben so Zeiten, wo Dinge ins Wachsen oder ins Gespräch gekommen sind, zum Beispiel haben wir uns in Österreich sehr intensiv mit Besuchsdiensten beschäftigt, auch Tagungen dazu gemacht. Und da haben wir sehr viel verwendet aus dem Fürsorgerischen Fernunterricht in der DDR. Wir haben in dieser Zeit den Gedanken gesponnen, dass man auch bei uns, ähnlich wie in der DDR, eine Ausbildung Ehrenamtlicher für Gemeindediakonie, für diakonische Aufgaben innerhalb der Gemeinde, machen kann.

EG: Das Diakonische Qualifizierungszentrum in der DDR hat Unterrichtsblätter zum Fürsorgerischen Fernunterricht herausgegeben. Das erste, grundlegende Heft war »Diakonisches Handeln der Gemeinde zwischen Auftrag und Wirklichkeit«. Das haben wir in Österreich nachgedruckt und verwendet. Das hat unglaublich gut eingeschlagen bei uns. Wir haben 1.500 Stück Auflage gehabt, und die war in relativ kurzer Zeit vergriffen, und wir haben das Heft zwei Mal nachdrucken müssen.

HE: 1981 haben wir den Leiter des Diakonischen Qualifizierungszentrums, Pfarrer Schulz, zu einer Arbeitstagung eingeladen. Das war der Impuls zu überlegen, ob wir in Österreich ähnlich wie in der DDR eine »Woche der Diakonie« in den Gemeinden abhalten könnten. Es hat sich dann abgezeichnet, dass eine Woche der Diakonie in den Gemeinden abzuhalten bei uns nicht geht. Aber es war möglich, »Tage der Diakonie« zu verschiedenen Themen in den Gemeinden zu initiieren.

EG: Zu dem Zweck haben wir jedes Jahr eine Handreichung herausgegeben: Diakonie im Religionsunterricht, Diakonie mit Behinderten, Diakonie mit alten Menschen usw. Zum Teil haben wir uns Anleihen genommen aus der DDR, zum Teil eigene Beiträge gestaltet, wie etwa beim Thema Behinderung, auch weil da die rechtlichen Voraussetzungen in Österreich andere waren als in der DDR.

Lernraum Österreich

MKM: Sie haben viel erzählt, was die Diakonie in Österreich von der Diakonie in der DDR gelernt hat. Was konnten die Leute aus der DDR bei ihren Besuchen in Österreich lernen?

EG: Wenn sie eingeladen waren zu Fachtagungen: das Fachliche. Bei Ärztetagungen usw.

MKM: Das waren meist Tagungen im Bereich der Anstaltendiakonie?

EG: Vorwiegend, aber nicht nur.

HE: Vor allem in den ersten Jahren haben sie auch gelernt, dass sie mit uns bzw. bei uns in Österreich über ihre Anliegen und über ihre Sorgen und Nöte angstfrei reden können. Das war sicher die erste Zeit so. Abendelang haben wir geredet. Da ist keine Wanze, da wird niemand was weitersagen. Ich denke, das war für die Menschen aus der DDR, die bei uns waren, persönlich eine ganz starke Hilfestellung.

MKM: Über welche Sorgen und Nöte haben Sie gesprochen?

HE: Auf der einen Seite ganz existenzielle. Es ist ihnen ja wirklich zwischen 1970 und 1980 schlecht gegangen. Ganz persönliche, familiäre Sorgen. Und die Sorgen, wie sie in ihren Arbeitsfeldern weiterkommen oder was sie machen können. Da haben sie viel erzählt.

EG: Und demokratische Spielregeln. Ich sag bewusst Spielregeln. So kleine Dinge wie zum Beispiel: Was ist eine qualifizierte Mehrheit?

HE: Dass es mit Demokratie auch geht, das haben sie lernen können. Das hat ihnen schon Mut gemacht, das eine oder andere in Angriff zu nehmen. In der Kirche und auch in der Diakonie – gerade in der DDR waren Kirche und Diakonie immer viel enger verflochten als bei uns – war man oft nur ganz streng hierarchische Strukturen gewöhnt. Und das war bei uns in dieser Zeit schon aufgebrochen.

KEINE GEPLANTE STRATEGIE, SONDERN GEWACHSENE BEZIEHUNGEN

MKM: Wenn man Ihnen zuhört, gewinnt man den Eindruck, das hat sich alles sehr organisch ergeben. Das war keine geplante Strategie. Man hat sich nicht bei einem Planungstreffen überlegt: Welche Ziele verfolgt die Diakonie Österreich in der DDR, und wie können wir das umsetzen?

EG: Ja. Das war einfach so.

MKM: Wenn die Arbeit in und mit der DDR nicht im strikten Sinne geplant war, wie kam es dann dazu?

EG: Das reicht zurück in die Zeit, als ich in der Jugendarbeit aktiv war. Ich war von 1958 bis 1969 österreichischer Landesjugendpfarrer. Und als solcher habe ich als Gast bei der deutschen Landesjugendpfarrerkonferenz teilgenommen.

MKM: Und deutsch hat sich in diesem Fall bezogen auf...?

EG: Deutsch hat sich zuerst noch auf ganz Deutschland bezogen. Da war ich bei den gesamtdeutschen Landesjugendpfarrerkonferenzen. Dann ist die Mauer gebaut worden. Und dann ist es losgegangen. Dann waren also die Landesjugendpfarrerkonferenzen immer in Berlin, wo wir Westler uns in West-Berlin getroffen haben und jeden Tag in der Früh in den Osten rübergesickert sind und am Abend wieder zurück.

Etliche der Landesjugendpfarrer sind dann später in der Diakonie gelandet in verschiedenen Funktionen. Ich habe 1969 das neu gegründete Diakonische Werk Österreich übernommen, Pfarrer Karl Heinz Neukamm z.B. ist dann Präsident der deutschen Diakonie geworden. Wir kannten uns von den Landesjugendpfarrerkonferenzen und haben uns jetzt bei diakonischen Konferenzen getroffen. Es hat sich für mich nicht sehr viel geändert. Sogar der Tagungsort war derselbe, die Stephanus-Stiftung, eine große diakonische Einrichtung in Ost-Berlin. Der Unterschied war, dass ich nicht mehr »sickern« musste. Ich war immer gleich im Osten – auch deswegen, weil ich nun einen österreichischen Dienstpass gehabt habe. So eine Art kleiner Diplomatenpass. Und der hatte den Riesenvorteil, dass ich damit als Bürger des neutralen Österreich ohne Visum problemlos in alle Oststaaten reisen konnte.

MKM: Sie haben sich in Ost-Berlin zu Tagungen getroffen?

EG: Das Diakonische Werk der DDR hat Jahreskonferenzen abgehalten, zu denen sind wir jedes Mal gefahren. Dort sind die Kontakte gelaufen, auch Einladungen geplant worden usw. Die Tagungen haben in der erwähnten Stephanus-Stiftung in Berlin-Weißensee stattgefunden. Es war für uns klar, dass man in der Stephanus-Stiftung nichts bereden darf, was regimekritisch war. Diese Jahreskonferenzen waren das eine. Das andere waren Tagungen des Internationalen Verbands für Innere Mission und Diakonie.

Internationaler Verband für Innere Mission und Diakonie[4]

EG: Seit den 1950er Jahren hat der Internationale Verband in eher kleinem Kreis Arbeitstagungen der Leiter und Leiterinnen der Diakonie abgehalten. Ich war zum ersten Mal 1970 in Berlin dabei, da waren wir cirka 20 Leute. Das waren Arbeitstreffen unter einem Thema, und es wurde sehr intensiv an dem Thema gearbeitet. Ein wichtiger Teil dabei war der Gedankenaustausch zwischen Ost und West. So sind viele Verbindungen entstanden und man konnte auch gut alles Mögliche ausmachen. Es ist auch finanzielle Hilfe über den Internationalen Verband gelaufen – in alle Richtungen, nicht nur in die DDR, auch nach Ungarn und Rumänien. Die Diakonie in der DDR hat zum Beispiel für ökumenische Projekte in Rumänien gesammelt. Und dieses Geld wurde über den Internationalen Verband weitergeleitet.

HE: Es wurde immer gut überlegt: In welchem Land machen wir die Tagung, damit die anderen – die aus dem Osten – auch kommen können?

EG: Ja, und es wurde beschlossen, einmal im Osten und einmal im Westen zu tagen. Aber das konnte nicht ganz durchgehalten werden. 1973 in Bad Hall ist es uns das erste Mal gelungen, alle, die wir aus der DDR einladen wollten, herzubekommen. Das vergessen sie bis heute nicht. Das war der erste Ausflug für manche DDR-Leute in den Westen. Die nächste Tagung hätte in Budapest stattfinden sollen, ist ganz kurz vorher von der ungarischen Regierung gestrichen und nicht bewilligt worden. Dann sind wir kurzfristig nach Österreich gegangen und haben die Tagung 1975 wieder in Bad Hall gemacht.

---

[4]   1922 wurde der »Kontinentale Verband für Innere Mission und Diakonie« gegründet, ihm gehörten Vertreter diakonischer Einrichtungen aus Schweden, Deutschland, Finnland, Holland, Österreich, Ungarn, Lettland, Estland, der Schweiz, Polen und der Tschechoslowakei an. Kongresse zu verschiedenen Themen wurden abgehalten. Nach einer Unterbrechung durch den Zweiten Weltkrieg wurde 1951 wieder die gemeinsame Arbeit im Internationalen Verband für Innere Mission und Diakonie aufgenommen. 1989 benannte er sich in Europäischer Verband für Diakonie um, und 1996 wurde er mit der Eurodiaconia zusammengelegt. Ernst Gläser war von 1975 bis 1992 im Vorstand und zeitweise als Finanzverantwortlicher auch Mitglied des engeren Vorstands.

MKM: Zwei Tagungen hintereinander in Österreich, eine davon ganz kurzfristig organisiert – das klingt, als hätte Österreich eine wichtige Rolle im Internationalen Verband gespielt.

HE: Ja, auch hier hat – wie bei den Einladungen – der Status Österreichs als neutraler Staat eine wichtige Rolle gespielt. Ansonsten war die Rolle Österreichs davon geprägt, dass es klein war und dadurch vermitteln konnte. Anders als Westdeutschland, das als großes Land eine andere Position gehabt hat.

EG: Der Internationale Verband wurde ja schon 1922 gegründet. Nach dem Zweiten Weltkrieg hat man ganz bewusst an dem Namen festgehalten, wegen der Ostsituation. Weil »international« in den Oststaaten immer gut geklungen und Türen geöffnet hat. Die Machthaber im Osten waren immer etwas vorsichtig, internationale Sachen zu streichen. Die DDR hat sich nie getraut, die Aktivitäten des Internationalen Verbands ernsthaft einzuschränken.

MKM: Warum?

EG: Wegen des internationalen Prestiges. Und dann ist noch etwas dazu gekommen: Zur Zeit des Mauerbaus war der Franzose Henri Ochsenbein Präsident des Internationalen Verbands. Und der hatte mit dem für Kirchenfragen zuständigen Staatssekretär Seigewasser im KZ gesessen. Und damit hat Seigewasser schon nicht sehr viel gegen den Internationalen Verband getan. Manchmal gibt's wunderbare Wege.

Erfahrungen mit dem System DDR

MKM: Apropos Staatssekretär – Sie haben vorhin kurz vom Sickern gesprochen und erzählt, dass vieles nicht in Protokollen steht. Wie haben Sie die Konfrontation mit dem System in der DDR erlebt?

EG: Ich bin ein etwas frecher Mensch gewesen, ich hab alle Staatssekretäre für Kirchenfragen irgendwann besucht. Sie waren alle sehr freundlich. Ich hab mich mit allen gut unterhalten können, und ich hab ihnen alles Mögliche aus den Nasenlöchern ziehen können. Ich hab dabei immer wieder an eine Lebensweisheit meines Vaters denken müssen:

»Stell dir den in Unterhosen vor. Dann wirst du dich nicht mehr vor ihm fürchten.«

MKM: Gab es Erlebnisse, die typisch waren für die Konfrontation mit dem totalitären Regime in der DDR?

EG: Ich kann ihnen zwei Erlebnisse erzählen, die ich typisch finde. Wir hatten einige Jahre lang einen österreichischen Pfarrer in West-Berlin, der ganz bewusst von Österreich hingeschickt worden ist, weil er als Österreicher über die Grenze nach Ost-Berlin gehen konnte und man ihn als Boten schicken konnte. Einmal, als ich in Berlin war – das war noch in meiner Zeit als Landesjugendpfarrer – wollte ich auch hinüber. Die Ausländer mussten entweder Checkpoint Charly oder Friedrichstraße hinüber. Ich bin Friedrichstraße rüber. Dort hat es drei Verhörkabuffs gegeben. Und die haben mich in so ein Kabuff rein und ununterbrochen gelöchert, was die ganzen österreichischen Pfarrer hier zu tun haben, und ich hab mit dem Brustton der Überzeugung gesagt: Ich bin allein. Lügen Sie uns nicht an! Und ich: Ich bin allein. Das ist eine Stunde so dahin gegangen, und dann haben sie mich weggeschickt als nicht erwünscht. Ich warte also auf meine U-Bahn zurück, und am Bahnsteig sagt auf einmal wer: Ernst, was machst denn du da? War das der Grazer Pfarrer, der für die Äußere Mission zuständig war und in Ost-Berlin bei einer Tagung war. Den haben sie genau mit dem Gleichen gelöchert, und der hat auch im Brustton der Überzeugung gesagt: Ich bin allein da. Ihn haben sie auch zurück geschickt. Ich hab gesagt: Was machen wir jetzt mit dem angebrochenen Tag? Gehen wir den Fritz besuchen, den erwähnten österreichischen Pfarrer. Wir sind zu ihm gegangen, seine Frau hat uns aufgemacht: Der Fritz ist heute nicht da, der ist heute im Osten drüben. Wir wurden hereingebeten, um auf ihn zu warten. Da kam Fritz wutschnaubend rein: Heute haben sie mich zurück geschickt. Er saß in der dritten Verhörkabine. Wir haben das rekonstruiert. Im Bericht der Stasi steht bestimmt drinnen: Die österreichischen Pfarrer lügen wie gedruckt. Aber jeder von uns hat die Wahrheit gesagt. Das Lächerliche dran war, dass der Fritz gewusst hat, dass um 13.00 Uhr die Grenzpolizisten abgelöst werden, und um 13.30 Uhr sind wir miteinander zu dritt rüber gegangen. Kein Mensch hat uns aufgehalten.

Und das zweite Erlebnis, ebenfalls als Jugendpfarrer: Ich fahre mit dem Auto – ich bin meistens mit dem Auto nach Berlin gefahren. Damals hat man noch nicht direkt fliegen können, und es war auch billiger, mit dem Auto zu fahren. In Bayern ist man auf die Autobahn gefahren und hat ein Tages-Transitvisum nach West-Berlin bekommen. Man hat nicht von der Autobahn weg dürfen, hat genau durch müssen, und ich bin also, ein schöner Frühjahrstag, in der Früh weggefahren in Wien mit einer Thermosflasche und etwas zu essen und bin los und gut durchgekommen, die Sonne hat geschienen, und dann kam irgendein Rastplatz, da bin ich stehen geblieben, hab gegessen und hab mir Zeit gelassen. Nach dem Essen wollte ich mir vom Auto meine Pfeife holen und bin aufgestanden und hab den Müll und einen ganzen Packen Werbematerial über die DDR, den ich bei der Einreise bekommen und beim Essen gelesen habe, in die Abfalltonne dort geworfen, die ganz leer war, und bin zum Auto gegangen. In dem Augenblick ist das Gebüsch lebendig geworden: »Halt! Stehen bleiben, nicht bewegen!« Und schon sind zwei mit dem Gewehr dort gestanden und Stahlhelm und Hände hoch, gehen Sie langsam zum Auto. In dem Augenblick hat es einen Riesenkrach gegeben, und zwei Stimmen haben »au« gebrüllt. Zwei Soldaten ohne Stahlhelm haben in die Abfalltonne geschaut, um zu kontrollieren, was ich dort hineingeworfen hab. Und da sind sie mit den Schädeln zusammengekracht. Ich hab gesagt: »Hoppla, meine Herren; nicht so stürmisch.« Worauf die zu lachen begonnen haben und die zwei mit dem Gewehr auch. Es ist nichts lächerlicher als zwei mit Gewehr und Stahlhelm, die zu lachen anfangen. Sie haben dann alles aus der Tonne geholt, mein Butterbrotpapier und das Sackerl und die Broschüren, und fein säuberlich hingelegt. Hab ich gefragt: »Kennen Sie Ihre Literatur nicht?« Na gut, die haben mich dann widerstrebend weiterfahren lassen. Später hab ich dann gehört, was da los war. Viele Westler haben die Abfalltonnen als Briefkästen benutzt und haben dort Nachrichten hinterlassen. Die sind dort fast eine Stunde im Gebüsch gelegen und haben gewartet, dass ich etwas hineinwerfe. Und das Ergebnis war nichts außer zwei Beulen. Das ist DDR gewesen.

MKM: Sie sagen, in diesen Abfalltonnen wurden Nachrichten hinterlassen. Haben Sie selbst auch Dinge in die DDR gebracht?

EG: In der DDR nicht erwünschte Bücher haben wir hinüber gebracht – Kommentare, sehr viele ökumenische Werke. Paul Philippi, »Christozentrische Diakonie« hab ich öfters hinüber gebracht.

MKM: Und was wäre passiert, oder was passierte, wenn dieser Büchertransport aufflog?

EG: Dann haben sie einem das Buch weggenommen. Es ist mir nie etwas passiert. Sie haben die Bücher halt konfisziert. Ich hab die Bücher auch nie besonders versteckt. Ich hab meinen Namen hineingeschrieben und irgendwo ein Lesezeichen hinein geschoben. Wenn die gesagt haben: Das dürfen Sie nicht rüberbringen, hab ich gesagt: Das lese ich gerade. Manchmal haben sie gefragt: Was haben Sie als letztes gelesen? Dann habe ich Ihnen erzählt, was dort, wo ich das Lesezeichen hineingesteckt habe, stand. Da hab ich schon gewusst, was dort stand. Ab und an haben sie mir ein Buch weggenommen, und am Abend beim Zurückgehen hat man das Buch wieder bekommen. Dann hat man allerdings am nächsten Tag nicht mehr probieren können, mit diesem Buch hinüber zu kommen. Also, nicht ins Bockshorn jagen lassen. Je mehr man Furcht zeigt, desto eher haben sie einen.

Eine Geschichte ist vielleicht noch interessant in diesem Zusammenhang. Der letzte für Kirchenfragen zuständige Staatssekretär hieß Löffler. 1989 hat die Tagung des Internationalen Verbands in Buckow in der DDR stattgefunden. Als wir getagt haben, hatten der österreichische Außenminister Alois Mock und sein ungarischer Kollege bereits den Stacheldraht zwischen Österreich und Ungarn durchschnitten und die DDR-Flüchtlinge sind über Ungarn nach Österreich gekommen. Der engere Vorstand des Internationalen Verbands war noch zu einem Termin bei Löffler im Staatssekretariat. Ich wollte eigentlich nicht mitgehen, weil ich mir gedacht habe, der mokiert sich sicher darüber, dass Österreich Fluchthilfe leistet. Das hat er aber gar nicht getan, sondern er hat uns fast angeweint, dass er das nicht versteht, dass DDR-Bürger die DDR verlassen, wo sie doch so viel für sie getan haben. Und jetzt laufen sie ihnen weg. Wie wir nachher draußen waren, haben wir festgestellt: Eigentlich hat er uns leidgetan, das war nicht gespielt, der Kerl war wirklich fertig.

BEGEGNUNG, BEZIEHUNG, FREUNDSCHAFT

HE: Als ich das erste Mal in die DDR fahren sollte, ist mein Dienstvisum nicht gekommen. Ich bin ohne Visum losgefahren. Man hat mir gesagt, das Visum liegt am Flughafen. Ich muss sagen, das war für mich ein sehr gemischtes Gefühl. Weil für mich zu der Zeit – Ende der 1970er – die DDR ein Gefängnis war, in das man sehr schnell hineinkommen kann. Meine Bedenken waren: Sag nichts, tu nichts. Du weißt nicht ... Man hat einfach vieles zu wenig gewusst. Aber dann habe ich die Lehrerinnen vom Fürsorgerischen Fernunterricht kennengelernt. Wir haben uns zu sechst ein Zimmer geteilt. Und ich bin mit einer solchen Herzlichkeit und Offenheit aufgenommen worden, da war für mich der Bann gebrochen. Ich war ängstlich, auch gegenüber den Menschen, weil ich nicht gewusst hab, wie offen man miteinander umgehen kann. Und ich habe sehr schnell gelernt, dass man sehr offen miteinander umgehen kann. Und ich habe gelernt, was Diakonie eigentlich ist und sein kann. Ich habe persönlich sehr viel dort gelernt.

MKM: Was haben Sie da genau gelernt, wie würden Sie heute, dreißig Jahre später, Ihre Lernerfahrungen beschreiben?

HE: Dass der Mensch im Zentrum meines Handelns steht. Egal, was sein Hintergrund ist. Um das an einem Beispiel zu erzählen: Es sind auch DDR-Funktionäre als Patienten in die diakonischen Krankenhäuser gekommen – weil dort die Ausstattung und die Behandlung und auch die Zuwendung besser waren. Auch die wurden behandelt und aufgenommen. Ich habe dadurch gelernt, dass ich nicht fragen brauche: »Wie christlich bist du?« Sondern du bist da und willst mit mir etwas gemeinsam machen. In dieser Frage habe ich aus Österreich noch Scheuklappen mitgebracht, »christliche Scheuklappen«. Und da hab ich in der DDR viel kennengelernt. Trotz aller Abgrenzung dort, es war ja nicht so: Seid umschlungen Millionen miteinander. Aber: Da ist der Mensch, der braucht jetzt etwas, und auf den lass ich mich ein.

MKM: Da taucht wieder das Thema Dasein und Begegnung auf, das wir schon am Anfang unseres Gesprächs hatten.

EG: Ja, wir haben ja schon erzählt, dass wir ab Anfang der 1970er Jahre jedes Jahr zur Jahreshauptversammlung der Diakonie in der DDR gefahren sind. Um einfach dort zu sein. Dieser internationale Aspekt war wichtig für die Diakonie in der DDR. Eine kleine Bemerkung am Rande: Mitgebrachte Mozartkugeln haben dabei die österreichische Note betont.

HE: Wir haben ihnen nicht viel mitbringen können. Weder persönlich noch von der Diakonie her. Die Diakonie Österreich war zu klein für große Finanzhilfen. Das wurde auch gar nicht erwartet. Es war einfach wichtig, dass man da war.

EG: Der Osten Deutschlands war immer etwas weniger entwickelt als der Westen, auch vor dem Krieg. Das hat auch kirchlich gegolten. Der Westen hat den Osten immer unterstützt. Eine Art Patenschaft.

Diese Strukturen sind auch nach 1945 so geblieben, und dann hat man das Partnerschaft genannt. Aber es war eigentlich nie eine richtige Partnerschaft, es ist immer eine Patenschaft geblieben. Und das war auch das große negative Aha-Erlebnis nach 1989, kirchlich und in der Diakonie und auf politischem und wirtschaftlichem Gebiet genauso. Auf einmal hat vieles im Osten nichts mehr gegolten. Es war immer eine Patenschaft.

MKM: Und das Verhältnis zwischen der Diakonie in der DDR und in Österreich, wie Sie beschrieben haben, weniger einseitig, ein gegenseitiges Lernen.

HE: Ich glaube, unsere Kollegen in der DDR haben bei uns Österreichern nie den Eindruck gehabt: Wir wissen es besser. Oder: Wir sehen das von einer Warte: Ihr Armen! Wir kommen und helfen Euch! Es war eher: Die Freunde kommen. Die Westdeutschen sind als Brüder gekommen, aber als große Brüder.

MKM: Es ging um Partnerschaft, nicht um Hilfe?

EG: Ich weiß gar nicht, ob das Wort Partnerschaft in diesem Zusammenhang wirklich passend ist. Es ist eher ... Bruderschaft kann man auch nicht sagen. Was kann man sagen?

HE: Der Begriff Freundschaft beschreibt unser Verhältnis am besten. Da ist Partnerschaft auch drinnen, und ein Stück Brüderlichkeit oder Schwesterlichkeit ist auch drinnen. Aber die Freundschaft lässt dem anderen mehr Raum. Partnerschaft würde eher bedeuten, dass man miteinander etwas tut. Und das war nur sehr punktuell, dass man miteinander etwas tun konnte.

MKM: Es ging nicht darum: Der Kirche und der Diakonie geht's schlecht unter dem Regime in der DDR, und da müssen wir jetzt was machen.

HE: Das war's gar nicht.

EG: Das kann ich ganz fest bejahen, im Fall der DDR. Mit anderen Ländern in Osteuropa war das anders. Unser Verhältnis zu Ungarn oder Rumänien z. B. war eines der Patenschaft. Da haben wir gesagt: Denen müssen wir helfen. Denen müssen wir auch manches beibringen. Da sind wir sicherlich mehr als die Reichen und Wissenden aufgetreten.

HE: Für mich passt gerade im Verhältnis zur DDR der Begriff Freundschaft auch insofern, weil sich alles langsam entwickelt hat. Wir in Österreich haben die Chance gehabt, Leute leichter einzuladen. Es sind längst schon DDR-Leute eingeladen, bevor wir hinüber gefahren sind. Und für mich persönlich war das Wichtigste, dass ich in einer sehr komprimierten Form vieles über Diakonie gelernt habe, was ich für meine Arbeit verwenden konnte: Und dann die menschliche Begegnung und Zuwendung, die sich wirklich bis heute hält: Freundschaften. Auch heute noch spricht man von diesen Zeiten. Die menschliche Komponente war ganz, ganz wichtig. Ich denke, dass das, was die Diakonie Österreich von der Diakonie in der DDR profitiert hat, um sehr vieles mehr ist, als das, was die Diakonie der DDR von Österreich profitiert hat.

Zeitzeugen haben zurückgeblickt
Ein Resümee

Reinhard Turre

Eine solche Tagung wird es nie mehr geben können. Noch einmal war es möglich, in West und in Ost verantwortlich Handelnde zum Austausch ihrer Erfahrungen zusammenzuführen. Es waren zwei Tage mit Berichten und Reflexionen, wie sie so von Historikern nicht geleistet werden können, da die Aktenlage nicht die Sachlage widerspiegeln kann. Vieles konnte nicht aufgeschrieben und dokumentiert werden. Deshalb sind die nachträglichen Berichte der Zeitzeugen für die Nachwelt wertvoll. Die Unterstellung, dass dabei viel Verklärung und Verdrängung im Spiel ist, kann angesichts der selbstkritischen und offenen Art der Veranstaltung nicht aufrecht erhalten werden. Natürlich konnte angesichts der Kürze der Tagung nur exemplarisch berichtet werden. Die Freude über die in den Zeiten der Trennung durchgehaltene geistliche Gemeinschaft über die Grenzen hinweg war ebenso spürbar, wie darüber, dass wir mit der wiedergewonnenen politischen Einheit die unvorhergesehene Möglichkeit bekamen, an eben diese Gemeinschaft anzuknüpfen und, durch sie gestärkt, den Um- und Aufbau in der östlichen Diakonie betreiben zu können. In dieser Freude und mit ehrlicher Nüchternheit haben wir uns noch einmal Rechenschaft gegeben, die auch für die nächste Generation bei den nun für sie anstehenden Aufgaben von Bedeutung sein kann. Vielleicht werden die Erfahrungen aus der Zeit der Trennung und der Vereinigung zu Anregungen für die Zukunft.

Historiker werden auch künftig noch ihre Arbeit haben

»Das Leben kann nur in der Rückschau verstanden, aber es muss vorwärts gelebt werden.« (S. Kierkegaard). Auf einer ähnlichen Tagung vor zehn Jahren sind vor allem die Historiker zum Zuge gekommen. Zeitzeugen haben damals die auch für Historiker begrenzten Möglichkeiten wahrgenommen. Ohne erkenntnisleitende Interessen sind weder die einen noch die anderen. Vieles ist schon erkundet und dokumentiert worden. Aus der gründlichen Recherche werden wohl auch künftig noch bisher unbekannte Einzelheiten zu Tage gefördert werden. Aus den Ergebnissen dieser Tagung können nun noch einige Gesichtspunkte für die Diakoniegeschichte zur Verfügung gestellt werden.

UNTERSCHIEDLICHE PERSPEKTIVEN SIND DEUTLICH GEWORDEN

Natürlich blicken westliche Beteiligte anders auf die Zeit der Teilung als die Akteure im Osten. Aber auch die Verantwortlichen aus der Gesamtkirche haben eine andere Perspektive als die aus der aktiven diakonischen Arbeit. Die Politiker reden von der deutschen Einheit anders als die Kirchenleute, die stärker auf die geistliche Gemeinschaft als auf eine Bemühung blicken, die es in Ost und West vor und nach der Wende gegeben hat. Es gab unterschiedliche Bewertungen des Gratwandels zwischen Anpassung und Widerstand an das politische System im Osten. Wo der Wissenschaftler den ideologischen Wandel auch innerhalb der DDR analysieren kann, da achtet der diakonische Praktiker stärker auf die tatsächlich möglichen Kontakte. In den verschiedenen Zeitabschnitten konnten auch die Beziehungen nur unterschiedlich wahrgenommen werden. Das gilt auch für die verschiedenen Ebenen: lokal, regional und national.

DIE VERSCHIEDENEN ZEITABSCHNITTE KAMEN ZUR SPRACHE

Dankbar wurde noch einmal auf die Gründung des Evangelischen Hilfswerks durch Eugen Gerstenmaier zurückgeblickt. Mit dem Hilfswerk wurde eine breite Basis für die unzähligen Gemeindekontakte geschaffen. Menschen, die sich bisher nicht kannten, wurden aufeinander aufmerksam und haben eine durch Jahrzehnte aufrecht erhaltene Beziehung geknüpft. Die Kontakte zwischen den Einrichtungen haben sich vielfach nicht in den Grenzen bewegt, die zwischen den Landeskirchen vereinbart worden waren. Über die materiellen Hilfen hinaus kam es zu einem geistigen und geistlichen Austausch, durch den Kenntnis voneinander und Vertrauen zueinander gewachsen sind. Man fand zu einer Gemeinschaft, die auch durch die sich getrennt entwickelnden Kulturen in Ost und West nicht aufgehoben werden konnte. Diese hat vor und nach dem Bau der Berliner Mauer und der innerdeutschen Grenzbefestigungen verschiedene Formen gehabt von fast konspirativen Treffen bis zu großen offiziellen Konferenzen, die besonders mit der Hilfe der Diakonie Österreichs und der Schweiz zustande kamen. Vor 1989 war das wesentliche Ziel gewährter und empfangener Hilfe, die Arbeitsbedingungen der Diakonie und damit die Lebensbedingungen für die Menschen in der DDR zu verbessern. Die Absicht war kirchlich und sozial und nicht politisch und national.

Politische Einheit und geistliche Gemeinschaft

Es war das »Dennoch des Glaubens«, das auch in den Zeiten der politischen Trennung an der »besonderen Gemeinschaft der evangelischen Christenheit in Deutschland« festgehalten hat. Wo Politiker von der Einheit Deutschlands und der Wiedervereinigung sprechen, ist im Raum der Kirche lieber von der geistlichen Gemeinschaft und dem Vereinigungsprozess die Rede. Auch hat sich die Hoffnung auf die Wiederherstellung volkskirchlicher Gegebenheiten nicht erfüllt. Zwar hat die im Osten politisch gewollte Trennung ihr Ziel nicht erreicht, auch weil die Kirche und ihre Diakonie sich als Klammer zwischen Ost und West erwiesen haben, aber es zeigte sich je länger je mehr, dass die Einheit nicht einfach mit dem Wegfall der innerdeutschen Grenze wieder hergestellt werden kann. Dabei wird die Erfahrung dienlich sein, dass Ideologien die Kirche nicht trennen können.

Geschwister im Glauben machten grenzüberschreitende Erfahrungen

Begegnungen wurden zu gegenseitiger Bereicherung. Dabei ist das Gefälle von West nach Ost niedriger geworden. Erfahrungen aus dem jeweiligen anderen Bereich dienten der Überprüfung der eigenen Meinung und der erarbeiteten fachlichen Konzepte. Dabei haben die Teilnehmer aus dem Westen eher moderne Methoden der sozialen Arbeit vermitteln und die Teilnehmer aus dem Osten mehr ihre geistlichen Erfahrungen mitteilen können. Taktgefühl war nötig, um nicht Überlegenheit zu demonstrieren oder Minderwertigkeitsgefühle aufkommen zu lassen. Man wurde auch der Einflüsse bewusst, die das jeweils andere gesellschaftliche Umfeld auf die eigenen Überzeugungen ausgeübt hatte.

VON DER DIAKONISCHEN PATENSCHAFT ZUR PARTNERSCHAFTLICHEN DIAKONIE

Alles begann mit Paketen von Person zu Person. Dahinter stand ein immenser organisatorischer Aufwand. Adressen mussten ermittelt und die Vertraulichkeit sollte gewahrt werden. Menschen im Westen mussten gewonnen werden, die dann mit großer Treue und Einsatz von viel Zeit Kontakte knüpften, die zum Teil bis heute gehalten haben. Unzählige Briefe wurden geschrieben. Bald wurden auch Besuche verabredet, erst aus dem Westen in den Osten und dann nach staatlichen Besuchsregelungen auch aus dem Osten in den Westen. Aus Paten wurden Partner, und aus Partnern wurden Freunde. Glaubens- und Lebenserfahrungen wurden ausgetauscht, die den Boden bereiteten für ein besseres Verstehen nach der staatlichen Vereinigung. Nun, da wir Geschwister des Glaubens und des Dienstes im gleichen Land sind, kann es eine partnerschaftliche Diakonie in Deutschland auf den verschiedenen Ebenen geben.

DIE STRUKTURELLEN HILFEN WAREN EINE WICHTIGE STÜTZE

Noch sind die in die Milliarden DM und Valutamark gehenden Hilfen nicht eigentlich in ihrem ganzen Umfang erfasst worden. Sie setzten sich zusammen aus Mitteln der Kirchen und Gemeinden, aus Spendenmitteln vieler Gemeindeglieder und aus Steuermitteln, die die verschiedenen Bundesregierungen zur Verfügung stellten und über das Diakonische Werk vermittelten. Die politische Brisanz dieser Vermittlung bis hin zu den Häftlingsfreikäufen wurde im Bericht des damaligen Präsidenten Dr. Neukamm noch einmal deutlich. Auch die kritischen Rückfragen dazu wurden gestellt. Den Landesverbänden kam eine wichtige vermittelnde Funktion zu. Sie waren zugleich die Brückenköpfe zu den regionalen Aktivitäten zwischen den verschiedenen Landeskirchen. Zwischen den Fachverbänden wurden fachliche Kontakte geknüpft und gepflegt.

Die Berichte darüber gaben eine Ahnung über den zahlenmäßig größten Umfang der Partnerbeziehungen. Hinzu kamen die zahlreichen Kontakte von Partnereinrichtungen und auch Fortbildungsstätten, die eine fachliche, eine persönliche, aber auch eine finanzielle Dimension hatten, wie aus anschaulichen, zum Teil vergnüglich zu hörenden Berichten hervorging.

Die auch nach der Teilung fortgesetzten Begegnungen zwischen den Schwesternschaften und Brüderschaften dienten dem Erfahrungsaustausch über die Bewältigung des Wandels und waren die Voraussetzung für die grenzüberschreitende Fürbitte füreinander.

Die Verbundenheit in der ökumenischen Diakonie

Von westlicher Seite konnte festgestellt werden, dass die DDR-Partnerschaften ein Übungsfeld auch für die ökumenische Diakonie waren. Sie war in den Jahren der Teilung ein politisch besonders beargwöhnter Bereich. Aus den Freikirchen wurde festgestellt, dass gerade die Zusammenarbeit auf diesem Gebiet dem Zusammenwachsen innerhalb des Diakonischen Werks dienlich gewesen ist. Nach der Wende sind gemeinsame Projekte der Diakonischen Werke aus dem Osten und dem Westen in Osteuropa und im Ostseeraum zustande gekommen.

Erfahrungen von damals werden zu Anregungen für die Zukunft

Was sich in Zeiten der deutschen Teilung als besonders tragfähig erwiesen hat, wird auch für die Zukunft Bedeutung behalten. Im Geben wurde man beschenkt. Durch das Nehmen wurde man nicht nur äußerlich, sondern auch innerlich bereichert. Der Austausch von geistlichen Erfahrungen und fachlichen Ideen enthält Anregungen für die weitere Entwicklung der Diakonie im nun politisch geeinten Land. Auch in kritischen Zeiten gilt: »Gott hat uns nicht gegeben den Geist der Furcht, sondern der Kraft und der Liebe und der Besonnenheit.« (2. Tim 1,7).

Autorinnen und Autoren

Friedrich Bartels (*1936)
nach dem Studium der evang. Theologie Pfarrer in Weißenfels, Trassenheide und Züssow, 1976–1998 Vorsitzender der Züssower Diakonie-Anstalten/Pommerscher Diakonieverein Züssow e.V.), 1976–1994 Vorsteher der Züllchower Diakonenbrüderschaft, 1984–1990 Vorsitzender des Ev. Diakonenverbandes in der DDR (EDV).

Hans-Dieter Bluhm (*1928)
nach dem Studium der evang. Theologie Pfarrer in Bredereiche, dreimal aus der DDR ausgewiesen, Direktor des Verbandes Ev. Kindertagesstätten, ab 1976 Leiter der Berliner Dienststelle des Diakonischen Werkes der EKD in Berlin, Mitglied im GAW.

Rolf Dammann (*1924)
seit 1952 Pastor im Bund Evangelisch-Freikirchlicher Gemeinden in der DDR, 1958–1989 dessen Generalsekretär mit kirchenleitenden Aufgaben und Vertretung des Bundes im Diakonischen Werk, bei Brot für die Welt und der Vereinigung Evangelischer Freikirchen.

Sr. Helga Erhardt (*1933)
1951–1953 Ausbildung zur Gemeindeschwester und Religionslehrerin, 1953–1962 Gemeindeschwester in Bad Ischl und Linz, 1962–1971 Jugendwartin für Österreich, 1971–1994 Referentin für Soziale Dienste im Diakonischen Werk Österreich.

Werner Fink (*1934)
nach Studium der evang. Theologie 1962–1968 Pfarrdienst in der Diakonissenanstalt Dresden und 1968–1976 an der Thomaskirche in Leipzig, 1976–1997 Rektor der Diakonissenanstalt Dresden.

Ernst Gläser (*1929)
nach Studium der evang. Theologie Pfarrer in Bad Goisern und Melk, 1958–1969 österreichischer Landesjugendpfarrer, 1969–1994 Direktor des Diakonischen Werkes Österreich.

Ulrich Heidenreich (*1933)
nach Studium der evang. Theologie 1959–1966 Pfarramt in Lunden (Kr. Dithmarschen), 1966–1970 Jugendpastor in Lübeck, 1970–1972 Leiter des Diakonischen Werks Lübeck, 1972–1995 Vorsteher der Stiftung »Das Rauhe Haus« in Hamburg, 1975–1997 ehrenamtl. Vorsitzender des Diakonischen Werks

Hamburg; 1986–1995 Vorsitzender der Konferenz der Leiter der Diakonenanstalten.

*Elisabeth Ihmels (*1932)*
nach Studium der evang. Theologie 1958–1967 Ephoralvikarin im Amt für Gemeindedienst. 1968–1978 Leiterin der »Katechetischen Kurse« in Moritzburg (Katechetischer Fernunterricht), 1979–1992 Mitarbeiterin im DQZ, 1983–1989 Leiterin des DQZ.

*Klaus-Dieter K. Kottnik (*1952)*
nach Studium der evang. Theologie Pfarrer der Evang. Landeskirche in Württemberg, 1991–2007 Theologischer Vorstand und Vorstandsvorsitzender der Diakonie Stetten, 2006–2010 Präsident des Diakonischen Werkes der EKD.

*Hans-Ulrich Minke (*1936)*
nach dem Studium der evang. Theologie und Promotion Pfarrer in Wilhelmshaven-Bant, 1982–1999 Landespfarrer für Diakonie und Direktor des Diakonischen Werkes der oldenburgischen Landeskirche, daneben Mitglied der oldenburgischen Synode und der Synode der Konföderation ev. Kirchen Niedersachsens, zeitweilig deren Präsident, engagiert im Johanniterorden.

*Maria Katharina Moser (*1974)*
Studium der kath. Fachtheologie und der Interkulturellen Frauenforschung, Promotion, seit 2007 Redakteurin des Religionsmagazins Orientierung beim Österreichischen Rundfunk.

*Karl Heinz Neukamm (*1929)*
nach Studium der evang. Theologie Pfarrer der Bayerischen Landeskirche, 1967–1984 Rektor der Rummelsberger Anstalten, Schwarzenbruck (Mittelfranken), 1984–1994 Präsident des Diakonischen Werkes der EKD, Stuttgart, 1991 Theologische Ehrendoktorwürde der Ev.-Luth. Theologischen Akademie Budapest.

*Axel Noack (*1949)*
nach Studium der evang. Theologie Pfarrer in Merseburg und Wolfen, ab 1986 Mitglied in der Konferenz der Kirchenleitungen des Bundes der evangelischen Kirchen in der DDR, 1991–2003 Mitglied im Rat der EKD. 1997–2009 Bischof der Evangelischen Kirche der Kirchenprovinz Sachsen bis zum Zusammenschluss mit der Evgl. Luth. Kirche in Thüringen zur »Evangelischen Kirche in Mitteldeutschland« (EKM). Seit 2003 Vorsitzender der Arbeitsgemeinschaft Missionarische Dienste und seit 2005 Beauftragter des Rates der EKD für den missionarischen Dienst der Kirche, Mitglied im Aufsichtsrat des Evangelischen Entwicklungsdienstes, seit 2009 Lehrauftrag für kirchliche Zeitgeschichte und

territoriale Kirchengeschichte an der Martin-Luther-Universität Halle-Wittenberg.

Friedrich-Wilhelm Pape (*1941)
nach Studium der evang. Theologie Pfarrdienst in Schlieben und im Diakonischen Amt der Evangelischen Kirche der Kirchenprovinz Sachsen in Magdeburg,
1984–2006 Vorstandsvorsitzender des Oberlinhauses Potsdam.

Renate Peetz (*1933)
seit 1952 Diakonisse der evang. Schwesternschaft in Elbingerode/Harz, Ausbildung zur Krankenschwester und Fachkrankenschwester, 1954–1971 Tätigkeit
im Krankenhaus, 1972–2005 Dozentin in den Ausbildungsbereichen für Haus-
wirtschaft, Kranken- und Altenpflege, 1984–2005 Schulleiterin der Kranken-
und Altenpflegeschule Elbingerode.

Ernst Petzold (*1930)
nach Studium der evang. Theologie und Promotion Pfarrer in Meißen, unter
häufiger Beteiligung an der Arbeit der Ev. Akademie, ab 1965 Leiter des Landeskirchlichen Amtes für Innere Mission und Bevollmächtigter des Hilfswerks
der Evangelisch-Lutherischen Landeskirche Sachsens, 1976–1991 Direktor des
Diakonischen Werkes der Evangelischen Kirchen in der DDR, nach der Vereinigung bis 1995 Vizepräsident des Diakonischen Werkes der EKD und Leiter der
Dienststelle Berlin, 1988–1992 Präsident des Internationalen Verbandes für Innere Mission und Diakonie (ab 1989 Europäischer Verband für Diakonie).

Jens-Hinrich Pörksen (*1933)
1977–1991 Mitglied der Kirchenleitung der Nordelbischen Kirche, 1980–1996
Mitglied der EKD-Synode, 1986–1997 Landespastor des Diakonischen Werkes
Schleswig-Holstein.

Hans-Dietrich Schneider (*1931)
Studium der evang. Theologie an der Kirchlichen Hochschule Berlin und in Göt-
tingen, Ordination 1956, danach Pfarrer in Sangerhausen und Magdeburg, 1968
Hauptabteilungsleiter im Werk »Innere Mission und Hilfswerk der Evangeli-
schen Kirchen in der DDR«, 1983 Direktor des Diakonischen Werkes – Innere
Mission und Hilfswerk – der Evangelischen Kirche in Berlin-Brandenburg (Ost),
Ernennung zum Kirchenrat, 1990–1995 Direktor im wieder vereinigten Diakoni-
schen Werk der Landeskirche.

Mechtild Schröder (1932–2010)
nach dem Studium der Humanmedizin Facharztausbildung zur Anästhesistin.
In dieser Zeit Anschluss an die evangelisch-freikirchliche Bethel-Gemeinde in

Berlin Lichterfelde-Ost, kurz danach Eintritt in die Schwesternschaft, 1969–1971 Missionsärztin im Auftrag der Europäischen Baptistischen Mission (EBM) in Nordkamerun,1975–1981 Leitung der Klinik des Diakoniewerks Bethel in Welzheim, 1975–1987 Mitglied der Bundesleitung des Bundes Evangelisch-Freikirchlicher Gemeinden (BEFG), 1981–1997 Oberin der freikirchlichen Diakoniegemeinschaft und des Diakoniewerks Bethel in Berlin.

*Theodor Strohm (*1933)*
nach Studium der evang. Theologie und Soziologie Promotion zum Dr. theol. und Dr. phil., Habilitation, 1970–1985 Professuren in Berlin, Zürich und Heidelberg, 1985–2001 Direktor des Diakoniewissenschaftlichen Instituts an der Universität Heidelberg.

*Reinhard Turre (*1941)*
nach Studium der evang. Theologie, Promotion und Habilitation, 1991–2005 Direktor des Diakonischen Werkes der Kirchenprovinz Sachsen in Magdeburg, seit 1997 außerplanmäßiger Professor der Theol. Fakultät Leipzig.

*Herbert Wohlhüter (*1939)*
nach Studium der evang. Theologie 1965–1971 Diakoniepfarrer im Dekanat Coburg, 1971–1979 Dozent an der Diakonischen Akademie Stuttgart, 1979–1985 Planungsbeauftragter der von Bodelschwinghschen Anstalten Bethel, 1985–2001 Leiter der Teilanstalt Bethel, 2001 ff. ehrenamtliche Projektarbeit »Aufbau von Strukturen der Behindertenhilfe in Osteuropa«, 2002–2008 Vorsitzender des Internationalen Bildungs- und Begegnungswerkes Dortmund sowie Mitglied des Aufsichtsrates des »IBB Johannes Rau Minsk«.